Manfred Müller

Vom Welpen zum idealen Schutzhund

Manfred Müller

Vom Welpen zum idealen Schutzhund

Kauf, Aufbau und Haltung
des Schutzhundes
nach tierpsychologischen
Grundlagen

5., durchgesehene
und ergänzte Auflage

Verlagshaus Reutlingen · Oertel+Spörer

© Verlagshaus Reutlingen · Oertel + Spörer · 1988
Burgstraße 1–7, D-7410 Reutlingen
Alle Rechte vorbehalten
Schrift: 9/11 p Rotation
Satz und Druck: Oertel + Spörer, Reutlingen
Einband: Gustav Lachenmaier, Reutlingen
Printed in Germany
ISBN 3-88627-064-5

Inhalt

Geleitwort

Im Jahre 1969 wurde in der mittlerweile abgerissenen Grubmühle in Oberbayern die „Gesellschaft für Haustierforschung e. V." gegründet. Im Jahre 1969 wurde in Chikago das inzwischen weltberühmte „Suzuki-Orchester" gegründet.

Man wird fragen: was hat das eine mit dem anderen zu tun, und was soll beides in einem Vorwort zu diesem Buch?

Nun, es gibt eine Anwort darauf. Die genannte Gesellschaft wurde gegründet, weil meine Freunde und ich der Meinung waren und sind, daß es ein Bindeglied zwischen akademischer Forschung und dem Teil der Menschheit geben muß, der unmittelbar von oder mit Haustieren lebt. Auch, um Forschung zu betreiben, die unmittelbar und allgemeinverständlich an den „Verbraucher" kommt. Es hat sich ergeben, daß die Jugendentwicklung des Hundes im Mittelpunkt dieser Bestrebungen lag, obgleich auch andere Themen geplant sind.

Die Gründung des „Suzuki-Orchesters" in Chikago hat uns bewiesen, daß bereits zweijährige Kinder das Geigenspiel lernen können, daß sie mit vier Jahren schon wahre Virtuosen sind. Diese Kinder, die heute in der Welt triumphale Erfolge erzielen, haben uns das Phänomen des Wunderknaben Mozart transparent gemacht – sein Vater hat gewußt, was er tat.

Am 1. November 1976 war ich zu Gast bei der Landesgruppe Nord des Deutschen Schäferhundvereines Belgiens, in Turnhout. Ich sah die Vorführungen, die für ein breites Publikum bestimmt waren. Ich war sehr beeindruckt von dem, was da so gezeigt worden ist.

Aber da war, wie üblich, eine Vorführung zum Thema „Unterordnung". Man kennt das – da steht eine Gruppe von Leuten, die in die Hände klatschen und mit den Füßen auf den Boden stampfen. Hier hindurch muß der Hundeführer mit seinem Hund, der Hund muß inmitten dieser sich so komisch benehmenden Leute „Sitz" machen, um danach wieder brav „bei Fuß" zu gehen. Es waren zwölf oder fünfzehn Hundeführer, die da hindurch gingen. Einer von ihnen, ein junger Mann, hatte einen sehr kleinen Schäferhund dabei. Ich überlegte – ist der noch fünf oder vielleicht schon sechs Monate alt? Ich wurde mir nicht schlüssig. Der Kerl spielte mit, als wäre er ein „ganz Alter". Aufrecht, voller Selbstvertrauen, gelassen und sicher – kurz, ein Muster von einem Hund!

So fragte ich den Präsidenten der Landesgruppe: „Bitte – wie alt ist dieser Hund?" Anwort: „Vier Monate". Ich fragte nochmals – dieselbe Antwort. Dann fragte ich den Hundeführer – tatsächlich, es stimmte. Er sagte mir noch etwas: „Ich habe mit ihm angefangen, als er noch ganz klein war."

In meinem Vortrag am Abend danach habe ich dieses Beispiel zitiert. Ich glaube, ich habe einen Freund fürs Leben gewonnen, obgleich ich heute nicht mehr weiß, wie der Mann hieß.

Es gibt ein altes Sprichwort: „Was Hänschen nicht lernt, lernt Hans nimmermehr!" Wahr – oder nicht?

Wenn mir heute jemand zumuten würde, das Geigenspiel zu erlernen, würde ich ihn für einen Vollidioten halten. Wenn er aber die Knute anwenden würde – also, bevor ich mich schlagen lasse, probiere ich es wenigstens. Und wenn der Mann dann weiter von der Knute Gebrauch macht, bringe ich es sicher bis „Hänschen klein". Allerdings – wenn dann der Mann mit der Knute weg ist, würde ich die Geige an die Wand schmeißen. Und wenn er dann wiederkommt, beiße ich ihm die Kehle durch – hemmungslos!

Ja – da sind wir wieder bei den Suzuki-Wunderkindern, die in frühester Kindheit das Geigenspiel lernen. Das – Spiel mit der Geige . . .

Spielen – im Spiel lernen – im Spiel Erfahrungen sammeln: Das ist doch das große Erfolgsgeheimnis sozialer Lebewesen. Am Anfang steht das Spiel – so würde ich schreiben, wenn ich Goethes Dr. Faustus wäre.

Manfred Müller ist dieser Dr. Faust.

Er hat es verstanden, die wenigen Erfahrungen der Verhaltensforschung mit einem offenkundigen persönlichen Erfahrungsschatz zu verknüpfen, wie es keiner vor ihm getan hat. Er hat das Jahr 1969 im Hundewesen realisiert. Nämlich das spielerische Lernen und das Weitergeben des Wissens an alle, die bereit sind, noch zu lernen. Ich glaube fest daran, daß dieses vorliegende Buch ein ganz großer Schritt nach vorne ist!

Altmeister Konrad Lorenz hat mir auch einmal zu einem Hundebuch ein Vorwort geschrieben. Da hieß es unter anderem: „Ich glaube, Hunde selbst ziemlich gut zu kennen. . . . Trumler aber kennt sie noch unvergleichlich besser". Diesen Satz möchte ich wie eine Art von „Wanderpokal" hier an Manfred Müller weitergeben. Er hat ihn jetzt verdient.

Ich werde rückhaltlos während des Restes meines Lebens hinter seiner großartigen Arbeit stehen. Denn dieses Buch bedeutet den Beginn einer Methode, die die Absicht verfolgt, den Hund *von Anfang an* tierpsychologisch richtig zu erziehen. Möge dieses Hundebuch die Beachtung finden, die es verdient.

Februar 1978   Eberhard Trumler

Vorwort zur 1. Auflage

Es ist eine bekannte Tatsache, daß der Schutzhund für die unterschiedlichsten Aufgabenbereiche ausgebildet und verwendet werden kann, z. B. als Hütehund, Polizeihund, Fährtenhund, Blindenhund, Rettungshund und für Zwecke des zivilen Bevölkerungsschutzes. Diese „Arbeit" erfordert eine ganze spezielle Ausbildung und wird dem Hund überwiegend von „Profis" gelehrt. Der normale Besitzer eines Schutzhundes möchte dagegen im Grunde seines Herzens nur einen treuen Begleiter, der ihn respektiert, gehorcht und gern hat, auf den jederzeit und überall Verlaß ist, mit dem er Ehre einlegen kann und der ihm hilft, sich vom Streß des Alltags zu erholen. Diese ideale Freundschaft zwischen Mensch und Hund entsteht aber nicht automatisch mit dem Kauf eines Schutzhundes, sondern entwickelt sich erst durch sorgfältige Erziehungsarbeit. Die meisten Hundebesitzer wissen das auch und erziehen ihren Schutzhund – aber die wenigsten erreichen das Ziel. Der Hauptgrund für diesen Mißerfolg ist vielfach eine falsche Erziehungsmethode. Es gibt zwar einige gute Bücher über die Erziehung und Abrichtung von Hunden; doch besitzen sie oft unterschiedliche Voraussetzungen und Zielrichtungen.

Zahlreiche Erziehungs- und Ausbildungsmethoden habe ich im Hinblick auf Erfolg und zeitlichen Einsatz jahrelang studiert und an Deutschen Schäferhunden der verschiedensten Altersstufen und Wesensveranlagungen erprobt. Weiterhin habe ich Wesenserprobungen an Welpen durchgeführt und die Analysen mit den Resultaten ihres späteren Werdegangs verglichen. Dabei hat sich eindeutig bestätigt, daß die beste Ahnentafel eines Schutzhundes nichts wert ist, wenn der Hund einerseits eine Jugendentwicklung unter ungünstigen Bedingungen durchläuft, und daß andererseits eine schlechte Veranlagung oder Fehlprägung auch nicht durch beste Lebensbedingungen kompensiert werden kann.

Diese Erfahrungen zeigten mir deutlich, daß es nur einen Weg gibt, in kurzer Zeit einen guten Schutzhund zu erhalten. Es gilt:

1. nur einen *wesenssicheren* Hund zu erwerben, weil die Wesenssicherheit die Grundlage sämtlicher erfolgreicher Aufbauarbeit ist;
2. den wesenssicheren Hund tierpsychologisch *von Anfang an* systematisch zu prägen, zu belehren, zu erziehen und abzurichten, d. h. zielgerichtet aufzubauen;

3. die Aufbauarbeit ausschließlich in folgender Reihenfolge durchzuführen:
   a) die positiven Triebe des Hundes fördern, weil sie den Ausbildungs-
      rahmen bilden;1
   b) den grundsätzlichen Gehorsam lehren, weil er die notwendige
      Voraussetzung ist für ein harmonisches Zusammenleben und für eine
      erfolgreiche Schutzdienstarbeit;
   c) zuerst den Hund im Schutzdienst bis zum 24. Lebensmonat als
      „Sporthund" im Sinne der Prüfungsordnung des VDH aufzubauen
      und danach erst praxisbezogen weiterarbeiten.

Andere Methoden sind reine Geld-, Zeit- und Energieverschwendung,
die sich in unserem technischen Zeitalter kaum noch jemand leisten kann.

Auf Grund dieser Erkenntnisse stellte ich mir ein Aufbauprogramm zusammen, das sich in der Praxis bisher bestens bewährte, insbesondere deshalb, weil es den natürlichen Lernphasen des Hundes angepaßt ist. In diesem
Buche, das keine „wissenschaftliche" Lektüre, vielmehr ein Leitfaden für
den verantwortungsbewußten Hundeführer sein soll, habe ich diese Aufbaumethode so einfach wie möglich beschrieben. Vieles darin ist bekannt,
doch manches ist neu oder sollte unter völlig neuen Aspekten gelehrt werden.

Nach dem Motto: „Erziehung ist eine Kunst, und Kunst heißt können",
wünsche ich dem Buch eine gute Aufnahme und denen, die ihre Schutzhunde
danach erziehen, einen guten Erfolg.

Manfred Müller

Vorwort zur 2., 3. und 4. Auflage

Seit dem Erscheinen der 1. Auflage dieses Buches im Jahre 1978 habe ich viele Stellungnahmen erhalten, Diskussionen geführt und praktische Ausbildungshinweise gegeben. Dabei mußte ich immer wieder feststellen, daß die Vorteile dieser tierpsychologisch richtigen Aufbaumethode von einigen Hundeführern nicht richtig erkannt werden oder aus irgendwelchen Gründen nicht gesehen werden wollen. Deshalb möchte ich das Prinzip meiner Aufbaumethode nochmals klar herausstellen.

Der Aufbau des Schutzhundes erfolgt in erster Linie über seine positiven Triebanlagen. Diese werden vom Hundeführer von Anfang an so lange systematisch gefördert und zielgerichtet ausgebaut, bis sie ein Optimum an „formbarem Material" besitzen. Erst dann beginnt die eigentliche Ausbildung zum idealen Schutzhund.

Die Basis für diese Lehrmethode bilden im wesentlichen vier wichtige Erkenntnisse:

1. Bei allen höheren Lebewesen ist die Lernbereitschaft und das Lernvermögen in der relativ kurzen Zeitspanne seiner Jugendentwicklung am größten, umfangreichsten und wirkungsvollsten ausgebildet.

Was in dieser Periode der höchsten Aufnahmefähigkeit von einem Lebewesen gelernt wird, bildet die Grundlage seines späteren Verhaltens und bleibt stets richtungweisend für seinen Charakter.

Dabei ist es unerheblich, ob das Lebewesen die betreffende Erfahrung am Anfang, am Ende oder in der Mitte der jeweiligen Lernphase in seinem Gedächtnis speichert. Wichtig sind nur die sich bietenden Lernmöglichkeiten.

Sind die Erfahrungen oder Einwirkungen positiv, die das Lebewesen von seiner Umwelt aufnimmt, dann wird es in seiner Entwicklung gefördert. Dagegen können negative Einflüsse selbst die besten Charaktereigenschaften ruinieren.

Die biologische Bedeutung dieser maximalen Lernfähigkeit in der Jugendphase besteht darin, daß das Einzelwesen innerhalb des Familien- und Gruppenverbandes besonders eng mit Artgenossen zusammenkommt und deshalb die für sein späteres Leben erforderlichen Kenntnisse und Erfahrungen leichter sammeln kann, als wenn es auf sich allein gestellt ist.

Daraus folgt, daß die erhöhte Sensibilität in der Kinder- und Jugendzeit eines Lebewesens einen hohen Anpassungswert besitzt.

2. Erkunden, Neugierde und Spielen sind lebenswichtige Bestandteile aller höher entwickelten Lebewesen. Die Funktion dieser Verhaltensweisen besteht vor allem darin, dem jungen Lebewesen Gegenstände und Umweltsituationen bekannt zu machen und sein späteres Verhalten vorzubereiten und zu vervollkommnen. Mit anderen Worten: Das junge Lebewesen lernt durch Erkunden, Neugierde und Spielen seine körperlichen und „seelischen" Fähigkeiten und Kräfte zu gebrauchen und zu beherrschen, um sich so spielerisch auf den „Ernst des Lebens" vorzubereiten. Da das Spiel zum großen Teil von der Funktionslust motiviert ist, führt es oft zu einer schöpferischen Produktion neuer und meist sehr eleganter Bewegungsweisen.

3. Alle höheren Lebewesen lernen unter nichtkrisenhaften Bedingungen mehr, umfassender, intensiver und nachhaltiger als unter Druck und können daher spätere kritische Situationen besser bestehen. Da spielerisches Erlernen nur bei körperlicher und „seelischer" Entspannung stattfindet, kann der Schutzhund eine breitere und genauere „Erinnerungs-Landkarte" von seiner Umwelt anlegen, als wenn er unter Druck lernen muß. Dadurch reagiert der Hund in kritischen Situationen, z. B. bei Prüfungen, wesentlich sicherer und spontaner.

4. Die Möglichkeiten eines Hundes sind begrenzt, seinen natürlichen Triebanlagen in der menschlichen Gemeinschaft freien Lauf zu lassen. Damit diese Einschränkungen beim Tier aber keine Neurosen oder andere negative Auswirkungen hervorrufen, muß es von Anfang an lernen, sein Triebleben der Umwelt entsprechend anzupassen. Um jedoch bei diesem Erlernen ein optimales Ergebnis zu erzielen, ist es von größter Wichtigkeit, die positiven Triebanlagen des Hundes zuerst einmal zu fördern. Denn der Hund soll zunächst sicher verknüpfen, daß er erwünschte Triebe grundsätzlich ausleben darf. Findet dieses Training nun von Anfang an innerhalb eines Ausbildungsrahmens statt, der schrittweise auf die Anforderungen seiner späteren Verwendungsart überleitet, so werden die Triebanlagen des Hundes gleichzeitig ohne Zwang kanalisiert. Haben die positiven Triebanlagen schließlich den höchsten Förderungsgrad erreicht, beginnt die gezielte und konsequente Formung und Festigung seiner erwünschten Verhaltensweisen.

Diese vier Tatsachen nutzen wir aus und üben mit dem Welpen und Junghund bis zum 7. Lebensmonat alle später erwünschten Verhaltensweisen systematisch ein.

Insgesamt gesehen hat diese Aufbaumethode also den entscheidenden Vorzug, daß in der Zeit seiner ausgeprägten Lernbereitschaft

a) der Schutzhund wesentlich leichter, intensiver, umfassender, freudiger und erfolgreicher lernt als im Erwachsenenstadium,

b) wir dem Schutzhund die einzelnen Übungen gewaltlos und ohne Druck zielgerichtet lehren können, und wir dadurch eine wesentlich bessere Mensch-Hund-Beziehung aufbauen können als mit einem späteren „Hau-Ruck-Verfahren",

c) der Schutzhund von Anfang an lernt, seine natürlichen Triebanlagen sicher, umweltfreundlich und erfolgreich einzusetzen. Gleichzeitig fördert diese Aufbauweise *ungemein* das für *optimale* Leistungen so notwendige Mensch-Hund-Verhältnis.

Damit die Vorteile dieser tierpsychologisch richtigen Aufbaumethode von den einzelnen Hundeführern noch *besser* genutzt werden, habe ich das Buch neu überarbeitet und zahlreiche Ergänzungen und Erweiterungen in den einzelnen Kapiteln und Abschnitten eingefügt.

Möge dieses Buch nunmehr endgültig das Fundament bilden, auf dem sich *jede* vernünftige Hundeführertätigkeit aufbaut.

Für stärker wißbegierige Leser wurden bestimmte Bereiche dieses Buches sehr ausführlich in speziellen Büchern behandelt. Diese sind:

„Der erfolgreiche Hundeführer" (Eigenschaften und Verhaltensweisen des Hundeführers)

„Die Spezialausbildung des Schutzhundes" (allgemeine „Berufsvorbereitung" des Hundes und Prüfungen)

„Der leistungsstarke Fährtenhund" (Aufbau, Führung und Beurteilung des Hundes in der Fährte)

„Der echte, führige Schutzhund" (Zucht, Aufbau, Führung und Beurteilung des Hundes im Schutzdienst).

Manfred Müller

Vorwort zur 5. Auflage

Die vorliegende 5., überarbeitete und ergänzte Auflage könnte man als Jubiläumsausgabe bezeichnen. Seit nunmehr zehn Jahren ist das Buch „Vom Welpen zum idealen Schutzhund" das grundlegende Werk über den Aufbau eines idealen Schutzhundes und seine spezielle Formung sowie über den allgemeinen Umgang mit ihm. Die rasche Folge der Neuauflagen zeigt, daß ich meine Absicht, einen praxisorientierten Leitfaden für den verantwortungsbewußten Hundeführer herauszubringen, der ihn Schritt für Schritt mit der tierpsychologisch richtigen Aufbaumethode vertraut macht, verwirklichen konnte. Es bleibt auch weiterhin mein Wunsch, daß möglichst viele Hundeführer den grundlegenden Aufbau ihres vierbeinigen Kameraden zum idealen Schutzhund mit großem Erfolg abschließen.

Manfred Müller

Manfred Müller, Architekt, geb. 1939, hat von Geburt an mit Deutschen Schäferhunden zusammengelebt. Einschlägiges Studium der Verhaltensbiologie und Lernpsychologie. Seit 1970 Spezialisierung auf tierpsychologisch *richtige* Förderung, Formung und Führung von Schutzhunden. Intensive Forschungsarbeit und vorzügliche Leistungen mit vielen verschiedenen Hundetypen unterschiedlichen Alters. Ziel: Verbesserung der Schutzhundgestaltung auf *breiter* Basis. Umfangreiche Vortragstätigkeit und zahlreiche Publikationen in diversen Fachorganen. Aufzeichnungen der Erkenntnisse in Büchern und Filmen. Veröffentlichte Werke im Verlag Oertel + Spörer:

„Vom Welpen zum idealen Schutzhund"	1978
„Der erfolgreiche Hundeführer"	1979
„Die Spezialausbildung des Schutzhundes"	1980
„Der leistungsstarke Fährtenhund"*	1984
„Der echte, führige Schutzhund"	1986

---

* Dieser Titel ist beim Autor auch als Video-Lehrkassette erhältlich.

Der Schutzhund

Es ist heute allgemein üblich, die Vertreter unserer Schutzhundrassen als „Gebrauchshunde" zu bezeichnen. Leider stimmt diese Definition nicht, weil zu den Gebrauchshunden z. B. auch die Jagdhunde zählen. Daraus folgt: Die Bezeichnung „Gebrauchshund" ist ein Oberbegriff der für uns Menschen nützlichen, aber unterschiedlich verwendeten größeren Hunderassen. Aus diesem Grunde wollen wir hier nicht von Gebrauchshunden reden, sondern allein vom Schutzhund.

Welcher Hund aber ist ein Schutzhund? Eigentlich jeder größere Hund, gleichgültig welcher Rasse er angehört, vorausgesetzt er besitzt jene Anlagen, die ihn zum Schutzhund befähigen. Das entscheidende Merkmal aber, das den Schutzhund von den anderen Hunderassen unterscheidet, ist die Tatsache der *über viele, viele Generationen eingezüchteten besonders guten Schutzhundanlagen.* Je besser diese Veranlagung bei den einzelnen Hunderassen durchgezüchtet sind, desto wertvoller, erstrebenswerter und verwendbarer ist so ein Rassehund als Schutzhund.

Demgegenüber bedeuten die eingezüchteten guten Schutzhundanlagen nicht, daß diese Rassehunde von Anfang an auch fertige Schutzhundeigenschaften besitzen, die sich zwangsläufig ohne unser Zutun in einem gewissen Alter entfalten. Denn die Schutzhundeigenschaften sind nicht erblich. *Allein vererbbar ist die Veranlagung zum Schutzhund.* An uns liegt es, die erwünschten Anlagen durch konsequente Erziehung und Ausbildung in unserem Hund zu wecken und zu fördern.

I. Die anerkannten Schutzhundrassen

Obwohl also theoretisch jeder größere Hund ein Schutzhund sein könnte, wurde von den etwa 400 verschiedenen Hunderassen, die es auf der Welt gibt, bisher nur sieben Rassen das Prädikat „Schutzhund" zuerkannt: dem Deutschen Schäferhund, dem Deutschen Boxer, dem Rottweiler, dem Dobermann, dem Riesenschnauzer, dem Airedale-Terrier und dem Hovawart.

Die Entscheidung, welchen Schutzhund wir von diesen edlen Hunderassen erwerben wollen, ist in erster Linie nicht abhängig von den Schutzhundanlagen – diese besitzen sie alle –, sondern von unserem Geschmack, unserem Charakter und unserer Umwelt. Denn so unterschiedlich die einzelnen Rassen in ihrem Aussehen sind, so grundverschieden sind sie auch in ihrer Art und ihrem Temperament. Und nicht jede Schutzhundrasse ist für jeden Menschen und dessen Umwelt geeignet. Aus diesem Grunde sollten wir uns vor dem Kauf an Hand der Tabelle I über die Charaktereigenschaften der einzelnen Rassen informieren.

Tabelle I: **Die anerkannten Schutzhundrassen**

Rasse	Charakter	betreut vom
Der Deutsche Schäferhund Widerristhöhe: Rüde: 60–65 cm Hündin: 55–60 cm Haar: Stockhaar; schwarz, schwarz mit braunen Abzeichen, grau	temperamentvoll, nervenfest, aufmerksam, wachsam, treu, unbestechlich, gelehrig, kinderlieb, ausdauernd, mutig, hart, scharf, unbefangen, kämpferisch, unterordnungsbereit, anpassungsfähig, wenig pflegebedürftig. Ein ganz idealer Schutzhund für Haus und Familie.	Verein für Deutsche Schäferhunde (SV) e.V., 8900 Augsburg 17, Beim Scharrbrunnen Nr. 4–6
Der Deutsche Boxer Widerristhöhe: Rüde: 57–63 cm Hündin: 53–59 cm Haar: kurz, hart; gelb, gestromt mit schwarzen oder weißen Masken, glatt anliegend	ruhig, gutmütig, verspielt, kinderlieb, anhänglich, treu, wachsam, angriffslustig, schneidig, wendig, furchtlos.	Boxer-Klub e.V., Zuchtbuchstelle: 8000 München 60, Veldener Straße 66
Der Rottweiler Widerristhöhe: Rüde: 60–66 cm Hündin: 55–61 cm Haar: kurz, derbes, glatt anliegendes Stockhaar; schwarz mit rotbraunen Abzeichen	gutmütig, treu, kinderlieb, anhänglich, wesensfest, furchtlos, schneidig, scharf, nicht launisch, nicht heimtückisch und falsch	Allgemeiner Deutscher Rottweiler-Klub e.V., 4300 Essen 1, Süthers Garten 3
Der Dobermann Widerristhöhe: Rüde: 68–70 cm Hündin: 63–66 cm Haar: kurz, hart, dicht; schwarz, braun, blau mit rostroten Abzeichen	sehr temperamentvoll, kinderlieb, intelligent, aufmerksam, unempfindlich, robust, scharf, wesensfest, unbestechlich, furchtlos und wenig pflegebedürftig. Um das Temperament dieses stets federnden Hundes zu zügeln, braucht er eine fest zugreifende Hand. Jedoch auch liebevollen Zuspruch.	Dobermann-Verein e.V. Zuchtbuchstelle: 4300 Essen 11, Heegstraße 84

Abb. 1: Deutscher Schäferhund „Worro vom Stahlhammer". SchH III und FH, mehrf. „v",
Welthauptzuchtschau Bremen 1975: V 15. Züchter H. A. Geibel, Nassauer Straße 18,
6231 Sulzbach/Saar; Eigentümer: N. Bartels, Buerweg 1, 2241 Weddingstedt.

Abb. 2: Deutscher Boxer „Bobby vom Riedbach". SchH I. Züchter: K. Schweickert, 6842
Bürstadt 2; Besitzer: H. A. Khachaturian, Stengelhofstraße 28, 6800 Mannheim-Rheinau.

17

Abb. 3: Deutscher Rottweiler „Asta vom Lohauserholz". SchH III, je 2mal Club- und Bundessiegerin. Züchter: Heinrich Kemper, Buschstraße 37, 4700 Hamm-Wiescherhöfen; Eigentümer: Hans Göbl, Leinkampstraße 45, 4703 Bönen.

Abb. 4: Dobermann „Ingo von Forell", ein Chico-Sohn. Bei einer Ausstellung in Italien Bester in der Arbeitsklasse, CAC und CACIB. Züchter: Ernst Wilking, 4559 Gehrde-Rüsfort; Besitzer: Maurizio Marchetti, Italien.

18

Abb. 5: Riesenschnauzer „Pitter vom Burghölzle". SchH III, internationaler Champion.

Abb. 6: Hovawart „Elk von der Kieler Förde". SchH III und FH, u. a. internationaler Champion. Züchter: Frau Inga Rohde, Rendsburger Landstraße 69, 2300 Kiel; Besitzer: Eberhard Wiehe, Am Ohlmoorgraben 14, 2000 Hamburg 62.

Abb. 7: Airdale-Terrier Ch. „Twen von der Neidenburg". SchH I. Züchter: Dr. med. vet. Christa v. Bardeleben, Ahlen; Besitzer: Walter Brandenburg, Pilzgrube 27, 2000 Hamburg 55.

Rasse	Charakter	betreut vom
Der Riesenschnauzer Widerristhöhe: Rüde: 66–72 cm Hündin: 60–66 cm Haar: drahtig, hart, dicht; mit lustigem Bart, Haar muß getrimmt oder geschoren werden; schwarz oder pfeffer-und salzfarben	sehr temperamentvoll, unerschrocken, unbestechlich, draufgängerisch, aus- dauernd, treu, intelligent, scharf, wendig. Jedoch mit hartem Schädel und weichem Gefühl. Ein Individualist, der nicht mit Zwang, sondern nur mit Liebe und viel Geduld ausgebildet werden kann.	Pinscher- und Schnauzer-Klub e.V., 5110 Alsdorf, Beehringstraße 26
Der Airedale-Terrier Widerristhöhe: Rüde: 58,5–61 cm Hündin: 56–58,5 cm Haar: drahtig, dicht; loh- farben, mit Schwarz oder Dunkelgrau, muß geschoren oder getrimmt werden.	sehr temperamentvoll, arbeitsfreudig, zuverlässig, gutmütig, kinderlieb, anhänglich, draufgängerisch. In der Regel kein Raufer und Beißer.	Klub für Terrier e.V., Zuchtbuchstelle: 6092 Kelsterbach, Schöne Aussicht 9

Rasse	Charakter	betreut vom
Der Hovawarth Widerristhöhe Rüde: 63–70 cm Hündin: 50–56 cm Haar: weich, lang, gewellt, gut anliegend, ohne Unter- wolle; schwarz-blond, blond	temperamentvoll, ausdauernd, hart, wetterfest, unerschrocken, aufmerksam, stets kampf- und verteidigungsbereit, treu, anhänglich, wachsam	Rassezuchtverein für Hovawart-Hunde e.V., 2000 Hamburg 62, Am Ohlmoorgraben 14

II. Die Verwendungsarten des Schutzhundes

Nicht nur die Charaktereigenschaften einer jeden Schutzhundrasse sind unterschiedlich; auch innerhalb der einzelnen Rassen werden die Wesens- merkmale ungleich stark geerbt. Bei jedem Schutzhund ist das Wesensbild verschiedenartig aufgebaut. Deshalb richtet sich der Aufgabenbereich jedes Schutzhundes letztlich nach dem Ausprägungsgrad der einzelnen Schutz- hundanlagen. Mit anderen Worten: da kein Hund alle Wesensmerkmale gleich stark geerbt hat – die Grundlagen des Wesens eines Hundes werden ebenso vererbt wie z. B. Haarfarbe und Körperbau –, bestimmen die Eigen- schaftskonstellationen, wozu jedes Tier im besonderem Maße geeignet ist, denn jede spätere Verwendungsart des Schutzhundes erfordert ganz be- stimmte, besonders ausgeprägte Wesenseigenschaften. Sind diese Wesens- veranlagungen nicht oder nur ungenügend vorhanden, so ist der Schutzhund eben zu bestimmten Leistungen nicht oder nur bedingt fähig. Daraus folgt: *wir können von einem Tier nicht mehr erwarten, als es auf Grund seiner Ver- anlagung leisten kann.* Fordern wir mehr, so wird der Schutzhund nicht sel- ten für immer verdorben. Dies ist eine Tatsache; wir sollten sie beim Kauf ei- nes Schutzhundes, insbesondere eines Welpen, unbedingt berücksichtigen. Deshalb: *Vor dem Erwerb eines Schutzhundes genau überlegen, welche Auf- gabe dem Hund einmal zufällt und welche Anforderungen an ihn gestellt werden.*

Als Entscheidungshilfe möge uns dabei die Tabelle II dienen. In ihr sind aufgeführt:

a) die für den normalen Hundeführer wichtigen Verwendungsarten: der Familienhund, der Begleithund, der Wachhund, der Schutzhund und der Rettungshund;

b) die wichtigsten Wesensveranlagungen, die ein Hund für eine bestimmte Verwendungsart ausgeprägt besitzen sollte;

c) die für jede Verwendungsart mögliche Ausbildung nach der Prüfungsordnung der VDH.

Darüberhinaus gibt es noch den Sanitätshund, den Lawinenhund, den
Blindenführhund und den Hütehund. Diese Verwendungsarten des Schutzhundes sind jedoch für den normalen Hundeführer weniger interessant, weil
sie einer Spezialausbildung bedürfen.

Natürlich wird es Hunde geben, die für zwei Arten verwendbar sind, z. B.
als Begleit- und als Familienhund. Dies aber bleibt stets auf artähnliche Ver-
wendungsmöglichkeiten beschränkt. Ein Familienhund wird kaum ein guter
Schutzhund sein, und ein Wachhund wird sicher keine Verwendung als Ret-

Tabelle II: **Die Verwendungsarten, die Wesensveranlagungen und die
Ausbildungsmöglichkeiten**

Verwendungsart	erwünscht	evtl. erwünscht	Ausbildungsmöglichkeit
Der Familienhund Aufgabe: Er soll unter den heutigen Wohn- und Lebensbedingungen ein angenehmer Lebensgefährte sein, der ohne Schwierig- keiten überall hin mitgenommen werden kann	Wesenssicherheit (bes. in friedl. Situa- tionen, gegenüber fremden Menschen und im Verkehr), gute Führigkeit, mittlere Härte, enge Bindung an seinen Herrn, Schußfestigkeit	Spieltrieb, Apportiertrieb, Wachtrieb **unnötig** Spürtrieb, Stöbertrieb, Schutztrieb **unerwünscht** Ängstlichkeit, Scheuheit, über- steigertes Miß- trauen, Kampf- trieb, Schärfe, Jagdtrieb	In unserer heutigen Welt sollte auch der Familienhund ausgebildet werden. Vor allem sollte er die Prüfung für verkehrssichere Begleithunde (VB) absolvieren. Das Zu- lassungsalter beträgt hierbei 12 Monate
Der Begleithund Aufgabe: Seinen Herrn als ange- nehmer und folgsamer Gefährte auf seinen Aus- und Spazier- gängen begleiten	Wesenssicherheit (bes. in friedl. Situa- tionen, gegenüber fremden Menschen und im Verkehr), gute Führigkeit, mittlere Härte, enge Bindung an seinen Herrn, Schußfestigkeit, Apportiertrieb, Spürtrieb	Spieltrieb, Wachtrieb, Schutztrieb **unnötig** Stöbertrieb **unerwünscht** Ängstlichkeit, Scheuheit, über- steigertes Miß- trauen, Kampf- trieb, Schärfe, Jagdtrieb	Noch mehr als beim Familien- hund ist beim Begleithund die Prüfung für verkehrssichere Begleithunde (VB) erforder- lich. Hat er diese Prüfung bestanden, kann der Begleit- hund auch die Fährtenhund- prüfung (FH) absolvieren.

Der Wachhund

Verwendungsart	erwünscht	evtl. erwünscht	Ausbildungsmöglichkeit
Aufgabe: Er soll sich durch Wachsamkeit, evtl. auch durch Kampf- und Schutzbereitschaft auszeichnen. Je nach Schwerpunkt unterscheidet man allgemein den alarmierenden Wächter und den wehrhaften Wächter.	**a) Alarmierender Wächter** Mittl. Temperament, ausgeprägtes Mißtrauen, ausgeprägter Wachtrieb, enge Bindung an Herrn und Heimbezirk, mittl. Härte, Schußfestigkeit	Kampftrieb, gewisse Schärfe, Führigkeit, Stöbertrieb **unnötig** Spürtrieb **unerwünscht** extreme Ängstlichkeit und Scheuheit, Apportiertrieb, Jagdtrieb	Aufgrund seiner meist gravierenden Wesensschwächen ist der alarmierende Wächter für eine andere Aufgabe kaum zu verwenden.
	b) Wehrhafter Wächter Wesenssicherheit, ruhiges bis mittleres Temperament, Wachtrieb, Unerschrockenheit und Furchtlosigkeit, komb. mit erwünschter Schärfe, Kampf- und Schutztrieb, Stöbertrieb, enge Bindung an Herrn und Heimbezirk, Härte, Schußfestigkeit	Spürtrieb Führigkeit **unnötig** Apportiertrieb **unerwünscht** Ängstlichkeit, Scheuheit, Jagdtrieb,	Im Gegensatz zum alarmierenden Wächter ist der wehrhafte Wächter ausbildungsfähig. Zumindest sollte mit ihm die Schutzhundprüfung A (SchH A) absolviert werden. Die SchHA-Prüfung besteht nur aus den Unterordnungsleistungen und dem Schutzdienst der SchH I-Prüfung. Die Fährtenarbeit entfällt.

Der Schutzhund

Verwendungsart	erwünscht	evtl. erwünscht	Ausbildungsmöglichkeit
Aufgabe: Seinen Herrn gegen Angreifer beschützen und verteidigen; Gegenstände oder Personen bewachen; Gelände nach Gegenständen oder Personen abrevieren; Menschenfährten ausarbeiten.	Wesenssicherheit, mittl. Temperament, Unerschrockenheit und Furchtlosigkeit, komb. mit einem gewissen Grad erwünschter Schärfe, ausgeprägter Kampf- und Schutztrieb, Härte, Apportiertrieb, ausgeprägter Spür- und Stöbertrieb, Ausdauer, gute Führigkeit, gute Assoziations- und Kombinationsbegabung, enge Bindung an seinen Herrn, Schußfestigkeit	Wachtrieb **unerwünscht** Ängstlichkeit, Scheuheit, Weichheit, Jagdtrieb, geringe Bindung an seinen Herrn	Der Schutzhund sollte zuerst als „Sportshund" alle drei Schutzhundprüfungen SchH I–III nach der Prüfungsordnung des VDH absolvieren, bevor mit ihm praxisbezogen weitergearbeitet wird. Eine sinnvolle Ergänzung zu den drei SchH-Prüfungen bildet die Fährtenhundprüfung (FH). Sie sollte mit jedem guten Schutzhund absolviert werden.

Zusammengefaßt ergibt das Vorgenannte folgendes Schaubild:

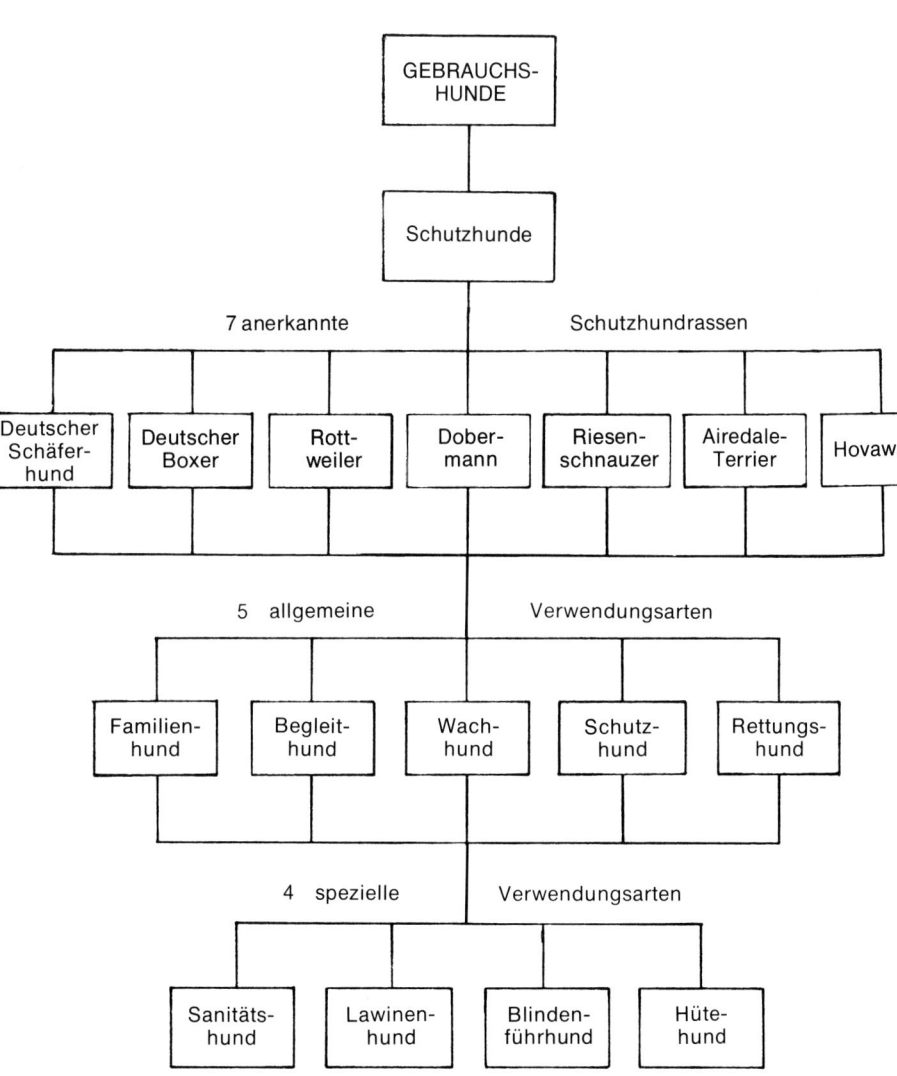

Verwendungsart	erwünscht	evtl. erwünscht	Ausbildungsmöglichkeit
Der Rettungshund			
Aufgabe: Durch Katastrophen- fälle verschüttete Personen aufzufinden und zu verweisen.	Wesenssicherheit in friedl. Situationen, mittl. Temperament, Ausdauer, gute Führigkeit, Spürtrieb, Stöbertrieb, Schuß- festigkeit, enge Bin- dung an seinen Herrn, gute Assozations- und Kombinationsbega- bung	Kampftrieb Beutetrieb **unnötig** Schutztrieb, Wachtrieb **unerwünscht** Ängstlichkeit, Scheuheit, Jagdtrieb, Schärfe, geringe Bindung an seinen Herrn	Der Rettungshund für den zivilen Bevölkerungsschutz wird auf die Rettungshunde- prüfung entweder durch die erfolgreiche Absolvierung einer Schutzhundeprüfung oder durch die von der AZG geschaffene Rettungshund- Tauglichkeitsprüfung vor- bereitet. Bei dieser „Grund- ausbildung" sollten besonders der Spürtrieb und die Führigkeit gefördert werden, weil sie die Grundlagen des Rettungshundes bilden. Außerdem sollte darauf geachtet werden, daß der Hund allgemein Freude an der Arbeit entwickelt.

tungshund finden. Doch so verschiedenartig die späteren Verwendungsmög-
lichkeiten des Schutzhundes auch sein mögen, bis auf eine einzige Ausnahme
(der Wachhund als alarmierender Wächter) sind zwei Merkmale in jedem
Falle zu beachten: *die Wesenssicherheit als erwünschte und Ängstlichkeit
und Scheu als unerwünschte Wesenseigenschaften.* Deshalb sollten wir beim
Kauf ganz besonderen Wert auf einen wesenssicheren Hund legen.

III. Die Anschaffung des Schutzhundes

Wenn wir vor der Anschaffung eines Schutzhundes stehen, sollten wir
uns zuerst genauestens über die anerkannten Schutzhundrassen und deren
einzelne Verwendungsarten informieren. Denn der Kauf eines Schutzhundes
ist meistens eine Entscheidung für ein ganzes Hundeleben. Wir gehen mit
dem Hund gleichsam eine Ehe ein, die im Durchschnitt 10 bis 15 Jahre lang
dauern kann. Dies ist eine relativ kurze Zeit, wenn eine innige Freundschaft
zwischen uns und dem Hund besteht. Kommt jedoch der falsche Hund zu uns,
d. h. paßt ein Hund auf Grund seines Wesens, seines Temperamentes oder
seiner Veranlagungen nicht in unsere Umwelt, so kann das Zusammenleben
zur Qual werden.

Als Nächstes sollten wir uns darüber klar sein, welch eine Verantwortung
und Verpflichtung wir mit dem Erwerb eines Schutzhundes auf uns nehmen.

An uns wird es nämlich liegen, ob der Hund zu einem angenehmen Familienmitglied heranwächst, das im Bedarfsfalle zu nützlichen Diensten herangezogen werden kann, oder sich zu einem Störenfried entwickelt. Liebevolle Fürsorge allein genügt nicht. *Der Schutzhund muß im Rahmen seiner angeborenen Fähigkeiten planmäßig geprägt, belehrt, erzogen und abgerichtet werden.* Dies erfordert manchmal viel Geduld, Zeit, Ausdauer, Energie, Einfühlungsvermögen und echte Freude, bis der gewünschte Erfolg eintritt. Ebenso dürfen wir den Schutzhund nicht an die Kette legen, nur in den Zwinger sperren oder zu einem Leben im Garten zwingen. Dies ist sinnlos und unverantwortlich. Es ist eine gewissenlose Mißachtung der mühevollen Zuchtarbeit der Rassehundeklubs. Denn diesen „Dienst" erfüllt jeder brauchbare „Bastard" auch.

Ein weiterer wichtiger Gesichtspunkt ist das Alter des Schutzhundes. So sollten Hundeliebhaber, die z. B. in der Haltung und Aufzucht von Welpen noch unerfahren sind oder zu besonders forschem Auftreten neigen oder kleine Kinder haben, nach Möglichkeit einen Hund wählen, der schon 6 bis 8 Monate alt ist.

A. Kauf

Um Fehler bei der Anschaffung eines Schutzhundes zu vermeiden, sollten wir folgendes grundsätzlich beachten:

1. Schaffe dir möglichst einen 2 bis 3 Monate alten Welpen an. Er läßt sich am leichtesten erziehen, weil er sich noch von dir abhängig fühlt. Ganz zwanglos kannst du ihm während seines Wachstums alle Erziehungsgrundlagen beibringen; die Befehle und die Verbote.

2. Der nächstbeste Hund ist ein Junghund von 3 bis 6 Monaten. Mit zunehmendem Alter hast du auf die Schattenseiten seines Temperamentes zu achten. Außerdem solltest du dir darüber klar sein, daß du mit der Erziehung beginnen mußt, sobald er sich an sein neues Heim gewöhnt und dich in sein Herz geschlossen hat.

3. Als dritter folgt der Hund von 6 bis 12 Monaten. Auch hier mußt du, mehr noch als beim Junghund von 3 bis 6 Monaten, einen scharfen Blick für mögliche Charakterfehler haben. Nach einer gewissen Eingewöhnungszeit hast du ihn methodisch zum Gehorsam zu erziehen. Denn du kannst ihm in diesem Alter nichts anderes mehr sein als – sein Herr.

4. Noch mehr Vorsicht ist beim Ankauf eines erwachsenen Hundes geboten. Auch er muß nach einer gewissen Zeit des Vertrautwerdens systematisch erzogen werden, und zwar absolut autoritär.

5. Der Kauf eines abgerichteten Hundes bedeutet noch lange nicht, daß du dir Mühe ersparst. Auch er arbeitet nur für eine Person – für seinen Herrn. Und deine Autorität mußt du ihm erst klar machen. Gelingt es dir

nicht, den Hund an dich zu fesseln und zum Gehorsam zu bringen, so ist deine Lage mit der eines Menschen zu vergleichen, der ein schnittiges Auto besitzt, zu dem man ihm aber den Zündschlüssel nicht mitgeliefert hat. Deshalb solltest du dir, um ans Ziel zu kommen, die Mithilfe des bisherigen Erziehers sichern.

6. Kaufe einen Schutzhund möglichst nur bei einem namhaften, verantwortungsbewußten und vertrauenswürdigen Züchter. Ein Tier aus zweiter oder dritter Hand kann schon gesundheits- und wesensmäßig geschädigt sein. Die Risiken sind hierbei zu groß und zu kostspielig.

7. Kaufe einen Schutzhund nur mit einer einwandfreien Ahnentafel, einem sicheren Wesen und mit kraftstrotzender Gesundheit. Nie aber einen von unbestimmter Herkunft. Vergleiche die Tätowiernummer der Ahnentafel mit der im Ohr des Hundes!

8. Wähle einen Hund, der im Geschlecht, Wesen, Alter und Größe deinen Verhältnissen am besten entspricht und zu deinem Charakter paßt.

9. Vermeide es, dir einen Schutzhund schicken zu lassen. Hole ihn persönlich vom Verkäufer ab. Denn auch der Transport ist ein Risiko für Gesundheit und Wesen des Hundes.

10. Schließe mit dem Verkäufer einen Kaufvertrag ab. Behalte dir dabei vor, daß du den Kauf innerhalb von 24 Stunden annullieren kannst, falls vom Fachmann verborgene Fehler festgestellt werden.

11. Bestehe darauf, daß der Verkäufer vorhandene Parasiten beseitigt, ebenso die Folgezustände daraus oder eine in der Entwicklung befindliche Erkrankung noch behandeln läßt.

12. Achte darauf, daß der Hund keinen Zahn-, Hoden- oder einen anderen gravierenden Gebäudefehler hat (z. B. Hüftgelenksdysplasie).

13. Wenn du den Hund bezahlst, laß dir vom Verkäufer sofort alle Unterlagen über den Hund aushändigen und unterschreiben (Ahnentafel, Körschein, Zucht- und Leistungsbewertungen, Impfpaß, ärztliche Befunde, Wesensbeurteilung, Futterplan usw.).

14. Nimm zum Hundekauf möglichst einen neutralen Fachmann mit oder erkundige dich beim zuständigen Zuchtwart oder Übungswart sorgfältig über die Veranlagungen des Hundes, dessen Eltern und Geschwister.

15. Versichere dich der Beratung, der Hilfe und Unterstützung des Verkäufers noch nach dem Kauf.

16. Denke daran: ein wirklich guter Schutzhund kostet seinen Preis. Die Abgabe von billigen Tieren hat meist einen tieferen Grund. Sei deshalb mißtrauisch. Das erspart dir viel Ärger, Enttäuschungen und Kosten.

17. Willst du einen Arbeitshund und kein „Stubentier", dann kaufe einen Schutzhund in erster Linie bei einem Züchter, der bei seinen Zuchttieren auch Wert auf eine gute Leistung legt.

_____ , den _____

KAUFVERTRAG

Herr/Frau* _____ in _____

kauft von _____ in _____

einen Schutz- und Gebrauchshund als Welpe/Junghund/Hund*

zu dem vereinbarten Preis von Deutscher Mark: _____

in Worten: _____ Deutsche Mark

zur Probe auf _____ Tage, unwiderruflich, zu folgenden Bedingungen*:

Name: _____ Wurftag: _____

Haarart/Farbe: _____ ZB: _____ Ausb.-Kennz.: _____

Der Hund (Rüde/Hündin*) gehört der Rasse _____ an

und ist eingetragen im Zuchtbuch für _____

unter der Nr. _____ Tätowier-Nr. _____ „a"-zuerk. _____

angekört in Körklasse: _____ für die Zeit von: _____

Der Hund wird gekauft zu Zwecken der Ausstellung, der Zucht, der Leistung als Schutzhund, Begleithund, Familienhund, Wachhund, Blindenhund, Hütehund, Rettungshund.

Der Verkäufer versichert, daß ihm irgendwelche offensichtlichen oder verborgenen
Mängel oder Krankheiten des Hundes bekannt/nicht bekannt* sind.
Mängel/Krankheiten*: _____

Der Hund ist geimpft oder behandelt gegen Hepatitis, Leptospirose, Staupe, Tollwut,
Wurmbefall, Parasiten*.

Der Hund wurde einer Wesensbeurteilung unterzogen: ja/nein*.

Außer für Gesundheit, Rasse-Echtheit und die Richtigkeit der Angaben in der Ahnentafel
wie der im Zuchtbuch erfolgten Eintragungen* wird

a) vom Verkäufer keine weitere Gewähr übernommen*;

b) vom Verkäufer zum Zeitpunkt des Verkaufs die vollständige Fehlerfreiheit des Hundes
   nach seiner Beschaffenheit und seinem Benehmen gewährleistet*;

c) vom Verkäufer zum Zeitpunkt des Verkaufs für folgende Eigenschaften die Gewähr
   übernommen: z. B. Veranlagung oder Tauglichkeit zu dem vom Käufer gewünschten
   Gebrauch, kinder- und geflügelfromm, wachsam, scharf, schußfest, wesenssicher, verkehrssicher, stubenrein, leinenführig, fahrfest, abgerichtet und Sonstiges*.

Die Probefrist beginnt mit der Übernahme bzw. mit dem Eintreffen des Hundes beim Käufer.

Der Kaufpreis wird bezahlt in bar/durch Hinterlegung beim _____

_____ / in Raten von _____ DM*.

Der Käufer bescheinigt, sämtliche wichtigen Unterlagen und Prüfungsergebnisse über den
Hund empfangen, den Hund selbst besichtigt, alle seine Wünsche dem Verkäufer mitgeteilt
und den Hund geprüft und als für ihn passend richtig befunden zu haben. Der Käufer ver-
zichtet darauf, später Ansprüche geltend zu machen, die sich auf Gebäude- oder Wesens-
entwicklung des Tieres oder auf evtl. auftretende Krankheiten oder Mängel (erworben wie
auch erbgebunden) gründen.

     (Verkäufer)   (Käufer)

* = Nichtzutreffendes streichen

18. Kaufe einen Hund niemals unter Zeitdruck oder nach Gefühl, weil beide Faktoren eine objektive und kritische Wesensbeurteilung beeinträchtigen. Wisse: *Wesen geht vor Schönheit!*

19. Entscheide dich stets für einen Hund, der triebstark ist und ein gesundes Nervensystem besitzt. Wähle dagegen keinen Hund, der sich ausgesprochen kontaktscheu oder demütig verhält.

20. Nimm schon einige Tage vor dem Erwerb mit dem Hund Kontakt auf und beschäftige dich öfters mit ihm allein. Denn dadurch fällt ihm die Anpassung später leichter.

21. Hole den Hund möglichst an einem Vormittag und zu einem Zeitpunkt in der Woche ab, an dem du anschließend wenigstens 24 Stunden Zeit für ihn hast.

22. Führe den Hund allein in sein neues Heim ein und gewöhne ihn gleich an jenen Ort, der für ihn später sein Aufenthaltsort sein wird.

Ergebnis dieser Richtlinien ist die Feststellung, daß die Wahl eines Schutzhundes wahrhaftig keine Sache sentimentaler Anwandlung, *sondern kühler und sorgfältiger Abwägung ist.* Deshalb sollten wir vor dem Kauf eines Schutzhundes alle Vor- und Nachteile einer Hundehaltung gründlich und sachlich überlegen, zusammenstellen und mit einem Fachmann besprechen. Grundlage dieser Vorarbeit sei die Tabelle III.

Tabelle III: **Testfragen vor dem Erwerb eines Schutzhundes**

Nr.	Testfragen	ja	nein	Nr.	Testfragen	ja	nein
1.	Habe ich die für einen Schutz-hund notwendige Zeit (tägl. mind. 2 Stunden) Geduld Ausdauer Energie Einfühlungsvermögen Freude Konsequenz				Haftpflichtversicherung Hundesteuer Futter/Pflege usw. Verein/Ausbildung usw. Arzt/Medikamente usw.		
2.	Kann ich gelegentlich verzichten auf Geselligkeit Theater/Kino Reisen			5.	Besitze ich die notwendigen theoretischen Kenntnisse in der Aufzucht in der Erziehung in der Ausbildung in der Haltung in der Fütterung in der Pflege		
3.	Kann ich dem Hund eine echte Autorität sein?			6.	Sind meine Mitmenschen mit der Hundehaltung einverstanden die Familie der Vermieter der Mitmieter die Nachbarn		
4.	Kann ich mir den Hund finanziell überhaupt leisten:						

7. Welche anerkannte Schutzhundrasse ist aufgrund meiner Mentalität und Umwelt am besten dafür geeignet
   der Deutsche Schäferhund
   der Deutsche Boxer
   der Rottweiler
   der Dobermann
   der Riesenschnauzer
   der Airedale-Terrier
   der Hovawart

8. Wozu möchte ich den Hund bevorzugt verwenden? Als
   Familienhund
   Begleithund
   Wachhund
   Schutzhund
   Rettungshund
   Schauhund
   Leistungshund
   Zuchttier

9. Welches Geschlecht möchte ich am liebsten?
   Rüde
   Hündin

10. Welche Altersstufe entspricht am besten meinen Verhältnissen?
    Welpe 8–12 Wochen
    Junghund 3–6 Monate
    Junghund 6–12 Monate
    Hund über 12 Monate
    Hund mit Prüfung

11. Welche Ahnentafel soll der Hund besitzen?
    Kör- und Leistungszucht
    Leistungszucht
    Abstammungsnachweis
    keine

12. Wo möchte ich den Hund erwerben?
    direkt vom Züchter
    vom Hundehändler
    vom Versand- oder Tierhandel
    aus dem Tierheim
    von anderen Personen

13. Welche Leistungen sollte der Verkäufer zusätzlich noch erbringen?
    Schutzimpfung gegen Staupe Hepatitis und Leptospirose
    Schutzimpfung gegen Tollwut
    Entwurmung
    eine Wesensbeurteilung durchführen
    Erziehung zur Stubenreinheit
    Gewöhnung an die Leine
    Gewöhnung an das Autofahren
    Erziehung zum grundsätzlichen Gehorsam
    Sonstiges

14. Bin ich bereit, für einen gut veranlagten Hund aus erster Hand einen angemessenen Preis zu bezahlen?

15. Bin ich bereit, mit meinem Hund laufend zu üben?

16. Bin ich bereit, einem Rassehundeklub beizutreten und dort aktiv mit meinem Hund zu arbeiten?

17. Bin ich bereit, an der körperlichen und geistigen Verbesserung der Rasse mitzuarbeiten?

18. Entsprechen meine Haltungs- und Betreuungsmöglichkeiten dem Tierschutzgesetz?

19. Welcher Menschentyp bin ich?
    Phlegmatiker
    Sanguiniker
    Choleriker
    Melancholiker

20. Welcher Hundetyp paßt zu mir und könnte mein Freund werden:
    Der *Resonanzhund* (z. B. Mensch = Sanguiniker, Hund = stark, ausgeglichen, beweglich, lebhaft, leicht erhöhte Reizschwelle)
    Der *Komplementärhund* (z. B. Mensch = Choleriker, Hund = stark, ruhig, ausgeglichen, zuverlässig, hohe Reizschwelle)

B. Wesenseigenschaften

Haben wir uns nun nach sorgfältiger und reiflicher Überlegung dafür entschieden, einen Schutzhund anzuschaffen, sollten wir beim Kauf primär darauf achten, daß wir *keinen* Hund erhalten, der ängstlich, feige, nervös, überreizt, scheu oder schreckhaft ist. Ein solcher Hund paßt nicht in unsere Welt. Außerdem lassen sich diese Wesensschwächen auch durch eine noch so gute Erziehung nicht beseitigen. Denn sie sind ebenso ererbt wie Haarfarbe und Körperbau. Aus diesem Grunde sollten wir die wichtigsten Wesenseigenschaften des Hundes genau kennen und beachten. Vor allem ist allergrößter Wert auf die Wesenssicherheit zu legen, weil sie die Grundlage ist, auf der jede erfolgreiche Aufbauarbeit basiert. Diese innere Sicherheit hängt von dem Intensitätsgrad der drei Wesensgrundlagen Konstitution, Trieb- und Instinktveranlagung und den höheren psychischen Fähigkeiten ab.

a) Die Konstitution

Die Konstitution äußert sich besonders in der Reaktionsbereitschaft des Hundes. Sie bildet u. a. die Grundlage des Temperamentes, der Härte bzw. Weichheit und der Ausdauer.

Das Temperament:

Es äußert sich in der psychischen Beweglichkeit und Reaktionsintensität auf die verschiedenen Umweltreize. Dies bedeutet: ein Hund ist um so temperamentvoller, je lebhafter und reaktionsintensiver er sich gegenüber seiner Umwelt verhält. Er ist um so temperamentärmer, je träger und interessenloser er sich benimmt.

Die Härte:

Sie ist die Fähigkeit, unlustvolle Empfindungen und Erlebnisse hinzunehmen, ohne sich im Moment oder auf die Dauer wesentlich beeindrucken zu lassen. Dies bedeutet: eine geringe Empfindlichkeit gegenüber Schmerz, Strafe, Niederlage im Kampf usw.

Die Weichheit:

Es ist die Eigenschaft, sich von unlustvollen Empfindungen oder beängstigenden Erlebnissen stark und nachhaltig beeindrucken zu lassen. Dies bedeutet: eine große Empfindlichkeit oder Weichheit, aber keine Wehleidigkeit.

Die Ausdauer:

Sie beinhaltet

1. die Eigenschaft, Triebhandlungen zu Ende zu führen, ohne sich ablenken zu lassen und ohne rasch zu ermüden;
2. die Fähigkeit, körperliche, psychische Anstrengungen ohne offensichtliche Ermüdungserscheinungen durchzustehen.

b) Die Trieb- und Instinktveranlagung:

Für den Aufbau des Schutzhundes sind in erster Linie die Triebveranlagungen von Bedeutung. Als vitale Triebkräfte setzen sie das Handeln des Hundes in Gang und lösen dadurch primär das Umweltverhalten aus. Alle Triebe lassen sich dabei auf die beiden Grundtriebe, den Selbsterhaltungstrieb und den Arterhaltungstrieb, zurückführen. Diese Triebveranlagungen äußern sich in arttypischen Triebformen wie im Jagdtrieb, Spürtrieb, Stöbertrieb, Beutetrieb, Bringtrieb, Bewegungs-, Betätigungs- und Spieltrieb, Fluchttrieb, Selbstverteidigungstrieb, Meutetrieb, Geltungstrieb, Unterordnungsbereitschaft, Führigkeit, Kampftrieb, Schärfe, Schutztrieb, Wachtrieb, Heimkehrtrieb, Geschlechtstrieb und Pflegetrieb.

Von diesen sind für die Schutzhundausbildung jedoch nur einige besonders wichtig:

Der Spürtrieb:

Der Spürtrieb ist im Jagdtrieb verankert und äußert sich

1. in der Bereitschaft, eine Tier- oder Menschenfährte aufzunehmen,
2. in dem Bestreben, die Fährte mit tiefer Nase freudig und ausdauernd zu verfolgen.

Der Beutetrieb:

Der Beutetrieb ist ebenfalls mit dem Jagdtrieb nahe verwandt und äußert sich in dem Bestreben, Beuteobjekte zu fassen, festzuhalten und zu töten.

Der Bringtrieb:

Der Bringtrieb ist das Bestreben, Beuteobjekte oder Teile von ihnen aufzunehmen, zu verschleppen, zu verstecken, zu vergraben oder zu bringen.

Der Bewegungs-, Betätigungs- und Spieltrieb:

Der Bewegungs- und Betätigungstrieb wurzelt in der konstitutionellen und konditionellen Verfassung des Hundes. Es ist der mehr oder weniger intensive Drang, die angestauten physischen und psychischen Energien in Form von Bewegung oder irgendwelcher Betätigung zu entladen. Der Spieltrieb ist meist nur bei den jungen Hunden bis zu 6 Monaten ausgeprägt vorhanden und z. T. im Bewegungs- und Betätigungstrieb begründet.

Der Meutetrieb:

Der Meutetrieb äußert sich beim Hund in dem Bestreben, sich zu einer Tier- oder Tier-Menschengesellschaft zusammenzuschließen, an die er sich gebunden fühlt und in welcher sich seine auf die Meute ausgerichteten Triebe auswirken. Die wichtigsten sind:

Der Geltungstrieb:

Der Geltungstrieb zeigt sich in dem Bestreben, innerhalb der Meute eine ranghöhere Stellung, wenn möglich diejenige des Rudelführers einzunehmen.

Die Unterordnungsbereitschaft:

Die Unterordnungsbereitschaft ist die Neigung, sich dem Ranghöheren unterzuordnen, nachdem man dessen Autorität erlebt und respektieren gelernt hat.

Die Führigkeit:

Die Führigkeit ist die Bereitschaft, sich in die Meutegemeinschaft einzuordnen und dem ranghöheren Meutekumpan zu gehorchen. Die psychische Voraussetzung dafür ist die Unterordnungsbereitschaft.

Der Wehrtrieb:

Der Wehrtrieb ist das Bestreben des Hundes, sich gegen eine physische oder psychische Bedrohung oder gegen eine offene Aggression zu verteidigen.

Der Kampftrieb:

Der Kampftrieb ist das Bestreben, die eigenen Körperkräfte mit einem Rivalen oder Feind zu messen, sei es im Spiel oder im Ernst. Die Voraussetzungen eines ausgeprägten Kampftriebes sind:

1. das Gefühl der physischen Stärke,
2. die innere Sicherheit und Unerschrockenheit,
3. der Geltungstrieb,
4. eine gewisse Härte und
5. ein ausgeprägtes Sexualverhalten.

Der Fluchttrieb:

Der Fluchttrieb ist das Bestreben des Hundes, sich einer Gefahr durch Verhaltensweisen der Flucht zu entziehen.

Die Schärfe:

Die Schärfe ist jene Eigenschaft des Hundes, auf scheinbare oder tatsächliche bedrohliche Umweltreize aggressiv zu reagieren. Dabei ist zu unterscheiden zwischen unerwünschter und erwünschter Schärfe:

1. unerwünschte Schärfe: Sie ist abzulehnen, weil sie im Fluchttrieb begründet liegt und bei furchtsamen und ängstlichen Hunden ein Akt der Notwehr ist;
2. erwünschte Schärfe: Sie basiert auf einem ausgeprägten Geltungs- und Kampftrieb, kombiniert mit Unerschrockenheit und einer angeborenen, leicht reizbaren, feindseligen Grundstimmung.

Der Schutztrieb:

Der Schutztrieb ist die Bereitschaft, dem von einem Feind bedrohten Meutegefährten schützend beizustehen und ihn zu verteidigen. Er setzt Kampftrieb, Unerschrockenheit und erwünschte Schärfe voraus. Der Schutztrieb gehört neben der Wesenssicherheit zu den wertvollsten Wesenseigenschaften des Schutzhundes.

c) Die höheren psychischen Fähigkeiten:

Die höheren psychischen Fähigkeiten umfassen das Lernvermögen und die Assoziations- und Kombinationsbegabung des Schutzhundes. Es sind mehr oder minder ausgeprägte Anlagen, die sich bei der Ausbildung durch eine leichtere oder schwerere Lern- und Auffassungsgabe bemerkbar machen.

d) Die Wesenssicherheit

Wie bereits eingangs erwähnt, hängt die Wesenssicherheit mit dem Intensitätsgrad der unter a) bis c) beschriebenen Wesensgrundlagen zusammen. Sie ist die wertvollste Wesenseigenschaft des Schutzhundes. Voraussetzung ist ein gesundes Nervensystem, möglichst geringe Fluchttendenz, keine abnorme Ängstlichkeit, gute Auffassungsgabe und das innere Gefühl der Stärke. Der Hund zeichnet sich durch Unerschrockenheit und Furchtlosigkeit aus.

Zusammengefaßt können wir feststellen, daß die Wesenseigenschaften den Hundtyp bestimmen. Im allgemeinen lassen sich 4 Grundtypen unterscheiden, deren Verhalten in der entsprechenden Situation ziemlich einheitlich geprägt ist:

1. Der unerschrockene, furchtlose, kampffreudige Hund mit erwünschter Schärfe. Er zeichnet sich aus durch Wesenssicherheit, ausgeprägten Geltungs- und Kampftrieb, kombiniert mit erwünschter Schärfe. Bei gleichzeitig vorhandenem Schutztrieb ist er der ideale Schutzhund.
2. Der unerschrockene, furchtlose, unscharfe Hund mit vorhandenem, aber wenig ausgeprägtem Kampftrieb. Er zeichnet sich aus durch Wesenssicherheit, Furchtlosigkeit, wenig entwickeltem Kampftrieb und allgemeiner freundlich-friedfertiger Grundstimmung. Er dürfte allgemein der „gescheitere" Hund sein.
3. Der unsichere, ängstliche Hund mit ausgeprägtem Selbstverteidigungstrieb und unerwünschter Schärfe. Er ist gekennzeichnet durch eine auf Angst und Mißtrauen basierende Aggressivität, keinen Kampftrieb und starken Flucht- und Selbstverteidigungstrieb.
4. Der unsichere, ängstliche, unscharfe Hund. Er wird bestimmt durch große Angst und Fluchtbereitschaft, vollständiges Fehlen des Kampftriebes, eine gewisse Nervosität, aber ausgeprägte Unterordnungsbereitschaft.

Damit wir also nicht den falschen Hund wählen, sollten wir an Hand der Checkliste IV den Schutzhund vor dem Kauf testen.

Tabelle IV: **Tests beim Kauf eines Schutzhundes**

Nr.	Erprobungen	Ergebnis	Bemerkung
A.	**Welpenerprobung**		
	I. Von der 8. bis 20. Woche		
1.	Wie verhält sich die Mutter mit ihren Kleinen vor und nach dem Erscheinen von Züchter und Käufer? bei den Welpen getrennt von den Welpen im Haus auf der Straße in fremder Umgebung	sicher, unerschrocken, interessiert, gleichgültig, mißtrauisch, wachsam, aggressiv, unsicher, schreckhaft, scheu, nervös, ängstlich, feige	
2.	Wie verhält sich der einzelne Welpe, wenn die Hündin entfernt wird und du dich mitten unter sie stellst? Beobachte dabei die Körper-, Ohren- und Rutenhaltung sowie die Art der Lautäußerungen!	sicher, interessiert, kontaktfreudig, ungestört, gleichgültig, mißtrauisch, unsicher, scheu, ängstlich	
3.	Wie ist die Schußfestigkeit zu beurteilen?	gleichgültig, interessiert, aggressiv, mißtrauisch, schreckhaft, ängstlich flüchtend	
4.	Wie verhält sich der einzelne Welpe gegenüber einem Beutespiel (Lappen, Ball usw.)?	beißt, hält fest, schüttelt, zerrt, knabbert, interessenlos, mißtrauisch, läuft weg	

Nr.	Erprobungen	Ergebnis	Bemerkung
5.	Wie verhält sich der Welpe gegenüber einem Besen, den der Züchter im Aufzuchtzwinger zu ihm hin- und herbewegt?	aggressiv, interessiert, unsicher, ängstlich	
6.	Wie ist die soziale Rangordnung innerhalb des Wurfes, wenn du einen Knochen unter die Welpen wirfst?	Ranghöchste nach 2 Minuten entfernen, den Welpen, der danach die Spitzenposition einnimmt, ebenfalls nach 2 Minuten weg	
7.	Wie verhält sich der Welpe, wenn der Züchter ihm den Fang weit öffnet, die Ohren untersucht, die Krallen der Vorderpfoten einzeln befühlt und bei den Rüden das Vorhandensein der beiden Hoden prüft?	unbeeindruckt, als Spiel auffassend, winselnd, wehleidig, willenlos deprimiert, widersetzend, angst-aggressiv, ängstlich	
8.	Wie verhält sich der Welpe gegenüber alltäglichen Einflüssen (Wohnung, Auto, Verkehr, anderen Tieren usw.)?	sicher, unerschrocken, interessiert, ruhig, gleichgültig, nervös, unsicher, schreckhaft, ängstlich	
9.	Wie reagiert er gegenüber einer fremden Person, die ihm allein gegenübertritt?	freudig begrüßend, interessiert, zudringlich, aggressiv, gleichgültig, mißtrauisch, nähert sich kriechend, scheu, ängstlich, flüchtend, verkriecht sich	
10.	Wie verhält er sich beim Berühren durch eine fremde Person?	zutraulich, sicher, gleichgültig, drohend, aggressiv, ausweichend, unterwürfig, ängstlich	
11.	Wie reagiert er an einem ihm unbekannten Ort?	sicher, unerschrocken, interessiert, gleichgültig, mißtrauisch, aufmerksam, unsicher, nervös, schreckhaft, scheu, ängstlich, feige	

B. Junghunderprobung
II. Vom 6. bis 12. Monat

Nr.	Erprobungen	Ergebnis	Bemerkung
12.	Der Hund läuft frei in fremder Umgebung auf freiem Feld oder offenem Gelände, vom Verkehr ungefährdet, herum. Er kann sich allem widmen, was ihn interessiert und darf vom HF (Hundeführer) nicht beeinflußt werden. Der HF soll mehrfach die Richtung ändern.		
	a) Wie ist die Bindung an den Hundeführer?	zu eng, eng, wenig ausgeprägt, fehlt	

b) Wie weit entfernt sich der Hund vom Hundeführer?

0 bis ca. 5 m, bis ca. 15 m, bis ca. 30 m, mehr als 30 m

c) Läßt sich der Hund durch Umweltreize vom Hundeführer ablenken?

ja, leicht, schwer, nein

d) Wie ist sein Gehabe?

sicher, unerschrocken, temperamentvoll, draufgängerisch, zurückhaltend, mißtrauisch, gehemmt, nervös, scheu, ängstlich, ständig fluchtbereit

e) Bewegungs- und Betätigungstrieb

groß, mittel, ausgeprägt, wenig, nicht erkennbar

f) Temperament

sehr lebhaft, lebhaft, ruhig, träge und schwerfällig

g) Wie reagiert er auf Schüsse?

gleichgültig, interessiert, aggressiv, mißtrauisch, schreckhaft, ängstlich flüchtend

h) Wie reagiert der Hund, wenn der HF ihn zu sich ruft?

kommt sofort, kommt zögernd, kommt erst nach mehrmaligem Rufen, bleibt nur stehen und wartet, hört und kommt überhaupt nicht

13. Der HF spaziert mit angeleintem Hund durch ruhige Wohnstraßen, belebte Straßen, zwischen Personengruppen, durch eine Unterführung usw.

a) Wie ist sein Verhalten im Verkehr allgemein?

sicher, unerschrocken, interessiert, wachsam, gleichgültig, mißtrauisch, unsicher, schreckhaft, scheu, nervös, ängstlich, feige

b) Wie reagiert er auf Verkehrsgeräusche?

gleichgültig, interessiert, mißtrauisch, schreckhaft, ängstlich

c) Wie verhält er sich gegenüber Fremdpersonen?

sicher, interessiert, kontaktfreudig, zurückhaltend, wachsam, gleichgültig, mißtrauisch, unsicher, scheu, nervös, ängstlich

d) Wie verhält er sich beim Berühren durch fremde Personen?

sicher, zutraulich, gleichgültig, ausweichend, drohend, aggressiv, unterwürfig, scheu, ängstlich

e) Wie verhält er sich, wenn eine fremde Person ihn festhält und mit ihm zu spielen versucht, während der HF außer Sicht ist?

sicher, zutraulich, interessiert, spielerisch, gleichgültig, unterwürfig, mißtrauisch, scheu, ängstlich

f) Wie verhält er sich gegen drohende Fremde?	sicher, unerschrocken, aufmerksam, neugierig, gleichgültig, mißtrauisch, aggressiv, unsicher, unterwürfig, scheu, ängstlich	

C. Erprobung von Welpe und Junghund

14. Der Hundeführer soll völlig gelöst, natürlich, wirklich freudig und ungehemmt mit dem Hund spielen. Spielart und Spielintensität sollen dem Alter des Hundes angepaßt sein. Dabei ist besonders auf Härte, Weichheit, Ausdauer, Beute- und Bringtrieb zu achten.

a) Wie verhält sich der Hund beim Spiel allgemein?	begeistert, hemmungslos, freudig, gehemmt, unlustig, uninteressiert, schreckhaft, ängstlich	
b) Wie verhält er sich beim spielerischen Kneifen, beim Auf-den-Rücken-Legen und An-der-Rute-Ziehen?	unbeeindruckt, aggressiv, widerstrebend, gehemmt, empfindlich, wehleidig, ängstlich	
c) Wie reagiert er, wenn der Hundeführer einen Beutegegenstand (Stock, Ball und dergl.) wegwirft?	läuft hinterher, packt ihn und bringt ihn freudig zurück; läuft hinterher, packt ihn und spielt mit ihm; läuft hinterher und packt ihn erst nach Aufforderung; läuft hinterher, läßt ihn liegen und kommt zurück; läuft nur einige Schritte hinterher und bleibt dann stehen; läuft überhaupt nicht hinterher	
d) Wie reagiert er, wenn ihm der Hundeführer die Beute wegnimmt?	versucht, sie mit allen Mitteln wiederzubekommen; wartet darauf, daß der HF sie wieder wegwirft; verliert das Interesse an der Beute und läuft weg	
e) Wie reagiert er, wenn der Hundeführer vor ihm einen ca. 60 cm langen Jute- oder Leinenstreifen hin- und herschwenkt?	beißt, zerrt, knurrt, schüttelt, läßt nicht los, hält nur fest, knabbert, interesselos, mißtrauisch, läuft weg	
f) Wie reagiert er, wenn der Hundeführer ruft, auf den Boden oder auf den Lappen schlägt und ihm die Beute wieder wegzunehmen sucht?	bleibt unbeeindruckt und kämpft weiter, stutzt nur kurz und kämpft weiter, wird erst richtig aggressiv und gerät außer sich, läßt los und beißt	

		erst wieder nach Aufmunterung in den Lappen, läßt los, wird unsicher und gehemmt, wird ängstlich und läuft weg	
g)	Wie reagiert er, wenn ihm die Beute überlassen wird?	versucht, sie „totzuschütteln", behält sie und spielt, läßt los und wartet auf Ermunterung, läßt los und zeigt sich uninteressiert, läßt los und läuft weg	
h)	Wie verhält er sich, wenn eine Fremdperson den Hund auf eine vom Hundeführer angelegte Fährte ansetzt?	nimmt sofort die Suche auf, sucht intensiv und mit tiefer Nase, zeigt wenig Fährteneifer, sucht mit Auge und Nase, sucht nur mit dem Auge, läßt sich von seiner Umgebung ablenken, zeigt keinerlei Interesse	
i)	Wie ist die Ausdauer bei allen Tests zu beurteilen?	sehr groß, groß, mittel, wenig, keine	
j)	Wie ist seine Führigkeit?	ausgeprägt, wenig ausgeprägt, vorhanden, fehlt, überhaupt nicht führbar	

Sind die Erprobungen abgeschlossen und stehen die Ergebnisse fest, dann wähle den Hund, der dir für die spätere Verwendungsart am geeignetsten erscheint, d. h. dessen Eigenschaftskonstellation deinem Charakter, deiner Umwelt und deinen Vorstellungen am besten entspricht.

Willst du einen echten Leistungshund, dann entscheide dich für den ruhigsten, kräftigsten oder drahtigsten, kontaktfreudigsten, aufmerksamsten, interessiertesten und mutigsten der Welpen. Niemals aber für denjenigen, der sich dir kriecherisch nähert, vor dir zurückweicht, allzu schreckhaft, schußscheu, nervös, auffallend wehleidig, weich oder besonders ängstlich ist, sich leicht ablenken läßt, triebschwach ist oder dessen Verhalten stark von dem der übrigen Geschwister sich unterscheidet (z. B. sich absondert, am Spiel nicht teilnimmt, unangenehm lästig oder ausgesprochen kontaktscheu erscheint).

Denke immer daran: *Wesen geht vor Schönheit!*

Außerdem merke dir: aggressive, geltungssüchtige und schwer führige Hunde sind nichts für nachgiebige Personen und weiche, rangtiefe und unsichere Tiere nichts für besonders energische Besitzer.

Weiterhin achte auf die Gesundheit des Hundes. Ein gesunder Schutzhund muß haben:
1. klare und glänzende Augen,
2. rosafarbenes Zahnfleisch,
3. keinen Ausfluß aus Augen und Nase,
4. glänzendes und lockeres Fell.

Beim Kauf eines Hundes, der älter als 12 Monate und evtl. schon ausgebildet ist, nimm grundsätzlich einen Fachmann mit, der diesen Schutzhund spezieller testen kann.

Abb. 8: Die Wahl eines Schutzhundes, auch die eines Welpen, sollte niemals eine Sache sentimentaler Anwandlung sein, sondern nach kühler und sorgfältiger Abwägung erfolgen.

Falls du dich als verantwortungsbewußter Hundeführer noch umfassender über Zucht, Test und Kauf von Schutzhunden informieren möchtest, dann findest du diese weiterführenden Angaben in dem Spezialbuch: „Der echte, führige Schutzhund."

Der Aufbau des Schutzhundes

Es gibt im Tierreich Lebewesen, die wie Biene und Ameise allein auf dem Instinktweg evolutionierten und solche, die eine anpassungsfähigere Form des Sozialverhaltens entwickelten. Diese beruht mehr auf der Lernfähigkeit des Gehirns als auf den ererbten Instinkten. Zu den letzteren zählen alle höheren Säugetiere. Sie erreichten diese hohe Entwicklungsstufe nur, weil das Gelernte nicht mit jedem Individuum stirbt, sondern weil der Zugewinn Erfahrung an die Nachkommen weitergeben wird. Die Weitergabe der Erfahrung bedingt jedoch, daß bei den jüngeren Tieren die Bereitschaft vorhanden ist, diese zu übernehmen. Eine Bereitschaft ist aber nur dann möglich, wenn der zum Lernen geborene Nachkomme die Erfahrung und die daraus resultierende Überlegenheit des Älteren schätzt und respektiert. Daraus folgt, daß das Anerkennen der Autorität entschieden das tragende Prinzip jener Lebensformen ist, die auf das Sozialleben mit Lernbegabung zugeschnitten sind. Die Voraussetzungen hierfür sind Lernfreudigkeit einerseits und Lehrbereitschaft andererseits. Nur aus dieser Wechselwirkung ist die genannte Form des Soziallebens möglich.

Dieses System gestattete es auch allen sozial lebenden Hundeartigen, ihre Art bis heute zu erhalten und sich an die ständig sich verändernde Umwelt anzupassen. Das heißt: alle sozial lebenden Hundeartigen, zu denen auch unser Schutzhund gehört, müssen mehr oder weniger ausgeprägt folgende ererbten Fähigkeiten besitzen:

1. eine scharfe Beobachtungsgabe
2. ein ausgezeichnetes Gedächtnis
3. ein ausgeprägtes Lernvermögen
4. eine individuelle Lehrbereitschaft
5. Anerkennen von echter Autorität
6. Bereitschaft zur Änderung der Rangordnung
7. große Anpassungsfähigkeit
8. unverbrüchliche Gefolgschaftstreue.

Durch konsequente Zuchtauslese wurden diese Eigenschaften beim Schutzhund um zwei Merkmale erweitert:

9. hohe Intelligenz und
10. Anlage zum Schutzhund.

Alle Fähigkeiten zusammen ergeben das für uns Menschen so wertvolle Gesamtbild des Schutzhundes. Andererseits verpflichten uns diese Eigenschaften aber auch, daß wir sie nutzen.

Da wir dem Hund die ursprüngliche Arbeit abgenommen haben, haben wir ihm als Ersatz andere Aufgaben zuzuweisen und mit ihm zu arbeiten. Es wäre ein Verbrechen an der Natur des Schutzhundes, wenn wir die Fähigkeiten verkümmern ließen, den Hund fehlprägen oder falsch erziehen würden. Denn dazu wird er nicht gezüchtet. Der Schutzhund ist ein Gebrauchshund und kein Schoß- oder Modehund. Deshalb taugt er auch nicht für Menschen, die ihm nur wenig Bewegung und „geistigen" Anreiz bieten. Der Satz „Müßiggang ist aller Laster Anfang" trifft für den Schutzhund im besonderen Maße zu. Ohne eigentliche Beschäftigung eignet er sich die verschiedenen Laster und Untugenden an, von denen das Tier später, wenn überhaupt, nur schwer und nur mit bedingtem Erfolg geheilt werden kann. Dies bedeutet: jeder Schutzhund muß erzogen werden, weil er

1. ohne sinnvolle Arbeit seelisch verkümmert und geistig und körperlich träge wird und

2. durch Aneignung der verschiedensten Laster und Untugenden zu einer Belastung für den Besitzer selbst wird.

Dabei sind Erziehung und Abrichtung verhältnismäßig einfach. Denn sie bedeuten im Grunde nichts anderes als *die Gewöhnung an ein ganz bestimmtes Verhalten unter speziellen Umständen.* Ist nämlich der Hund einmal in die Stimmung gebracht, etwas zu tun, z. B. zu suchen, zu bringen, zu bellen, so wird er das verlangte Verhalten auch zeigen. Um zu dieser Leistung zu gelangen, gibt es verschiedene Wege. Doch sollte keine Methode angewandt werden, die den Hund in Mißstimmung versetzt. Er sollte vorwiegend positive Erfahrungen machen, sonst wird er später, wann immer eine bestimmte Arbeit von ihm verlangt wird, stimmungsmäßig labil sein und dadurch seine Aufgabe nur unsicher erfüllen.

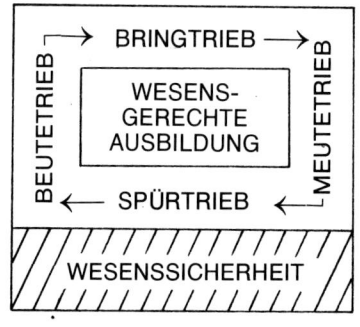

Wie aber die Verhaltungsforschung zeigt, genügt dies allein noch nicht. Der Aufbau des Schutzhundes sollte den natürlichen Lernphasen des Hundes angepaßt werden, d. h. der Schutzhund sollte vom Tage seiner Geburt an auf seine spätere Aufgabe systematisch vorbereitet und aufgebaut werden. Denn auch in der Hundeerziehung gilt die Faustregel: „Was Hänschen nicht lernt, lernt Hans nimmermehr".

Diese frühe systematische „Berufvorbereitung" des Schutzhundes ist aber nur über seine positiven Triebveranlagungen möglich. Dabei bilden der Spürtrieb, der Beutetrieb, der Bringtrieb und der Meutetrieb den Ausbildungsrahmen. Dieser wiederum basiert auf der Wesenssicherheit des Hundes. Daraus folgt: die 5 Wesens- und Triebformen sind die Träger in allen Ausbildungsphasen des Hundes (s. Skizze).

I. Der Aufbau des Schutzhundes

Es ist allgemein bekannt, daß Lebewesen in einer Gemeinschaft nur dann zusammenleben können, wenn sie zu bestimmten Verhaltensnormen beeinflußt, d. h. wenn sie erzogen werden. Die Form der Erziehung richtet sich dabei nach dem Grad der „Denkfähigkeit" des zu Erziehenden. Jedoch basieren alle Erziehungsmethoden, wenn sie von Erfolg gekrönt sein sollen, auf einem Grundelement: *auf die Erfahrung des Erfahreneren zu achten.* Auf den Aufbau des Schutzhundes übertragen, bedeutet diese Tatsache folgendes:

A. Der Schutzhund wird sich in das Mensch-Hund-Rudel nur dann harmonisch einfügen, wenn er richtig erzogen wird.

Eine gute Erziehungsarbeit setzt jedoch voraus, daß der Erzieher sein „Handwerk" versteht, d. h. daß er tierpsychologisch denken und handeln kann. Richtige Erziehung ist eine Kunst, und Kunst heißt können. Deshalb sollten wir als Erzieher zuerst selbst lernen, bevor wir lehren. Denn ein erwachsener Hund ist das Ergebnis des Zusammenwirkens von ererbten Anlagen und der auf diese Anlagen *einwirkenden Umwelteinflüsse* während seiner Jugendentwicklung. Da aber diese Einflüsse den Hund innerhalb seines ersten Lebensjahres stärker prägen können als seine angeborenen Eigenschaften, sollte die Jugendentwicklung des Schutzhundes nur unter günstigen Bedingungen verlaufen. Hinzu kommt, daß, durch die relativ kurzen Entwicklungsphasen bedingt, ein begangener Fehler im Aufbau kaum mehr auszugleichen ist, d. h. der Schutzhund ist dann fehlgeprägt oder falsch erzogen.

Allgemein heißt es zwar, 1 Hundejahr seien 7 Menschenjahre, aber bei der Jugendentwicklung des Hundes gelten andere Zeiten. Das erste Lebensjahr entspricht etwa 18 Menschenjahren, wobei der Entwicklungsstand eines 3 Monate alten Welpen dem eines vierjährigen Kindes und der eines 6 Monate alten Junghundes dem eines zehnjährigen Kindes gleichzusetzen sein dürfte.

Bevor wir also mit der Erziehung unseres Schutzhundes beginnen, sollten wir zuerst die Rolle des Erziehers, Meuteführers, Befehlsgebers und Beschützers einwandfrei kennen, damit wir entsprechend handeln können.

1. Der Erzieher sollte gute Nerven besitzen, physisch gesund und moralisch intakt und in seinem Verhalten immer gleich sein. Nervosität, Unbeherrschtheiten, Stimmungsschwankungen usw. versteht der Hund nicht. Sie zerstören sein Vertrauen zum Erzieher.

2. Der Erzieher sollte genügend tierpsychologische Kenntnisse haben, seine eigenen Schwächen genau kennen und ein gutes Unterscheidungsvermögen besitzen, damit er bei Fehlern ein gerechtes Urteil fällen kann.

3. Der Erzieher sollte seinen Lehrstoff bis in das kleinste Detail beherrschen und den Grund und die Bedeutung für alles wissen, was er tut. Er sollte Bücher über Wesen, Verhalten, Entwicklung und Ausbildung des Hundes lesen und Trainingslehrgänge besuchen.

4. Der Erzieher sollte ein rasch entschlossener Typ sein, arbeitsfreudig, reaktionsschnell und willensstark. Er sollte sich bei der Erziehung keine Zeit lassen, mit Tempo arbeiten und nach schnellen Erfolgen streben. Erzieher mit schwachem Charakter, „Langschläfer" und „lahme Enten" sind schlechte Hundeführer.

5. Der Erzieher sollte an dem Aufbau seines Hundes wirklich interessiert sein, ihn wesensmäßig genau kennen, sich in ihn hineinfühlen können und regelmäßig mit ihm arbeiten. Denn nur durch Liebe, Verständnis, Einfühlungsvermögen, Geduld, Ruhe, Ausdauer, Weitsicht, Konsequenz und Regelmäßigkeit ist es möglich, dem Hund die einzelnen Übungen ohne Gewalt so beizubringen, daß er sie versteht und ausführt.

6. Der Erzieher sollte seine Stimmbreite schulen, damit er Befehl, Lob und Tadel im Tonfall richtig ausdrücken kann. Der Befehlston soll klar, deutlich, zweifelsfrei, jedoch nicht brutal sein. Er soll Persönlichkeit, Ausgeglichenheit, Autorität und Zielbewußtsein ausdrücken.
Der Tonfall für Lob sei weich, lieb, freundlich und herzlich. Er soll durch zärtliche Liebkosungen durch die Hand ergänzt werden.
Der Tonfall für Tadel soll streng, schneidend, böse und deutlich vom Befehlston zu unterscheiden sein. Der Hund sollte die Unzufriedenheit seines Herrn erkennen.

7. Der Erzieher sollte seinen Hund nicht ständig anschreien, weil das den Hund verwirrt, abstumpft und harthörig macht.

8. Der Erzieher sollte bei der Erziehung auf den natürlichen Trieben des Hundes aufbauen, indem er diese fördert und nutzt oder eindämmt. Er sollte es vermeiden, den Charakter des Hundes nach seinem eigenen formen zu wollen, indem er dessen Instinkte tötet und ihm seinen Willen aufzwingt, der Hund sollte nicht mechanisiert werden.

9. Der Erzieher sollte dem Hund unbedingt den Unterschied zwischen Arbeit und Spiel lehren und die Ausbildung niemals in ein Spiel ausarten lassen.

10. Der Erzieher sollte im Umgang mit dem Hund immer daran denken, daß er von diesem ohne Unterlaß aufmerksam beobachtet wird. Deshalb sollte der Erzieher nicht ständig mit einem Leistungshund zusammenleben, weil der Hund durch seine scharfe Beobachtungsgabe die Unregelmäßigkeiten des Erziehers und, aus tausend kleinen Nichtigkeiten, dessen geheime Absichten erkennen lernt.

Weiterhin müssen wir uns als Erzieher darüber klar sein, daß unser Hund keine Sache ist, sondern ein Lebewesen mit unterschiedlichen Anlagen und Reaktionen. Das System der Rezepte funktioniert bei der Erziehung ebensowenig wie beim Autofahren. Niemandem würde es einfallen, uns jede Handbewegung vorzuschreiben. Man gibt uns nur die allgemeinen Verkehrsregeln mit auf den Weg, die zu beachten sind. In ihrem Rahmen müssen wir die Entschlüsse fassen, zu denen die Umstände uns zwingen. Der Erfolg hängt dabei entscheidend von unserer Weitsicht, Intelligenz, Ruhe und unserem Reaktionsvermögen ab.

Ebenso ist es bei der Erziehung unseres Schutzhundes. Innerhalb eines Ausbildungsrahmens haben wir selbst zu entscheiden, wie wir uns mit unserem Hund am besten verständigen und ihm die einzelnen Übungen richtig beibringen. Dabei bedeutet „richtig" letztlich nicht, was geschrieben steht, sondern was unser Schutzhund versteht. Schlägt die eine Form der Mitteilung nicht ein, müssen wir so lange eine andere versuchen, bis wir die richtige Art gefunden haben.

Deshalb lautet die 1. Regel der Prägung, Belehrung, Erziehung und Abrichtung des Schutzhundes:

Bringe deinen Hund dazu, daß er versteht, was du von ihm willst!

Wir können den Schutzhund z. B. nicht belehren, indem wir lediglich mit ihm sprechen. Wohl kann unser Hund die einzelnen Laute nach ihrer Klangfärbung unterscheiden, aber das Wort an sich stellt für den Hund keinen Begriff dar. Wir können ihm unsere Befehle nur verdeutlichen, indem wir uns an seine Sinne, Gehör, Gesicht und Gefühl wenden. Dadurch, daß wir den gleichen Befehlslaut unter den gleichen Umständen dauernd wiederholen, zusammen mit stets gleichbleibenden erläuternden Gebärden oder Sichtzeichen, schaffen wir drei Enden, die der Schutzhund sehr bald durch Erfahrung und Beobachtung verknüpfen lernt. Mit anderen Worten: Wir müssen bestimmte Laute mit bestimmten Handlungen und Reaktionen des Schutzhundes in Einklang bringen. Dadurch erreichen wir schließlich, daß der Hund auf den an ihn ergangenen Befehl sofort eingeht.

Seine Reflexe sind dann auf das spezifische Hörzeichen abgestimmt. So lehren wir z. B. dem Schutzhund die Übung „Sitz" wie folgt:

1. Schritt:	Gleichzeitig mit dem Kommando „Sitz" zieht die rechte Hand den Kopf des Hundes an der Leine leicht nach oben, und die linke drückt seine Kruppe nieder (rechte Hand nach oben, linke Hand nach unten).	= Gehör
		= Gesicht
2. Schritt:	Der Druck auf die Hinterhand läßt nicht eher nach, bis der Hund am Boden sitzt und je nach Ausführungsart gelobt oder getadelt wird.	= Gefühl

Die Verknüpfung der drei Enden, Gehör, Gesicht und Gefühl, fällt dem Hund um so leichter, je deutlicher wir ihm die einzelnen Sinneseindrücke vermitteln. Dabei sind einige Punkte zu beachten:

a) Gehör

1. Alle Lautzeichen, die du dem Hund gibst, müssen sich in ihrer Klangfarbe deutlich voneinander unterscheiden.
2. Benutze immer die gleichen Hörzeichen.
3. Gib deiner Stimme dabei den Ton eines ernsten Befehls.
4. Schlage nie einen bittenden Ton an, wenn du einen Befehl gibst.
5. Gib die Hörzeichen mit lauter, klarer Stimme. Übertreibe jedoch nicht. Lautes Geschrei würde den Hund nur verwirren oder einschüchtern.
6. Finde heraus, welcher Ton für deinen Hund der beste ist. Die Hunde empfinden unterschiedlich.
7. Behalte den schärferen Ton dem Tadel vor. Verwende ihn vor allem beim „Pfui". Wisse, daß der Hund nach der Intensität der Schelte (Tonfall und Lautstärke) zu differenzieren vermag, wie schlimm du seinen Verstoß beurteilst.
8. Bemühe dich aber um einen ermunternden, lustigen Ton, wenn du dem Hund gut zureden, ihn beruhigen, loben oder mit ihm üben willst.
9. Verbinde anfangs den Namen des Hundes mit dem Hörzeichen, das den

Hund in Bewegung setzen oder eine bestimmte Handlung vornehmen lassen soll.

10. Verwende das Hörzeichen ohne Namen, wenn der Hund in einer bestimmten Stellung auf ein und demselben Fleck verharren soll.

b) Gesicht

1. Verwende immer die gleichen Sichtzeichen.
2. Vergewissere dich, daß du die Sichtzeichen stets in scharf umrissener und deutlich sichtbarer Weise gibst.
3. Grenze die Sichtzeichen deutlich voneinander ab.
4. Denke daran, daß der Hund im ständigen Verkehr mit dir vor allem auf deine Begleitbewegungen achtet.
5. Betrachte die Sichtzeichen nur als Hilfsmittel. Lasse sie fort, wenn der Hund das Hörzeichen einwandfrei befolgt.

c) Gefühl

1. Wirke auf den Hund immer in gleicher Weise ein.
2. Mache ihm das, was er tun soll, sehr angenehm und das, was er nicht tun soll, unangenehm, jedoch in der richtigen Mischung. Merke: Je härter die Strafe, desto größer das Lob.
3. Korrigiere den Hund rasch und bestimmt und schenke ihm danach deine ganze Liebe. Treffe nie halbe Maßnahmen.
4. Übermittle deine Wünsche nicht nur mit deiner Stimme, sondern auch mit deinen Gedanken und mit deiner Liebe. Es hat keinen Sinn, Befehle zu geben, ohne gleichzeitig den Gehorsam rein willensmäßig erzwingen zu wollen bzw. das eine zu sagen und ein anderes zu denken. Denn der Hund erfaßt deine Gedanken mit einem außerordentlich feinen telepathischen Gefühl.
5. Stehe auch gefühls- und willensmäßig hinter deinen Äußerungen von Lob, Tadel, Belohnung und Strafe.
6. Sei zu Beginn der Erziehung warmherzig mit deinem Lob, um dem Hund zu zeigen, daß er auf dem richtigen Wege ist und seine Sache gut macht. Später geize mit deinen Liebkosungen. Ein freundliches „So ist's brav" und ein leichtes, liebevolles Tätscheln genügen.

B. Die Form des Aufbaues muß dem „Denken" und den Instinkten des Schutzhundes angepaßt sein, d. h. sie muß der natürlichen Erziehungsmethode seiner Wolfsahnen möglichst entsprechen.

Allzu leicht begehen wir beim Aufbau des Schutzhundes den Fehler, die Erziehungsarbeit zu sehr zu vermenschlichen, d. h. den Hund mehr durch

Liebe und Verständnis zu belehren. Wir unterstellen dem Schutzhund einsichtiges „Denken" und bauen auf die antiautoritäre Erziehungsweise. Doch wenn wir eines Tages feststellen müssen, daß unsere Erziehungsbemühungen nicht anschlagen, sind wir enttäuscht und schieben die Schuld auf den Hund. Damit aber tun wir ihm unrecht, weil die Schuld allein bei uns liegt. Wir haben in den Schutzhund eine Fähigkeit hineinprojiziert, die er nicht hat. Ihm fehlt nämlich jene abstrakte Denkweise, die ihn ohne Einwirkung durch uns dazu veranlassen könnte, aus eigener Einsicht etwas zu tun oder nicht zu tun. Deshalb funktioniert beim Hund nicht die antiautoritäre, sondern die absolut autoritäre Erziehung.

Der Schutzhund lernt nur durch Erfahrung und Beobachtung, daß dies oder jenes erfreulich oder unerfreulich für seinen Herrn ist und daher Lob und Tadel, Belohnung oder Bestrafung zur Folge hat. Dies bedeutet: *die Erziehung des Schutzhundes besteht aus der Wechselwirkung zwischen Lob und Tadel, in verschärfter Form zwischen Belohnung und Bestrafung.* Dies alles aber hat in der richtigen Dosierung zu geschehen. Daraus folgt die 2. Regel der Hundeerziehung:

Hat der Hund deinen Befehl verstanden, dann bringe ihn dazu, daß er ihn ausführt!

Was wir gewöhnlich die „Anhänglichkeit des Hundes an seinen Herrn" nennen, ist in Wirklichkeit eine ganze Gruppe von Gefühlsregungen. Sie enthält nicht nur Hingabe, sondern auch die Bereitschaft zur Unterordnung und die Begierde, einen starken Willen über dem eigenen zu spüren. In seinem Herzen und in seinem Gemüt fließt ein breiter Strom guten Willens und der Bereitschaft, sich allen unseren Wünschen zu fügen. Wir brauchen nichts anderes zu tun, als diesen Strom in sein richtiges Bett zu lenken. An unserem Aufbau liegt es, ob er seine ererbten Fähigkeiten richtig entfalten kann. Der Schutzhund ist von sich aus bereit, unser Recht zur Führung anzuerkennen und sich uns unterzuordnen. Doch kann er aus uns keinen Gebieter machen, wenn wir uns nicht vornehmen, es zu sein. Viele Besitzer werden von ihren Hunden geliebt, aber nicht geachtet. *Die Anerkennung der Autorität jedoch ist die Grundlage sämtlicher erfolgreicher Erziehungsbemühungen.* Haben wir Macht über den Schutzhund, wird er tun, was wir von ihm verlangen.

Im Rudel der frei lebenden Wolfsahnen herrscht eine strenge Hierarchie. Die Befehle des Rudelführers sind ehernes Gesetz, dem sich alle schwächeren Tiere beugen – nicht widerwillig, sondern gern und freiwillig. Der Rudelführer ist die anerkannte Autorität. Umgekehrt erwarten die schwächeren Tiere, daß der Rudelführer durch sein Können und seine Erfahrungen ihr Überleben sichert.

Auch dem Schutzhund ist als Rudeltier der Begriff der Autorität angeboren und selbstverständlich. Er muß immer einen „Boß" haben, den er lieben und respektieren kann. Wir müssen ihm ein echtes „Leitbild" sein, d. h. wir haben uns als erfahrener und psychisch überlegener Anführer zu erweisen, nicht als Tyrann. Verhalten wir uns aber so, daß der Schutzhund unsere Überlegenheit einfach nicht anerkennen kann, so wird er versuchen – wie der Wolfsahn in freier Wildbahn –, die Stelle des Rudelführers selbst einzunehmen. Denn ein Rudel ohne Anführer darf es, vom Verhalten des Hundes her, nicht geben. Auch im Mensch-Hund-Rudel nicht. Hat sich der Schutzhund erst einmal durchgesetzt, so kann der Gehorsam des Hundes, wenn überhaupt, nur noch durch rohe Gewalt erzwungen werden. Soweit aber dürfen wir es nicht kommen lassen.

Wenn wir also wollen, daß unser Schutzhund ohne rohe Gewalt gehorcht und das willig tut, was wir von ihm verlangen, dann müssen wir einige Bedingungen beachten:

1. Mache dem Schutzhund von Anfang an klar, daß du der Herr des Mensch-Hund-Rudels bist. Er muß dich von dem Augenblick an, an dem er in dein Haus kommt, als Autorität respektieren.

2. Lasse den Schutzhund immer deine „geistige" Überlegenheit fühlen. Nie darfst du ihn aus deinem Willenbereich entlassen, sonst wird er unkontrollierbar.

3. Erziehe den Schutzhund wie der frei lebende Rudelführer: absolut autoritär. Nicht antiautoritär, weil er dir die antiautoritäre Erziehung als Schwäche auslegt und sich entsprechend verhält.

4. Gelingt es dir als Besitzer mit bestem Willen nicht, dich bei deinem Schutzhund als Herr durchzusetzen – besonders bei einem älteren Hund –, so muß die Erziehung eine andere Person übernehmen. Denn erzogen muß er auf jeden Fall werden.

5. In deiner Familie sollte es ein Mitglied geben, das uneingeschränkt der „Rudelführer" ist. Diese Rolle kann der Vater, die Mutter oder sogar ein energisches älteres Kind übernehmen. Ein guter Erzieher ist die Person mit einer ausgeprägten Persönlichkeit.

6. Der Aufbau des Schutzhundes sollte stets durch ein und dieselbe Person erfolgen. Erst wenn der Hund den grundsätzlichen Gehorsam erlernt hat, sollte er allen Mitgliedern der Familie willig folgen.

7. Passe deine Methode und deine eigene Haltung dem Wesen deines Hundes an. Gehe bei harten Hunden mit großer Entschlossenheit und bei empfindlichen Hunden mit etwas mehr Nachgiebigkeit und Feinheit vor.

8. Erfährt der Hund bei der Erziehung einen leichten Schmerz, dann tröste ihn nicht, sondern verhalte dich so, als sei dies sein Fehler und nicht der

deine. Anderfalls prägt sich ihm ein, du seiest der Schuldige, und er wird mißtrauisch.

9. Bedenke, daß der Aufbau deines Hundes in der Wechselwirkung zwischen Lob und Tadel besteht, in verschärfter Form zwischen Belohnung und Bestrafung. Doch erfolge alles stets in der wohlüberlegten richtigen Dosierung.

10. Lobe deinen Hund stets sofort, wenn er seine ganze Aufmerksamkeit auf deinen Befehl konzentriert und die Übung richtig ausführt. Dann lasse ihn eine Weile in Ruhe. Vermeide aber dabei Überschwenglichkeiten, sonst nimmst du dem Lob die auszeichnende Bedeutung.

11. Nörgle nie herum und dulde kein Zögern in der Ausführung, die stets rasch, unverzüglich und präzis sein soll. Was du nicht in zehn Minuten erreichst, wirst du selten in 10 Stunden schaffen, weil der Hund sich einfach zu sehr langweilt.

12. Lasse Ungehorsam nie durchgehen und wiederhole niemals einen erteilten Befehl, sobald du weißt, daß der Hund ihn versteht. Bestrafe ihn sofort, aber vermeide sonst die Strafe als Mittel der Erziehung.

13. Lasse die Strafe unmittelbar auf die Missetat folgen. Nicht eine halbe Stunde später. Hier gilt: wer schnell straft, straft richtig.

14. Strafe deinen Hund nie, wenn er zu dir herangekommen ist. Er würde die Strafe auf seine letzte Handlung, also auf sein Herankommen beziehen und künftig von dir fern bleiben.

15. Vergiß während der Übung nicht, erteilte Befehle wieder aufzuheben. Laß dir aber nie einen Befehl vom Willen des Hundes unterbrechen. Mache ihm sofort klar, daß nur du ihn vom erteilten Befehl befreist. Kannst du einen Befehl notfalls nicht durchsetzen, dann gib lieber keinen.

16. Verlange keine vollkommene Ausführung einer Übung, solange der Hund die Grundbegriffe und die Details nicht genau verstanden hat.

17. Übe erst dann den nächst höheren Teilschritt oder die nächste Übung, wenn der Hund das vorherige Lernziel sicher beherrscht und erfolgreich ausführt.

18. Vermeide es, den Hund beim Aufbau leistungsmäßig zu überfordern oder ihn durch irgendwelche Einwirkungen zu entmutigen. Denn sonst verliert er allmählich das Interesse am Erfolg.

19. Bedenke immer, daß der unverdorbene Hund stets bestrebt ist, durch sein Verhalten und seine Handlungen dein Wohlwollen zu erringen und deine Befehle zu erfüllen.

20. Wisse aber, daß auch beim Hund geistige Unterschiede vorhanden sind. Der eine ist geweckt, willig, zutraulich oder robust, der andere vernagelt, bockig, ängstlich oder zart.

Für viele Hundehalter genügt es, einen folgsamen Schutzhund zu besitzen. Ihr Wunsch beschränkt sich darauf, daß ihr Hund sich so reibungslos wie möglich in den Tagesablauf fügt. Dieses Ziel ist erreicht, wenn der Hund tut, was wir von ihm verlangen. Als Besitzer eines Schutzhundes sollte uns dieser Erfolg freilich nicht genügen, weil der Schutzhund ein Gebrauchshund ist. Wir sollten mit ihm täglich üben und sein Können so weit wie möglich vervollkommnen, d. h. wir sollten den Schutzhund abrichten. Unser Ziel sollte es sein, mit ihm eine Prüfung abzulegen. Hierfür haben wir jedoch mit eiserner Konsequenz zu üben. Aus diesem Grunde lautet die 3. Regel der Schutzhunderziehung:

Tut der Hund, was du von ihm willst, dann bringe ihn dazu, daß er jede Übung prüfungsreif ausführt: schnell, korrekt und freudig!

Die Schutzhundprüfung ist die klassische Prüfung der Gebrauchshundeverbände. Sie ist den verschiedenen Entwicklungsstufen des Hundes angepaßt und gliedert sich in 3 Hauptgruppen:

1. Schutzhundprüfung Stufe I (SchH I) für Hunde ab 14 Monaten
2. Schutzhundprüfung Stufe II (SchH II) für Hunde ab 16 Monaten
3. Schutzhundprüfung Stufe III (SchH III) für Hunde ab 18 Monaten.

Die Durchführungsbestimmungen sind genau festgelegt. In den Ortsgruppen der einzelnen Verbände wird systematisch auf die verlangten Übungen hingearbeitet. Aus diesem Grunde sollte jeder Hundebesitzer, der mit seinem Schutzhund eine Prüfung absolvieren möchte, einem Gebrauchshundeverein beitreten. Hier erhält er auch die neueste Ausgabe der Prüfungsordnung (PO), die er immer bei sich tragen sollte. Denn die Prüfungsordnung ist das „Gebetbuch des Hundeführers", in dem er täglich ein Kapitel studieren sollte. Er muß den Inhalt der Prüfungsordnung genau kennen, damit die Fehlerquellen während der Prüfung nicht mehr beim Hundeführer liegen.

Bevor wir aber einer Ortsgruppe beitreten, sollten wir sorgfältig das Vereinsangebot prüfen. Denn nicht immer ist der nächstgelegene oder besteingerichtete Klub auch in seiner Arbeit der beste. Vor allem sollten wir folgende Punkte beachten:

1. Studiere einige Zeit intensiv das Vereinsleben.
   Achte besonders auf den regelmäßigen Übungsplatzbesuch, auf die Teilnahme am Übungsbetrieb und an Vereinsveranstaltungen, auf den kameradschaftlichen und sportlichen Kontakt der Mitglieder untereinander, den Informationsfluß und das Verhältnis der Mitglieder zum Vorstand.
   Werde nicht Mitglied einer Ortsgruppe, in der sich die Mitglieder zu we-

nig füreinander kümmern oder in der die Hundeausbildung zweitrangig ist.

Bedenke: Hundeausbildung ist primär Leistungssport.

2. Informiere dich eingehend über die Arbeitsmethode. Ein Ausbildungssystem, das nicht die neuesten wissenschaftlichen und praktischen Erkenntnisse der Hundeerziehung berücksichtigt, ist veraltet und selten erfolgreich.

Bedenke: Eine falsche Methode kann deine ganze Aufbauarbeit gefährden, wenn nicht sogar zunichte machen.

3. Erkundige dich nach den Aufnahme-, Beitrags- und Vereinsbedingungen. Meide grundsätzlich einen Verein, der „Fremde" längere Zeit testet, bevor er sie aufnimmt. Hier regiert meistens der Vorstand selbstherrlich und wacht eifersüchtig darüber, daß seine oft engstirnigen Ansichten auch von jedem befolgt werden. Der „Neue" wird erst dann aufgenommen, wenn er soweit geformt ist, daß die Gefahr einer eigenen Meinung nicht mehr besteht und er vorher seine Solidarität mit den Ansichten der Vorstandsschaft unter Beweis gestellt hat.

Bedenke: In einem solchen Verein wärest du nur geduldeter Mitläufer, nicht aber Mitmacher.

4. Entscheide dich für jenen Verein, der dir die größte Möglichkeit bietet, im Rahmen deiner Wünsche, Fähigkeiten und deines Verantwortungsbewußtseins am Vereinsleben aktiv mitzuarbeiten, und der deinen Hund optimal fördert.

Zusammenfassend können wir feststellen:

Nicht die Nähe oder die Einrichtung eines Vereines ist bei der Wahl entscheidend, sondern das „Betriebsklima" und die „richtige" Ausbildungsmethode.

II. Beginn und Dauer des Aufbaues

Der Aufbau des Schutzhundes beginnt praktisch mit seiner Geburt und erfolgt stufenförmig bis zum 24. Lebensmonat. Je nach dem Tätigkeitsmerkmal unterscheiden wir 4 Lernabschnitte: *Prägung, Belehrung, Erziehung und Abrichtung.* Dabei hat jeder Abschnitt seine besondere Bedeutung für die Entwicklung des Schutzhundes. Wird eine Lernstufe vernachlässigt oder überhaupt nicht genutzt, so kann das die spätere Gebrauchsfähigkeit des Schutzhundes sehr stark beeinträchtigen. Vor allem wirkt sich der Müßiggang in der Prägungs- und Belehrungsphase sehr negativ aus. Deshalb sollten wir darauf achten, daß der Schutzhund nicht nur gute Wesenseigenschaften geerbt hat, *sondern auch von Anfang an optimal aufgebaut wird.* Nur so erhalten wir einen unbefangenen, selbstsicheren, aufmerksamen, intelligenten, unerschrockenen, furchtlosen und nervenfesten Schutzhund, der als erwachsener Hund nicht versagt. Seine Jugendzeit hat eine eminente Bedeutung für sein späteres Leben.

Während der gesamten Aufbauarbeit müssen wir jedoch darauf bedacht sein, daß dem Hund die Mitarbeit Freude bereitet. Denn eine Überbeanspruchung seiner Lernfreudigkeit kann zur Blockierung des Lernvermögens führen. Und damit ist weder dem Hund noch uns geholfen. Aus diesem Grunde sollte sich die tägliche Aufbauarbeit nach der Erziehungsmethode, Aufnahmefähigkeit, Konstitution und Kondition des Hundes richten. Die Dauer der einzelnen Übungen kann dabei zwischen 2 und 10 Minuten schwanken. Jedoch sollten 10 Minuten möglichst nicht überschritten werden. Danach folgt eine Spiel- oder Ruhepause von 10 Minuten. Diesen Rhythmus – 2 bis 10 Minuten üben, 10 Minuten Pause, 2 bis 10 Minuten üben, 10 Minuten Pause – sollten wir beim Aufbau unbedingt einhalten. Dabei ist nicht entscheidend, ob wir den Schutzhund je Tag 10 oder 60 Minuten lang erziehen. Wichtig ist nur, daß wir mit dem Schutzhund *täglich üben.* Denn der Hund lernt durch Gedankenverbindung und durch Wiederholung, und jede Unterbrechung, selbst eines einzigen Tages, wirkt sich nachteilig aus. Dieses Training kann mit dem Hund auch während des täglichen Auslaufes absolviert werden, d. h. während des Spazierganges werden ganz zwanglos einzelne Übungen wie „Sitz", „Platz", „Steh" usw. durchgeführt. Dabei ist jedoch darauf zu achten, daß die einzelnen Übungen

a) anfangs an einem ruhigen Ort stattfinden;
b) nicht alle hintereinander, sondern mit dazwischenliegenden Spielpausen ausgeführt werden;
c) nicht zu oft wiederholt werden, weil die Bereitschaft zur Ausführung einer bestimmten Übung nach jedem Ablauf abnimmt und dadurch der auslösende Reiz verstärkt werden muß.

Zusammengefaßt können wir feststellen, daß uns die Ausbildung des Schutzhundes wohl dann am besten gelingen wird, wenn wir von der angeborenen Lernbereitschaft des Schutzhundes viel wissen und seine Anlagen und Begabungen so früh wie möglich richtig nützen, fördern und entwickeln.

A. Prägung der Welpen

Bereits vom ersten Tage an muß der Welpe systematisch aufgebaut werden. Die Prägung erfolgt entsprechend seinen Entwicklungsphasen und endet mit der 7. Woche. Sie ist der wichtigste Lebensabschnitt des Welpen. Denn in dieser Zeit wird das Gelernte zeitlebens festgelegt, d. h. die durch Prägung erworbene Gedächtnis-Spur kann durch Lernen nicht gelöscht werden. Kommt es später zu einem Konflikt zwischen der Prägung und dem Gelernten, wird immer das geprägte Erinnerungsbild siegen. Mit anderen Worten: Tritt das geprägte Engramm eines Tages in Widerstreit mit dem Erlernten, wird der Hund stets nach seinem geprägten Erlebniseindruck reagieren. Andererseits kann das in dieser Zeit Versäumte nie mehr nachgeholt werden. Der Hund ist für immer fehlgeprägt. *Deshalb ist die Prägungsphase die Grundlage für sein generelles Lernvermögen.*

B. Belehrung des Welpen

Mit dem Eintritt in die Sozialisierungsphase (8. Woche) beginnt die Belehrung des Welpen. Sie endet etwa im 5. Lebensmonat. Die Belehrung ist die Vorstufe zur Erziehungsarbeit. Sie beschränkt sich nur auf das Notwendigste, weil es am leichtesten zu lehren ist und *jeden Tag* Gelegenheit zur zwanglosen Unterweisung bietet. Die nachfolgende Tabelle soll uns zeigen, in welchem Alter wir schon beginnen können, Anlagen zu fördern oder Befehle und Verbote zu lehren:

1. Spürtrieb:	ab der 5. Woche
2. Beute- und Bringtrieb:	ab der 5. Woche
3. Autofahren:	zwischen der 6. Woche und 3 Monaten
4. Leinenführigkeit:	zwischen der 7. Woche und 3 Monaten
5. Stubenreinheit:	zwischen 2 Monaten und 4 Monaten
6. Nicht an Menschen hochspringen:	zwischen 2 Monaten und 4 Monaten
7. Sitz:	zwischen 2 Monaten und 5 Monaten
8. Herankommen auf Ruf:	zwischen 2 Monaten und 5 Monaten
9. Folgen ohne Leine:	zwischen 2 Monaten und 5 Monaten
10. Betteln, stehlen, Unrat fressen:	zwischen 2 Monaten und 5 Monaten
11. Bleib da:	zwischen der 9. Woche und 5 Monaten
12. Platz:	zwischen der 11. Woche und 5 Monaten
13. Alleinsein:	zwischen der 11. Woche und 5 Monaten
14. Nicht knabbern und kauen:	zwischen 3 Monaten und 5 Monaten
15. Gib Laut:	zwischen 3 Monaten und 5 Monaten

C. Erziehung des Junghundes

Spätestens mit dem Beginn des 6. Lebensmonats bis etwa zum 10. Monat muß der Junghund zu grundsätzlichem Gehorsam erzogen werden. Wir haben uns darüber im klaren zu sein, daß etwas nicht stimmt, wenn sich der Schutzhund im Alter von 12 Monaten nicht unserem Willen unterordnet, sei er an- oder abgeleint. Die Schuld liegt dann meistens bei uns, weil wir den Hund nicht erzogen, sondern verzogen haben. Wir haben übersehen, daß der Junghund im Alter von 5 bis 6 Monaten anfängt, selbständig zu werden. Er hat inzwischen gewisse Gewohnheiten erworben, sich ein bestimmtes Verhalten angeeignet und das Gefühl der Abhängigkeit von uns weitestgehend verloren. Der Junghund ist sozusagen „schulreif" geworden, d. h. er braucht jetzt eine festere Hand und mehr Geduld. Vor allem aber müssen wir ihm unsere Autorität unmißverständlich klarmachen, damit wir späteren Schwierigkeiten vorbeugen. Dies wird uns am besten gelingen, wenn wir den Junghund methodisch erziehen.

Als Richtschnur für einige Übungen können nachstehende Zeiten gelten. Dabei ist jedoch zu beachten, daß zwei Hunde einander ebensowenig gleich sind, wie zwei Erzieher. Mit anderen Worten: keine zwei Hunde machen genau dieselben Fortschritte. Die Zeit wird also individuell verschieden sein:

✗ 1. Platz – Bleib da:	1 Tag – abgerundet 6 Tage
2. Sitz – Bleib da:	3 Tage – abgerundet 11 Tage
✗ 3. Herankommen auf Ruf:	3 Tage – abgerundet 8 Tage
4. Gib Laut:	3 Tage – abgerundet 21 Tage
5. Frei bei Fuß:	4 Tage – abgerundet 10 Tage
6. Folgen bei Fuß an der Leine:	5 Tage – abgerundet 21 Tage
7. Steh – Bleib da:	5 Tage – abgerundet 14 Tage

D. Die Abrichtung des Schutzhundes

Etwa vom 11. Lebensmonat an wird der Schutzhund über eine Anpassungsphase von 1 bis 2 Monaten auf die Abrichtung vorbereitet. In dieser Zeit sollten evtl. Erziehungsfehler mit unerschütterlicher Ruhe und Überlegenheit beseitigt und der grundsätzliche Gehorsam gefestigt werden, so daß der Hund diesen in allen Situationen sicher beherrscht. Dies ist sehr wichtig, weil die Grundlagen der Abrichtung Prägung, Belehrung und Erziehung sind. Mit anderen Worten: die Abrichtung sollte, wenn bisher alles richtig gemacht wurde, lediglich eine zielgerichtete Erweiterung und Verfeinerung der Erziehungsarbeit sein. Die Abrichtung ist sozusagen die „Berufsvorbereitung" des

Hundes, und die Prüfung ist deren Abschluß. Grob gesehen können wir den Aufbau des Schutzhundes mit dem Werdegang eines Menschen gleichsetzen:

Hund	Mensch
Prägung	Kleinkindzeit
Belehrung	Kindergarten- u. Vorschulzeit
Erziehung	Schulzeit
Abrichtung	Lehr- und Gesellenzeit
SchH I-Prüfung	Lehrlingsprüfung
SchH II-Prüfung	Gesellenprüfung
SchH III-Prüfung	Meisterprüfung

Im allgemeinen sollte die Ausbildungszeit des Schutzhundes mit seiner endgültigen Ausreifung beendet sein, d. h. mit Erlangung des 2. Lebensjahres sollte der Schutzhund die SchH III-Prüfung mit Erfolg absolviert haben. Dieses Ziel ist ohne Schwierigkeiten zu erreichen, solange der Hund *ausschließlich* nach der in diesem Buch beschriebenen Methode aufgebaut wird.

III. Wo und was soll der Schutzhund lernen?

Beim Aufbau eines Hundes bis zum 12. Lebensmonat ist es unbedeutend, ob wir nur einen folgsamen Hund wollen, der sich im Haus und auf der Straße löblich benimmt und den wenigen Befehlen, die das Alltagsleben erfordert, gehorsam Folge leistet, oder ob wir Verlangen nach sportlichen Taten haben und eines Tages eine Leistungsprüfung ablegen wollen. Denn die Wesenssicherheit, die optimale Prägung und den grundsätzlichen Gehorsam brauchen alle Schutzhunde. Der Unterschied zwischen einem Hund für den täglichen Gebrauch und einem Leistungshund besteht nur darin, daß der letztere die Gehorsamsübungen, zuzüglich einiger Sonderübungen, exakter, freudiger und schneller ausführen sollte. Er wird hierfür vom 12. Lebensmonat an speziell abgerichtet. Dies geschieht überwiegend auf den Übungsplätzen der Schutzhundvereine und setzt die Mitgliedschaft in diesen Organisationen voraus. Aber auch den Hundebesitzern, die keine sportlichen Ambitionen haben, ist die Mitgliedschaft in einem Schutzhundverein zu empfehlen. Denn bei unserem Schutzhund werden wir immer wieder mit Fragen und Problemen konfrontiert, deren Klärung das Wissen eines Fachmannes, z. B. eines Übungswartes oder eines Zuchtwartes, erfordert.

Nicht unbedeutend dagegen ist der Zusammenhang zwischen Übung und Übungsort. Denn jedes erfolgreiche Lernen erfordert beim Hund ganz bestimmte Umweltreize. Wir können den Welpen nicht stubenrein machen, wenn wir ihn nicht in die Wohnung nehmen, und wir können dem Hund schlecht die Gehorsamsübungen beibringen, wenn er ständig von der Umwelt abgelenkt wird. Aus diesem Grunde sollten wir genau wissen, welche Übungen wir wo lehren. Aber nicht nur der Übungsort allein ist wichtig. Auch der ständige Wechsel zwischen einem bestimmten Übungsorttyp ist für ein aufmerksames und freudiges Arbeiten von entscheidender Bedeutung, weil ein absolutes Gleichbleiben der Umgebung das Absinken der Allgemeinerregbarkeit bewirkt, die wiederum die Lernbereitschaft und die Arbeitswilligkeit beeinträchtigt. Konkret bedeutet dies: Nicht ständig auf demselben Übungsplatz trainieren, sondern zwischendurch öfters einmal einen anderen Übungsort zum Arbeiten aufsuchen.

1. Die optimale Prägung des Welpen kann nur beim und durch den Züchter erfolgen, weil der Welpe erst mit 8 bis 10 Wochen verkauft werden sollte. Da aber die Prägungsphase die Grundlage für sein generelles Lernvermögen bildet, ist der Züchter eine wichtige Person beim Aufbau eines Schutzhundes. Am Verhalten des Welpen wird sich beim Verkauf zeigen, wie ernst er seine Pflicht als Züchter genommen hat.

2. Die Erziehung zum grundsätzlichen Gehorsam beginnt mit der Belehrung des Welpen im Alter von 12 Wochen. Sie findet zuerst im eigenen Heim statt und umfaßt die Übungen:
Stubenreinheit
Nicht-Hochspringen an Menschen
Nicht-Betteln und -Stehlen
Alleinsein
Nicht-Knabbern und -Kauen
Körperpflege
Bleib da
Gib Laut
Aus

3. Als nächstes folgt die Erziehung des Hundes an einem verhältnismäßig ruhigen, möglichst abgeschlossenen Ort. Dies ist wichtig, damit der Hund anfangs nicht unnötig abgelenkt wird oder entlaufen kann. Als Übungsfläche können dienen: eine Wiese, ein Park, ein unbebautes Grundstück, ein Garten, ein Hinterhof, eine ruhige Straße oder Weg, ein unbenutzter Schuppen, eine Garage, ein leerer Keller usw. Gelehrt werden hier die Grundübungen:
Leinenführigkeit
Folgen ohne Leine
Sitz
Steh
Platz

Kommen auf Ruf

Vorauslaufen auf Kommando

Ablegen

Wollen wir mit unserem Schutzhund später eine Leistungsprüfung ablegen, so müssen wir die Übungen erweitern um:

Apportieren

Springen

Beutebeißen

Suchen.

4. Beherrscht der Hund die Grundübungen, so muß er daran gewöhnt werden, auch unter Ablenkung zuverlässig zu gehorchen. Dies bedeutet: der
Hund muß die vorgenannten Gehorsamsübungen auch unter Ablenkung
(z. B. im Verkehr, auf dem Übungsplatz usw.) sicher ausführen. Dabei ist
darauf zu achten, daß der Übergang schrittweise vollzogen wird. Eine ab-
rupte Umstellung kann den bisherigen Ausbildungserfolg gefährden.

Ergänzt können die Übungen werden durch:

Futterverweigern

Nichtfressen von Unrat und Abfall

Laufen am Fahrrad

Verhalten beim Ausstellen und im Verkehr usw.

Zusammengefaßt sollte der Aufbau des Schutzhundes allgemein nach
folgenden drei Grundregeln erfolgen:

1. Das *Ziel* der Ausbildung sollte die erfolgreiche Absolvierung der drei
Schutzhundprüfungen (SchH I–III) gem. der Prüfungsordnung (PO) des
Verbandes für das Deutsche Hundewesen (VDH) sein.

2. Die *Grundlage* der Ausbildung sollten die Gehorsamsübungen aller in
der PO aufgeführten Abteilungen sein. Diese sollte der Schutzhund bis
zum 12. Lebensmonat sicher beherrschen.

3. Die *Methode* der Ausbildung sollte den natürlichen Anlagen des Hundes
entsprechen. Dabei sollte das *Erlernen* einer Übung grundsätzlich *nicht*
unter Druck erfolgen, sondern in erster Linie durch Belohnungen. Jedoch
wird eine spätere, optimale, korrekte Leistung des Hundes auch von dem
besten tierpsychologisch arbeitenden Hundeführer kaum ohne individuelle Zwangsmittel zu erzielen sein.

Abschnitt 3

Die Prägung des Welpen

Die Prägung ist ein eng begrenzter, zeitlich festgelegter Lernvorgang. Das bedeutet: *was in dieser Zeit nicht gelernt wird, kann niemals mehr nachgeholt werden.* Dafür wird aber das Gelernte zeitlebens festgelegt. Wenn dies zutrifft, und die Wahrscheinlichkeit ist sehr groß, daß manches von dem, was wir als das „Wesen" im Sinn von angeborenen Charaktereigenschaften nennen, in dieser Zeit beeinflußbare, also umweltabhängige Wurzeln hat, dann können wir den Welpen auch für seine spätere Leistung als Schutzhund sozusagen „vorprogrammieren". Vor allem in bezug auf

1. das künftige Verhältnis des Hundes zum Menschen,
2. die Reaktionen des Hundes auf verschiedene Umwelteinflüsse,
3. seine psychischen Fähigkeiten („geistige" Leistungsfähigkeit),
4. den Einsatz seines Geruchsinnes,
5. das Verhalten gegenüber „toter" Beute wie Lumpen, Stöckchen usw.

Bei allen Prägungsvorgängen müssen wir jedoch wissen, in welchem Alter wir was lehren. Denn im allgemeinen sind solche besonderen Lernbegabungen ganz spezifisch auf entsprechende Altersstufen verteilt und müssen und können eben nur in der jeweiligen Zeit genützt werden. Geschieht dies nicht, so besteht die akute Gefahr einer Fehlprägung. Deshalb sollten wir die zahlreichen angeborenen Lerndispositionen richtig nützen, damit sich unser Welpe zu einem leistungsstarken, umweltoffenen Schutzhund entwickelt. Diese Prägung sollte beim Welpen möglichst früh einsetzen, nämlich sofort nach seiner Geburt.

I. Die vegetative Phase (1. und 2. Woche)

Mit der Beendigung des Wurfaktes beginnt für den Welpen die vegetative Phase. Diese Zeitspanne ist für den Welpen lediglich eine Fortsetzung des unbewußten Lebens im Mutterleib. Sein Daseinsinhalt besteht nur aus Trinken und Schlafen, d. h. dieser gesamte Lebensabschnitt ist auf Gewichtszunahme und Wachstum abgestimmt. Der Welpe verdreifacht jetzt sein Gewicht; Augen und Ohren sind verschlossen, und der Geruchsinn ist nicht wesentlich ausgebildet. Der Kleine ist in den ersten 2 Wochen also ganz allein auf die Leistungsfähigkeit der Mutter angewiesen. Für uns eine untätige Zeit

– glauben wir. Aber dem ist nicht so. Schon in der vegetativen Phase entscheiden wir über die spätere Leistungsfähigkeit des Schutzhundes. Vor allem durch die Auswahl der bei der Mutterhündin verbleibenden Welpen. Denn nur gesunde und wesenssichere Welpen können später gute Schutzhunde werden, nicht aber kranke und wesensschwache Tiere. Deshalb ist es unsere Pflicht, die Auswahl nicht gefühlsmäßig oder nach Äußerlichkeiten vorzunehmen, sondern vorwiegend auf Grund der angeborenen Verhaltensweisen und des Geburtsgewichtes. Als Anhaltspunkt kann uns die Lebensenergie des Welpen dienen.

Zuerst werden wir die angeborenen Verhaltensweisen beobachten und notieren. Diese erblich festgelegten Bewegungsweisen, Erbkoordinationen genannt, sind: Saugen, Kreiskriechen, Pendelbewegungen des Kopfes, Fellbohren, Milchtritt und die Lautäußerungen. Zeigt nun ein Welpe die angeborenen Verhaltensweisen schwächer, inaktiver, langsamer als seine Geschwister, dann kann dies bedeuten, daß sein Nervensystem und damit sein allgemeiner Zustand nicht in Ordnung sind. Ist aber seine Lebensenergie (Biotonus) schwach, dann wird er sich kaum zu einem gesunden, kräftigen Schutzhund entwickeln. Wie sollte er auch, wenn bereits das „Ausgangsmaterial" nicht viel taugt. Hinzu kommen die psychischen Fähigkeiten. Denn da jene Verhaltensweisen ihren Sitz in den ältesten Gehirnanteilen haben, die gleichsam die Basis für das übrige Gehirn bilden, wirkt sich diese Schwächung auch auf die später in Funktion tretenden höheren Gehirnleistungen aus. Demgegenüber aber wird ein „brutaler" kleiner Kerl zu einem starken, kräftigen, gesunden und sozialen Schutzhund heranwachsen. Daraus folgt:

1. Suche den Welpen nach seinem Biotonus aus. Dieser ist mindestens dreimal innerhalb 10 Tagen zu messen und kann folgende Werte ergeben:
   Note 1: Welpen mit einer *sicheren* und *„brutalen"* Aktivität wie Saugen, Kreiskriechen, Pendelbewegungen des Kopfes, Fellbohren, Milchtritt, Lautäußerungen usw.
   Note 2: Welpen mit einer *unterschiedlichen* oder *zögernden* Geburts- und Suchaktivität, aber ohne dabei auszuarten.
   Note 3: Welpen mit einer *ausgeprägten* und *hektischen* Regsamkeit sowie *starken* und *ständigen* Lautäußerungen.
   Note 4: Welpen mit *wenig* und *trägen* Bewegungsweisen und Durchsetzungsvermögen.
   Note 5: Welpen mit einem ständig *passiven* und *verkrampften* Verhalten.
2. Töte den Welpen mit der Note 5. Denn er ist eindeutig nervenschwach.
3. Beobachte die Welpen mit den Noten 3 und 4 hinsichtlich der erblich

festgelegten Bewegungsweisen mindestens 7 Tage lang und notiere die Ergebnisse. Unterscheiden sich ihre angeborenen Verhaltensweisen immer noch deutlich von denen ihrer Geschwister, dann schließe sie ebenfalls von der Aufzucht aus.

Ein weiterer Gesichtspunkt ist das Geburtsgewicht. Wir sollten keinen Welpen aufziehen, dessen Geburtsgewicht erheblich von denen seiner Geschwister abweicht. Dabei sind jedoch Gewichtsunterschiede von 10 bis 30 Gramm unbedeutend. Eine Ausnahme sollte nur bei jenen Welpen gemacht werden, die einen sehr guten Biotonus besitzen. Ist aber das Gewicht auch am 2. Tag immer noch nicht deutlich angestiegen, so sind auch sie zu töten. Dies bedeutet:

4. Notiere genau das Geburtsgewicht. Liegt es erheblich unter dem seiner Geschwister oder ist es bei gutem Biotonus innerhalb von 2 Tagen nicht erheblich angestiegen, so merze ihn ebenfalls aus.

Darüber hinaus sollten wir den Welpen täglich wiegen. Diese tägliche Gewichtskontrolle bis zum 21. Tag hat nicht nur den Vorteil, daß wir dadurch den Gesundheitszustand (= Wachstum) des Welpen kontrollieren können, sondern vor allem, daß der Welpe einem physiologischen Streß ausgesetzt wird, der die spätere Leistungsfähigkeit erheblich steigert. Deshalb:

5. Setze den Welpen durch tägliche Gewichtskontrolle – in den ersten 2 Tagen alle 12 Stunden – einem physiologischen Streß aus.

Zusammenfassend können wir also feststellen, daß wir beim Welpen schon in der vegetativen Phase den Grundstein für seine spätere Leistungsfähigkeit legen können.

II. Die Übergangsphase (3. Woche)

Mit Beginn der 3. Lebenswoche endet das reine, völlig selbstbezogene Saug- und Schlafstadium des Welpen. Die aktive Entdeckung der engeren Umwelt und die Aufnahme von Kontakten mit den Geschwistern beginnt. Zwischen dem 12. und 15. Lebenstag öffnen sich die Lidspalten und die äußeren Gehörgänge. Jedoch entwickeln sich um den 17. oder 18. Lebenstag erst richtig die Sehfähigkeit der Augen, die Hörfähigkeit der Ohren und die Riechfähigkeit der Nase.

Greifen wir jetzt mit der Hand in den Welpenknäuel, so wird sofort die neu erworbene Fähigkeit des Erkundens eingesetzt: sie schnuppern, lecken und nehmen einzelne Finger ins Maul. Sie hören auf Geräusche und nehmen Bewegungen wahr. Dabei bleiben sie noch bis zum 20. Lebenstag einschließlich an das Lager gebunden und fühlen sich in ihm so sicher und geborgen, daß sie keinerlei Angstreaktionen kennen. Das Lager ist für sie die Welt, und alles, was da hineinkommt oder darin gehört wird, ist einfach Bestandteil dieser Welt. Das ändert sich aber spontan am 21. Lebenstag. Da erwacht in ihnen der Trieb, der Mutter zu folgen. Und mit dem erstmaligen Verlassen des Lagers endet auch die blinde Vertrauensseligkeit der Frühkindheit. Die Welpen lernen, daß es außerhalb des Lagers auch unangenehme Erlebnisse gibt, innerhalb des Lagers aber nur Geborgenheit herrscht. Die Auseinandersetzung mit ihrer Umwelt hat begonnen.

Auf einige dieser Umwelteinflüsse können wir die Welpen schon innerhalb des Wurfraumes vorbereiten, so daß sie diese außerhalb des Lagers nicht mehr als neu oder unangenehm empfinden. Neben der täglichen Gewichtskontrolle sollten wir beginnen, uns mit dem einzelnen Welpen etwas länger zu beschäftigen. Wir sollten mit ihm „schmusen" und ihm Gelegenheit geben, mit uns ausgiebigen Berührungskontakt zu pflegen.

Außerdem sollten wir den Welpen, solange er das Wurflager noch nicht verlassen hat, an alltägliche Geräusche gewöhnen. Dies geschieht am besten dadurch, daß wir im Wurfraum ein Tonband mit möglichst vielen verschiedenen alltäglichen Geräuschen ablaufen lassen. Diese können z. B. sein: Straßen- und Eisenbahnlärm, Autohupe, Fahrradklingel, Sirene, Trillerpfeife, Schüsse, lautes Schreien, Donner usw. Setzen wir den Welpen täglich bis zu einer Stunde diesen Geräuschen aus, wird er diese als zu seiner Welt gehörig empfinden. Hört er dieselben Geräusche dann außerhalb seines Lagers, so wird er sich kaum mehr von ihnen negativ beeindrucken lassen.

Alles in allem bedeutet dies:
1. Setze die tägliche Gewichtskontrolle bis zum 21. Lebenstag fort.
2. Gib dem Welpen täglich Gelegenheit, mit dir körperlichen Kontakt aufzunehmen, z. B. durch „Schmusen", Streicheln, Spielen.
3. Gewöhne den Welpen schon im Wurfraum an möglichst viele alltägliche Geräusche.

III. Die Prägungsphase (4. bis 7. Woche)

Diese Phase ist der wichtigste Lebensabschnitt des Welpen. Die Sinnesleistungen sind nun voll entwickelt und ermöglichen zunehmend durch Nase, Ohren und Augen ein genaues Orten von Wahrnehmungen. Neugier und Lerntrieb treten nun stark in Erscheinung und kennzeichnen das ganze Welpenleben. Alles wird erkundet und probiert, an allen erreichbaren Dingen wird versuchsweise herumgekaut, Bewegungsvorgänge in der Umwelt werden mit angespannter Körperhaltung aufmerksam verfolgt. Und bald beherrscht er eine ganze Reihe von sozialen Verhaltensweisen wie

a) das Mundwinkelstoßen als Ausdruck freundlicher Ergebenheit und Zuneigung,

b) das Pfötchengeben, als Beschwichtigungsgebärde, entstanden aus dem Milchtritt bei der stehend säugenden Hündin,

c) das Schwanzwedeln als Ausdruck freudiger Erregung und Zuwendung,

d) das Einklemmen der Rute als Ausdruck ängstlicher Ergebenheit,

e) die Anwendung der Drohgebärden beim Streit um das Futter.

Zweifelsohne gibt es jetzt zahlreiche angeborene Lerndispositionen, die zu schnellen Lernerfolgen im Bereich des Nahrungserwerbes und des Sozialverhaltens führen. Kann der Welpe von diesen besonderen Lernbegabungen wenig oder keinen Gebrauch machen, so besteht die akute Gefahr, daß Störungen bei den jeweils zugeordneten Verhaltensmustern eintreten oder überhaupt Teile des generellen Lernvermögens lahmgelegt werden. Dies bedeutet:

Versäumen wir in dieser Zeit, dem Welpen wichtige Erfahrungen zu vermitteln, so ist der Schutzhund für später fehlgeprägt.

Aus diesem Grunde sollten wir dem Welpen die bestmögliche Umwelt bereitstellen, in der sich seine erblich festgelegten Möglichkeiten voll entfalten und entwickeln können. Dabei sollten wir besonders auf folgende Punkte achten:

1. Setze den in der Übergangsphase begonnenen täglichen Berührungskontakt mit den Menschen in ausreichendem Maße fort.
   Denn so wie sich der Welpe das Bild von Artgenossen durch Berühren, Beschnuppern und Besehen unverrückbar einprägt, ebenso muß er dies auch von den Menschen tun können. Dabei genügt es nicht, wenn der Welpe den Menschen täglich sieht oder von ihm direkt aus der Hand sein Futter erhält. Er muß unbedingt ausreichenden Berührungskontakt mit dem Menschen bekommen, damit er ihn eingehend beriechen kann. Nur wenn wir dem Welpen täglich die Möglichkeit bieten, sich mit unserer Hand zu befassen, dann wird aus ihm ein den Menschen gegenüber ausgesprochen kontaktfreudiger Hund.

2. Beschäftige dich täglich etwa 30 Minuten lang mit dem Welpen, evtl. über den Tag verteilt. Setze ihn dabei auch auf eine Kiste, kämme und bürste ihn dort und sprich während dieser Tätigkeit beruhigend auf ihn ein.

3. Laß den täglichen Berührungskontakt durch bekannte und fremde Personen beiderlei Geschlechts vornehmen. Dies ist sehr wichtig. Denn wenn eine derartige Kontaktaufnahme nur durch eine Person oder eine Menschengruppe erfolgt, bleibt der Welpe später anderen Menschen ge-

Abb. 10: Der Welpe erhält täglich in ausreichendem Maße Berührungskontakt mit dem Menschen, damit aus ihm ein kontaktfreudiger Hund werde. Dies kann durch „Schmusen", Streicheln oder Spielen geschehen.

genüber unsicher und kontaktarm. Hinzu kommt, daß sich das Kennenlernen nicht nur auf Männer und Frauen beschränken darf, sondern auch die Kinder unterschiedlichen Alters und Geschlechtes einschließen muß.

4. Laß den Welpen in dieser Zeit nichts Unangenehmes durch den Menschen widerfahren.

Er soll lernen, daß alle Menschen grundsätzlich seine Freunde sind, denen er uneingeschränkt vertrauen darf. Der Unterschied zwischen Freund und Feind wird ihm später beigebracht.

5. Zieh den Welpen nicht übermäßig beschützt auf. Auf keinen Fall in einer isolierten Umgebung. Hier gilt: je natürlicher, desto besser.

Ein Welpe, der z. B. ausschließlich im Zwinger lebt und keinen Kontakt zur Außenwelt hat, leidet fast zeitlebens an der sogenannten Zwingerscheu, d. h. er fürchtet sich vor jedem unbekannten Gegenstand und weicht davor zurück, statt ihn zu untersuchen. Er wird von zahllosen Phobien und irrationalen Ängsten beherrscht. Deshalb muß der Welpe täglich einige Zeit außerhalb seines Zwingers oder Wurfraumes verbringen können. Dies kann sein in einem größeren Auslauf, im Garten oder auf einer Wiese.

6. Biete den Welpen möglichst viele Gegenstände, Futtersorten usw. an, die er erkunden, handhaben und ausprobieren kann.

   Dies ist ebenfalls sehr wichtig. Ein Welpe nämlich, der z. B. in diesem Alter niemals rohes Fleisch erhält, läßt sich später nur sehr mühsam, wenn überhaupt, daran gewöhnen. Ebenso verhält es sich mit den Gegenständen. Deshalb sollte ein Zwinger nicht nur aus einer glatten, reizarmen Betonfläche bestehen, sondern verschiedene Bodenstrukturen aufweisen wie z. B. Holz, Kies, Sand, Erde, Wiese. Weiterhin sollte er mit Gegenständen ausgestattet sein, die ihn beschäftigen, wie mit Bällen, Holzstücken, Kübeln, Stoffetzen, einer kurzen Treppe, einem Stück eines größeren Stein- oder Zementrohres.

7. Mache den Welpen jetzt unbedingt mit unserer technischen Umwelt vertraut.

   Zunächst aus der Ferne, später immer näher sollte er z. B. Autos, Rasenmäher, Fahrräder, Staubsauger, Fernseher usw. optisch und akustisch kennenlernen. Er muß erfahren, daß ihm von diesen Dingen keine Gefahr droht.

8. Gewöhne den Welpen spätestens jetzt an möglichst viele alltägliche und nicht alltägliche Geräusche.

   So u. a. an Schießen, Heulen, Hupen, Klingeln, Pfeifen, Quietschen, Rattern, Schreien.

Abb. 11: Der tägliche Berührungskontakt erstreckt sich auf bekannte und fremde Personen beiderlei Geschlechtes, einschließlich Kinder unterschiedlichen Alters.

9. Gib dem Welpen Gelegenheit, „Geist" und Nase einzusetzen.
   Er muß bereits jetzt lernen, daß er durch den Gebrauch seiner „Intelligenz" und seiner Nase viel erreichen kann. Zum Beispiel sollten wir ihm das Futter nicht einfach vor die Nase setzen, sondern er sollte es sich erst suchen müssen. Dies bedeutet, daß wir jetzt schon mit dem Training seiner Nasenveranlagung beginnen.

10. Laß dem Welpen seinen Spieltrieb, der dem Bewegungs- und Betätigungstrieb verwandt bzw. zum Teil in ihm begründet ist, sowie seinen Beutetrieb ausreichend und zielgerichtet abreagieren.

11. Entwöhne den Welpen mit zunehmendem Alter immer mehr der Mutter und den Geschwistern, d. h. beschäftige dich immer länger mit dem Welpen allein.

12. Achte aber darauf, daß der Welpe besonders in der 4. Woche und noch mehr in der 7. bis 8. Woche keine starken negativen Erfahrungen sammelt. Denn in dieser Zeit ist er nicht nur sehr aufnahmefähig, sondern auch außerordentlich sensibel gegenüber Störungen aus der Umwelt. Ein Schreck kann ihn z. B. in diesen kritischen Perioden so prägen, daß er ihn lange nicht vergessen kann, manchmal sogar nie.

13. Fördere das Selbstbewußtsein des Welpen, indem du ihm die Möglichkeit gibst, individuell dosierte Belastungen erfolgreich zu bestehen. So sollte der Welpe zum Beispiel einem ihm unangenehmen Anpusten nicht durch Ausweichen zu entgehen suchen, sondern es durch Angriff beenden.

Mit Beendigung der Prägungsphase erkennen wir am Verhalten des Welpen sehr deutlich, ob wir diesen Entwicklungsabschnitt richtig genutzt haben. Denn das Verhalten (Phänotyp) ist die Folge der Wechselwirkung zwischen den ererbten Eigenschaften (Genotyp) des Welpen und der Umwelt.

Sind alle Aufgaben optimal gelöst worden, dann besitzen wir einen aktiven und unternehmungslustigen Welpen, der im späteren Leben wissensdurstiger und intelligenter ist, als ein Welpe ohne entsprechende sorgfältige Betreuung. Deshalb sei hier nochmals festgestellt:

Frühzeitige Streßerfahrungen, Sozialisierung und eine anregende Umwelt in sehr früher Jugend, gepaart mit guten Wesensveranlagungen, werden die anschließende Ausbildungs- und Lernfähigkeit sehr stark beeinflussen.
Weiterführende Hinweise für eine *optimale* Prägung der Welpen kannst du dem Spezialbuch „Der echte, führige Schutzhund" entnehmen.

Abschnitt 4

Die Belehrung des Welpen

Von der 8. Lebenswoche an fängt für den Welpen durch zwei wichtige Maßnahmen „der Ernst des Lebens" an:
1. Der Welpe wird von der Mutter und den Geschwistern getrennt. Er wird verkauft.
2. Die autoritäre Erziehung in Form von Belehrung beginnt.

Dabei ist die Belehrung der wichtigste Teil dieses neuen Lebensabschnittes. Denn nur durch die Belehrung können wir sein Weltbild, das sich in dieser Zeit formt, zu unseren Gunsten beeinflussen. Dieser Aufgabe werden wir wohl dann am besten gerecht, wenn wir den Welpen in unser Heim nehmen. Hier können wir ihm täglich ganz zwanglos alle notwendigen Befehle und Verbote beibringen. Vor allem aber jene Verhaltensmaßregeln, die einem älteren Hund so schwer eingehen wie z. B. das Nichthochspringen an Menschen.

Bevor wir aber mit den einzelnen Übungen beginnen, sollten wir uns nochmals die für diese Entwicklungsphase wichtigen Erziehungsregeln vergegenwärtigen:
1. Erziehe den Welpen absolut autoritär, weil die Anerkennung der Autorität die Voraussetzung aller erfolgreichen Erziehungsmaßnahmen ist.
2. Vermeide dabei ungebührliche Strenge. Behandle den Welpen vernunftgemäß und weniger gefühlsbedingt, damit sich keine unerwünschten Eindrücke in sein Gedächtnis einprägen.
3. Vermenschliche nicht die Gefühle des Welpen und behandle ihn nicht „wie ein Kind". Wisse, daß ein Welpe nichts vermißt, was er nie besessen hat.
4. Dressiere den Welpen nicht, sondern belehre ihn spielerisch, ruhig und konsequent. Dabei sind Ruhe und Konsequenz für den Erfolg der jeweiligen Erziehungsmaßnahme ausschlaggebend, weil diese Eigenschaften vom Welpen immer wieder erprobt werden.
5. Bestimme Anfang und Ende jeder Belehrung und jedes Spieles. Je lustvoller die Belehrung ist, d. h. je mehr ernstes Lernen als Spiel empfunden wird, desto größer wird die künftige Lernfreudigkeit des Hundes sein.
6. Achte bei der Belehrung darauf, daß du den Welpen primär trieblich und psychisch förderst, ausreichend motivierst und ihn weder überforderst noch abstumpfst.

7. Vollziehe die Belehrung nach den Regeln von Lob und Tadel. Zeigt der Welpe erwünschte Verhaltensweisen, wird er sofort gelobt: „So ist's brav!", gestreichelt oder erhält einen Futterhappen. Werden klar festgelegte Tabus übertreten, dann folgt die Strafe unverzüglich, damit dem Welpen der Zusammenhang von Übertretung und Strafe verständlich wird.

8. Ziehe eine klare Grenze zwischen erwünschtem und unerwünschtem Verhalten und halte diese konsequent ein. Was du einmal erlaubst, bleibt erlaubt, und was du verbietest, bleibt verboten, sonst entstehen beim Welpen unweigerlich Fehlverknüpfungen.

9. Richte die Intensität der Strafe nach dem Wesen des Welpen. Die Skala reicht von einer unwilligen Abwendung von dem Sünder, vom Spielabbruch über leiseres oder lauteres „Pfui" bis zum kräftigen Klaps oder Durchschütteln in Verbindung mit dem Wort „Pfui!". Ansonsten aber verhalte dich neutral gegenüber leichtem Schmerz, den der Welpe durch dich oder durch die Umwelt erfährt.

10. Vergesse bei der Disziplinierung nie, daß der Welpe auch im Umgang mit Menschen Selbstsicherheit und Selbstvertrauen entwickeln muß. Die Bestrafung hält sich dann in einem vom Welpen verkraftbaren Rahmen, wenn er unmittelbar nach der notwendigen Strafe seine Anhänglichkeit bezeugt (Schnauzenstoß, Pfötchengeben, Handlecken usw.).

I. Die Sozialisierungsphase (8. bis 12. Woche)

Während der Welpe bislang volle „Narrenfreiheit" genossen hatte und praktisch alles durfte, setzt nun durch uns, wie in der Natur durch den Vaterrüden, eine zunehmend straffere Disziplinierung ein, d. h. die Belehrung des Welpen beginnt. Dies ist sehr wichtig, weil Weite und Umfang der sozialen Partnerschaft zwischen uns und dem Hund eben jetzt, in der Sozialisierungsphase, unwiderruflich geprägt werden und zeitlebens auf fast alle Eigenschaften des Hundes einwirken. In dieser Zeit entscheidet es sich, ob wir eine sinnvolle und beständige „Mensch-Hund-Meute" aufbauen können. Dies wird uns wohl dann am besten gelingen, wenn wir alle gemeinsamen Unternehmungen, wie Belehrung, Erziehung und Abrichtung, aus dem vergnügten Welpenspiel heraus entwickeln. Dabei haben wir den Vorteil, daß für den Hund alles Lernen lustbetont bleibt und besondere Leistungen stets mit einem freudigen Erleben verbunden sind.

Mit der Belehrung beginnen wir, sobald sich der Welpe nach seinem Erwerb an sein neues Heim gewöhnt und uns ins Herz geschlossen hat. In der Regel dauert die Gewöhnungszeit 2 bis 3 Tage. Diese kritische Übergangszeit können wir aber mildern, indem wir den Welpen mit 8 Wochen nicht sofort vom Züchter mitnehmen, sondern ihm eine „Anpassungsphase" von 1 bis 2 Wochen einräumen, in der er auf den Verkauf vorbereitet wird. Durch diese „Anpassungsphase" gewinnen wir zwei Vorteile:

1. Die natürliche Lernphase wird nicht abrupt unterbrochen. Der Welpe kann in dieser Zeit noch einige wichtige Urverhaltensweisen abreagieren, die in dieser Phase wieder auftauchen. Dazu zählen z. B. der Streit um das Futter und die Kampfspiele.

a) Streit um das Futter:

In der 8. Woche erreicht das Abwehrverhalten am Futter (Fellsträuben, Knurren, Abwehrschnappen usw.) seine volle Entfaltung. Jetzt dürfen die Welpen auf keinen Fall getrennt gefüttert werden, weil das Streiten um Futter eine bedeutsame soziale Funktion hat. Der Welpe lernt dabei, sein Recht zu behaupten, und reagiert gleichzeitig eine ganze Menge Aggression ab. Lernt der Welpe dagegen nicht, in der Gemeinschaft zu fressen, wird er zeitlebens futterneidisch bleiben und als erwachsener Hund seinen eigenen Jungen das Futter skrupellos wegfressen.

b) Kampfspiele:

Bei den Kampfspielen werden verschiedene Elemente des Ausdrucksverhaltens geübt und jene Regeln entwickelt, die ernsthafte Beschädigungen des Artgenossen verhindern. Der Welpe lernt dabei seine eigenen Kräfte abzuschätzen und unter geeignete Kontrolle zu bringen. Dies kommt uns beim Spiel mit dem Welpen zugute. Wenn wir jetzt einen Welpen nachdrücklich darüber belehren, daß unsere Hände oder Beine nicht aus Hartholz sind, wird er sehr schnell begreifen, wie weit er gehen darf. Er wird dann auch als erwachsener Hund mit uns auf die „sanfte Methode" spielen und so zart in unsere Hände oder Beine „beißen", als wenn wir neugeborene Welpen wären.

2. In Zusammenarbeit mit dem Züchter können wir den Welpen auf sein neues Leben vorbereiten, indem wir z. B.
    a) uns täglich mit ihm eine Zeitlang allein beschäftigen,
    b) ihn täglich für einige Zeit in seine neue Umgebung bringen, damit er diese kennenlernt,
    c) ihn in dieser Zeit, evtl. mit Hilfe des Züchters, an die Leine, das Autofahren usw. gewöhnen,
    d) ihn impfen lassen und eine nochmalige Entwurmung vornehmen,
    e) die Zeit der täglichen Trennung von seinem Geburtsort und seinen Geschwistern systematisch verlängern.

Kommt nun der Welpe mit 9 oder 10 Wochen endgültig in unsere Obhut, so fällt ihm die Trennung von seinem bisherigen Leben leichter, weil er uns und seine neue Umgebung bereits kennt. Außerdem können wir die Belehrung des Welpen, mit der wir während der „Anpassungsphase" begannen, ohne Unterbrechung fortsetzen.

Für die Belehrung selbst ist es jedoch unerheblich, ob wir einen Welpen mit oder ohne „Anpassungsphase" erwerben. Wichtig ist nur, daß wir mit der Belehrung so früh wie möglich anfangen. Dabei bilden Stubenreinheit und Leinenführigkeit die Grundlagen jeder weiteren Belehrung und Erziehung. Denn bei diesen zwei Belehrungsmaßnahmen lernt der Welpe zweierlei:

a) Dem Welpen prägt sich die Erkenntnis ein, daß du der Herr bist und daß er sich deinen Wünschen unterzuordnen hat.

b) Der Welpe begreift die Bedeutung von Lob und Tadel. Er wird mit dem klaren Verstehen aufwachsen, daß „gut" ist, was dir gefällt, und „böse", was deine Mißbilligung hervorruft.

Aus diesem Grunde sollten wir auch dem „Zwingerhund" vom ersten Tage an Stubenreinheit und Leinenführigkeit beibringen, d. h. auch den Welpen, der normalerweise im Zwinger aufwächst, sollten wir während der Sozialisierungsphase in der Wohnung halten.

Im einzelnen sollten wir den Welpen von der 8. bis 12. Woche folgende Übungen lehren bzw. ihn weiter aufbauen:

A. Spürtrieb

Wesentliches Merkmal des Nasentieres Hund ist seine Nase. Mit ihrer Hilfe erlebt der Hund seine Umwelt, und ihr hat er es zu verdanken, daß er noch nicht ausgestorben ist. Sein ausgeprägter Geruchssinn läßt ihn u. a. Rudel- und Artgenossen, Wild und heiße Hündinnen finden. Die Riechschleimhäute sind so empfindlich, daß er z. B. Buttersäure etwa eine Million mal besser riecht als der Mensch. Daraus folgt: wenn der Geruchssinn sein Überleben garantiert, muß dieser bereits beim Welpen voll entwickelt sein. Denn als umweltoffenes Lernwesen muß der Welpe sich schon sehr früh in seiner Umwelt orientieren und informieren können.

Aus diesem Grunde sollten wir bereits im Prägungsalter beginnen, diese angeborenen Fähigkeiten in die richtigen Bahnen zu lenken, d. h. den Spürtrieb für unsere Zwecke aufzubauen. Dies wird uns wohl dann am besten gelingen, wenn wir den Trieb des Welpen durch erfolgreiche Nasenarbeit befriedigen. Dabei können wir, je nach Alter und Veranlagung, entweder mit Hilfe des Jagdtriebes, des Beutetriebes oder des Meutetriebes arbeiten.

a) Der Jagdtrieb

Beim Jagdtrieb sprechen wir den ursprünglich im Ernährungstrieb wurzelnden Sättigungsdrang an, weil er die treibende Kraft des Geruchssinnes ist. Je mehr ein Hund nach Nahrung verlangt, desto größer und ausgeprägter ist sein Geruchssinn. Für den Aufbau des Spürtriebes bedeutet dies:

1. Laß den Welpen anfangs etwas hungern, indem du ihn z. B. ein oder zwei Mahlzeiten vorenthälst. Genügt dies nicht, verlängere die Hungerzeit. Vor allem gib ihm abends nichts mehr zu fressen.
2. Lege am folgenden Tag eine kurze, gerade Fleischschleppe in Windrichtung, indem du das Fleisch z. B. an einem Bindfaden hinter dir herziehst. Deponiere dabei keine Fleischstücke auf die Fährte.
3. Am Ende der Fleischschleppe lege das Futter nieder und gehe auf derselben Fährtenspur wieder zum Abgang zurück.
4. Setze den Welpen – anfangs sofort nach dem Legen der Fährte – unter gleichzeitigem Hörzeichen ,,Such" auf den gut vertretenen, sich trichterförmig nach vorn verjüngenden Abgang der Fleischschleppe. Gebe während des Erlernens laufend das Hörzeichen ,,Such".
5. Folgt der Welpe nicht gleich der Duftspur oder verliert er sie, so hilf ihm, indem du ihm – in Verbindung mit dem Hörzeichen ,,Such" – mit der Hand immer wieder den Fährtenverlauf zeigst. Hör aber sofort mit der Sichthilfe auf, sobald der Welpe fährtet.
6. Sucht der Welpe mit tiefer Nase, wird er sofort gelobt und erhält am Ende der Fährte sein Futter als Belohnung.
7. Wiederhole diese morgendliche Futtersuche so lange, bis der Welpe mit dem Hörzeichen ,,Such" das Herunternehmen der Nase und das Ausarbeiten der Fleischschleppe sicher verbindet.
8. Vermeide bei der gesamten Sucharbeit Hast und Nervosität. Nur Ruhe, Geduld, Besonnenheit und viel Überlegung führen zum Ziel.
9. Gib das Hörzeichen ,,Such" in einem auffordernden, ermunternden und etwas langgestreckten Ton.
10. Hat der Welpe die Fährtenarbeit begriffen, erhöhe das Alter der Fährte sofort auf 20 bis 30 Minuten und verlängere systematisch die Schleppspur analog dem Sucheifer des Hundes.
11. Achte von Anfang an darauf, daß der Welpe
    a) nicht stürmisch fährtet,
    b) nicht stöbert, d. h. unter Mitbenutzung von Auge und Ohr die Duftspur mit hochgetragener Nase aus der Luft entnimmt,
    c) 2- bis 3mal in der Woche fährtet,
    d) bei jedem Wetter sucht,
    e) in jedem Gelände und auf jeder Bodenart sucht.

12. Sucht der Hund allgemein zu oberflächlich oder zu uninteressant, dann lege man in gewissen Abständen Fleischstücke als Belohnung auf die Fährte.

b) Der Beutetrieb

Bringt der Jagdtrieb nicht den erwünschten Erfolg, können wir den Spürtrieb auch über den Beutetrieb aufbauen. Dieser ist ebenfalls Bestandteil des ursprünglichen Ernährungstriebes und beim Welpen sehr früh entwickelt.

1. Mache den Welpen auf das Beuteobjekt (Ball, Hölzchen, Lappen etc.) richtig wild. Dann binde ihn an und lege in Sicht des Hundes eine kurze, gerade Fährte in Windrichtung.
2. Zeige den Welpen während des Fährtenlegens immer wieder die Beute und tue so, als ob du sie fallenläßt. Jedoch lege sie nur am Ende der Fährte ab. Dann gehe auf derselben Spur wieder zum Abgang zurück.
3. Setze den Welpen am Abgang an und lasse ihn die Fährte so ausarbeiten, wie unter Punkt 4–11 des Jagdtriebes beschrieben, jedoch ohne Futtergeruch oder -belohnung.
4. Hat der Welpe die Beute gefunden, überschütte ihn mit Lob und Freude und animiere ihn zum gemeinsamen Spiel mit dem Beuteobjekt.

c) Der Meutetrieb

Da der Welpe sich noch sehr stark an uns gebunden fühlt und stets bestrebt ist, immer in unserer Nähe zu sein, können wir seinen Spürtrieb auch über den Meutetrieb aufbauen:

1. Geh mit dem Welpen in einem Gelände spazieren, das
   a) dem Welpen viele anregende Dinge bietet und
   b) viele Verstecke aufweist.
2. Sobald der Welpe so stark mit anderen Dingen beschäftigt ist, daß er dich nicht beachtet, biege vom Wege ab und verstecke dich so, daß der Welpe dich nicht sieht.
3. Verhalte dich ganz ruhig und warte ab. Laß dich nicht durch sein evtl. Winseln, Bellen oder gar Heulen erweichen. Hilf ihm nicht, sondern warte ab, bis er seine Nase gebraucht.
4. Hat der Welpe dich nach vielen Mühen endlich gefunden, dann lobe ihn und freue dich überschwenglich. Gib ihm einen Leckerbissen.
5. Wiederhole solche Zwischenfälle so lange, bis der Welpe erkannt hat, daß er seine Nase gebrauchen muß, wenn er dich aus den Augen verloren hat.

B. Beute- und Bringtrieb

Beutetrieb und Bringtrieb sind mit dem Jagdtrieb, den wir beim Aufbau des Spürtriebes ansprechen, nahe verwandt und bilden mit ihm einen natürlichen Funktionskreis. Dies bedeutet, daß

1. Beute- und Bringtrieb ebenfalls Bestandteile des ursprünglichen Ernährungstriebes sind,
2. Beute- und Bringtrieb beim Welpen sich schon sehr früh entwickeln,
3. der Welpe in Ermangelung von lebenden Beuteobjekten diese Triebformen anderweitig abreagieren muß.

Dieser letzte Punkt ist für den Aufbau des Schutzhundes von eminenter Bedeutung. Werden die Triebveranlagungen fehlgeleitet oder unterdrückt, so können später manche Übungen nur noch durch Starkzwang gelehrt werden, was möglichst vermieden werden sollte. Denn wir wollen keinen demütigen Sklaven, sondern einen willig und freudig arbeitenden Erfüllungsgehilfen. Aus diesem Grunde sollten wir dem Welpen jetzt schon zeigen, wie und durch welche Ersatzbeuteobjekte er seine Triebe befriedigen kann. Dazu dienen uns in erster Linie drei sich bewegende tote Gegenstände: der rollende Ball, das geworfene Apportierholz und der schwenkende Lappen.

a) Der Ball und das Apportierholz

Durch diese beiden Gegenstände befriedigen wir nicht nur den Beutetrieb und den Bringtrieb, sondern vor allem den Spieltrieb und den Bewegungs- und Betätigungstrieb. Dies ist sehr wichtig, weil wir oft keine Möglichkeit haben, den Hund durch freien Auslauf seinen Bewegungsdrang abreagieren zu lassen. Seine angestauten physischen und psychischen Energien aber muß er irgendwie entladen können. Als Ersatz bieten wir ihm hierfür das Beutefang-Spiel an. Es ist deshalb so gut geeignet, weil es außer der Triebbefriedigung auch die Grundlage für einige Schutzhundübungen ist. Das Erlernen erfolgt schrittweise:

1. Zuerst mache den Welpen auf den Ball oder auf das Apportierholz, welches anfangs aus Hartgummi bestehen sollte, aufmerksam.
2. Dann lege das Bringsel vor den Welpen auf die Erde und rolle es weg.
3. Läuft der Welpe hinterher und spielt er mit ihm, hast du schon halb gewonnen.
4. Läuft der Welpe nicht hinterher oder läuft er hinterher und kommt gleich wieder zurück bzw. kümmert sich nicht um das Bringsel, dann mußt du seine Triebe erst wecken.
5. Spielt der Welpe mit dem Bringsel, dann versuche, ihn durch Mitspielen dazu zu bringen, daß er es in den Fang nimmt.

6. Hebt der Welpe das Bringsel auf, so mußt du ihn sofort loben. Trägt er es sogar stolz herum, überschütte ihn mit Liebkosungen. Denn du hast gesiegt.

Jetzt brauchen wir die gemachte Erfahrung mit dem Lustgewinn beim Bringen nur noch einige Male zu wiederholen, und der Welpe hat endgültig diese Endhandlung der Übung, die mit dem Nachlaufen begann, richtig verknüpft, d. h. er wird hinter dem geworfenen Bringsel herrennen, es aufnehmen und stolz herumtragen. Und damit haben wir ein Spiel geschaffen, das wir täglich mit dem Welpen spielen können, ja sogar in unserem und des Welpen Interesse spielen sollten.

b) Der Jute- oder Leinenstreifen

Der Jute- oder Leinenstreifen erfüllt in erster Linie zwei Funktionen:
1. den Beutetrieb des Welpen zu fördern,
2. den Welpen seine natürliche Aggression abreagieren zu lassen.

Hierfür bedienen wir uns eines zweiten Spieles, dem Beutefang- und Festhalte-Spiel.

1. Schwenke einen ca. 60 cm langen Jute- oder Leinenstreifen vor dem Welpen hin und her.
2. Beißt der Welpe hinein und hält fest, so versuche, mit ihm eine Art Tauziehen zu veranstalten. Lobe ihn dabei, wenn er mitmacht.
3. Beißt der Welpe nicht hinein oder hält er nicht fest, dann mußt du seinen Beutetrieb erst wecken.
4. Laß den Welpen immer siegen, wenn er den Zweikampf annimmt und mit zunehmender Vehemenz am Lappen zieht.
5. Lobe den Welpen ausgiebig, wenn er jetzt den erhaltenen Lappen festhält oder ihn sogar schüttelt.
6. Beherrscht er die vorgenannten Übungen, mache den nächsten Schritt und ziehe jetzt den Lappen flüchtend (nicht zu schnell) hinter dir her.
7. Läuft der Welpe nach und verbeißt er sich in den Streifen, steigere den Zweikampf, indem du schreist, auf den Boden oder den Lappen schlägst und ihm die Beute wieder wegzunehmen suchst.
8. Kämpft der Welpe jetzt weiter, wird er evtl. sogar richtig „wütend" und schüttelt er nach deinem Auslassen den Lappen wieder tüchtig, dann hast du dein Ziel erreicht. Denn das Totschütteln ist das Endglied der Beutehandlung, die mit dem Verfolgen begann.
9. Achte bei diesen ersten Beißübungen *unbedingt* darauf, daß
   a) nicht du, sondern der Lappen, die Beute, in ständiger Bewegung bleibt;

b) du den Lappen *nicht* in den Hund hinein, sondern stets vom Hund weg bewegst, auch wenn er ihn festhält;

c) du alle Verhaltensweisen des Hundes wie Ziehen, Rucken oder Schütteln des Lappens *sofort* durch Beutemachen und Loben verstärkst;

d) du den Hund niemals beim Beißen frustrierst.

e) du dem Hund die Beute öfters streitig machst, wenn er sie fallen läßt;

f) du dich sofort einschüchtern läßt, wenn der Hund die Beute durch Knurren und Angriffsbewegungen verteidigt.

Spielen wir dieses Beutebeißen noch einige Male, so hat er bald begriffen, worauf es ankommt, und wird eifrig mit uns um die Beute raufen. Darüber hinaus legen wir mit dem Nachlaufen, Festhalten und Totschütteln die Grundlage für den späteren Schutzdienst. Denn aus diesen Elementen baut sich bekanntlich auch die „Mannarbeit" auf, nur daß dann nicht der Sack, sondern der Ärmel die Beute ist.

C. Autofahren

Heute gibt es kaum einen Schutzhund, der vom Autofahren verschont bleibt. Denken wir nur an die Fahrt zum Tierarzt, zum Übungsplatz, zur Ausstellung oder in den Urlaub. Hatte nun der Hund vorher keine Gelegenheit, die schaukelnden und schwankenden Bewegungen einer Autofahrt kennenzulernen, so wird er meistens erbrechen. Da die Assoziationen bei der Seekrankheit jedoch eine entscheidende Rolle spielen, wird dem Hund auch bei späteren Autofahrten übel. Dies aber ist für alle Beteiligten sehr unangenehm. Aus diesem Grunde sollten wir bereits den Welpen an das Autofahren gewöhnen. Dabei ist es unsere Hauptaufgabe, das Autofahren bzw. den Abschluß desselben zu einem für den Hund freudigen Ereignis zu machen. Dies bedeutet, den Hund erfahren zu lassen, daß das Fahren mit dem Auto zum Hungerstillen, zum Herumlaufen oder zu einem anderen für ihn freudigen Ereignis führt. Diese Gewöhnung können wir wie folgt erreichen:

1. Setze nie einen vollgefressenen Welpen in den Wagen. Dies gilt übrigens für alle Hunde, gleichgültig welcher Altersklasse.

2. Beginne schon im Alter von 7 bis 8 Wochen mit dem Training. Nimm ihn – entweder allein oder mit seiner Mutter – auf den Rücksitz des Wagens, wo du ihn während der Fahrt lobst und streichelst. Am besten ist es, du setzt dich neben ihn und läßt einen Bekannten fahren.

3. Fahre mit dem Welpen anfangs nicht länger als 5 bis 10 Minuten. Fühlt er sich im Auto sicher, steigere ganz allmählich die Fahrtdauer.

4. Gib ihm nach der Autofahrt sofort etwas zu fressen oder tobe und spiele mit ihm. Lasse ihn aber während und nach der Autofahrt nichts Unangenehmes erleben.

D. Leinenführigkeit

Die Leinenführigkeit ist das erste dringende praktische Gebot der Belehrung der Welpen. Denn wir sollten ihn anleinen, wenn wir z. B. mit ihm auf die Straße gehen, ihn sein Geschäft verrichten lassen oder ihn in den Urlaub mitnehmen. Für das Erlernen der Leinenführigkeit spielt das Alter keine Rolle. Im Gegenteil, je jünger der Welpe ist, desto rascher gewöhnt er sich an die Leine. Der Kunstgriff bei der Gewöhnung besteht lediglich darin, den Welpen zu überzeugen, daß nicht Leine und Halsband den Zug auf ihn ausüben, sondern daß er es selbst tut, indem er sich dagegen sträubt. Ist ihm das einmal klar geworden, wird er auch gemäß der neuen Erfahrung handeln, d. h. er wird sich ohne Widerstand an der Leine führen lassen. Diesen Erfolg erreichen wir durch folgende Schritte:

1. Lege dem Welpen ein gerade geschnittenes, einfaches, schmales, leichtes, aber kräftiges Lederhalsband an, das sich frei am Hals dreht, aber ihm nicht über den Kopf gleitet. Nimm anfangs weder Kette noch Würgehalsband.

2. Lege dem Welpen anfangs das Halsband unmittelbar vor der Fütterung oder vor dem Ausgang an. Versucht er, es z.B. durch Kratzen wieder loszuwerden, so lenke ihn durch Sprechen oder Spielen davon ab. Laß ihn aber das Halsband nicht die ganze Zeit tragen.

3. Hat sich der Welpe einigermaßen mit dem Halsband abgefunden, dann lege ihn an eine 150–200 cm lange schmiegsame, dünne und reißfeste Lederleine. Dies geschieht erstmals an einem dem Welpen vertrauten Ort, z.B. in der Wohnung, am Geburtsort usw.

4. Nimm das Ende der Leine in die rechte Hand und halte den Welpen stets an deiner linken Seite. Wende keinen bestimmten Befehl an, sondern sprich nur freundlich mit ihm. Laß dich von ihm führen. Beuge dich von Zeit zu Zeit zu ihm nieder, lobe und streichle ihn.

5. Sobald du merkst, daß er sich an die Leine gewöhnt, gehe dazu über, selbst den Schritt und die Richtung zu bestimmen. Hilf ihm dabei durch einen sanften, kurzen Zug an der Leine und ermunternde Schläge an dein linkes Bein. Hüte dich jedoch, zu scharf an der Leine zu zerren oder ihn in einem Zug vorwärts zu ziehen, besonders in den ersten Tagen. Wisse: *der beste Erzieher erzielt seine Erfolge mit dem geringsten Kraftaufwand.*

6. Schlage einen Schritt an, dem sich der Welpe leicht anpassen kann. Gib nach, wenn er langsamer geht oder sich einmal verschnauft. Warte einen Augenblick und ermuntere ihn dann wieder, weiterzulaufen.

7. Leistet der Welpe starken Widerstand, so kläre vorher, ob es Angst oder Sturheit ist. Hat der Welpe Angst, dann hilft nur sanftes Zureden. Ist er

jedoch stur, mußt du einen gewissen Grad an Zwang anwenden. Rufe ihn zu dir und sprich mit ihm. Dann geh langsam vorwärts, indem du ihn durch wiederholten dosierten Ruck an der Leine zum Laufen zwingst.

8. Lockere die Leine nach jedem Ruck, um ihm die Möglichkeit zu geben, aus freien Stücken zu folgen. Fahre so lange mit dieser Übung fort, bis er nachgibt und dir folgt. Dies ist wichtig, weil er sonst lernt, daß er alle deine Bemühungen mit seinem halsstarrigen Widerstand vereiteln kann. Folgt dir der Welpe, dann schalte sofort eine Pause ein und lobe ihn.

9. Strebt er hingegen zu stark voraus, dann ziehe ihn mit sanftem Zwang zurück. Lobe ihn sofort, wenn er neben deinem linken Fuß geht.

10. Achte darauf, daß der Welpe nicht mit der Leine spielt oder darauf herumkaut, sonst wird er deine Autorität nie anerkennen. Er wird vielmehr nur in die Leine hineinbeißen, wenn du ihm einen Ruck gibst.

E. Stubenreinheit

Die Stubenreinheit ist nicht nur die wichtigste Grundlage der Welpenbelehrung, sondern der Hundeerziehung überhaupt. Denn hier zeigt sich zum ersten Mal, welch gute Erzieher und „Rudelführer" wir sind. Von unserer Zeit und Geduld, von unserem Einfühlungs- und Reaktionsvermögen und unserer Konsequenz hängt es ab, ob der Welpe in spätestens 3 Wochen stubenrein ist.

Am besten wird uns dies gelingen, wenn wir für den Welpen schon am Tage seines Einzuges einen genauen Zeitplan festsetzen, den wir ganz konsequent einhalten. Diese Konsequenz ist äußerst wichtig, weil ein Welpe, der fressen, trinken, schlafen und sich entleeren kann, wann und wo er will, nie stubenrein wird.

Bei der Erstellung des Stundenplanes sollten wir folgende Punkte beachten:

1. Füttere und tränke den Welpen nach einer streng einzuhaltenden Zeiteinteilung. Bis zum 5. Monat erhält er täglich 4 Mahlzeiten. Diese werden von morgens 7 Uhr bis abends 18 Uhr gleichmäßig über den Tag verteilt. Beginne dabei mit der flüssigen Nahrung, z. B. Milch, und ende mit der ausschließlich festen Nahrung, z. B. Fleisch, d. h. abends reiche dem Welpen nur Festfutter, aber keine Flüssigkeit. Ist die letzte Mahlzeit verzehrt, so erhält der Welpe kein Futter und kein Wasser mehr.

2. Unmittelbar nach jeder Mahlzeit muß der Welpe ausgeführt werden. Laß ihn nicht hinauslaufen. Nimm ihn auf den Arm und trage ihn rasch nach draußen, möglichst auf Gras oder weichen Untergrund, wo andere Hunde bereits ihre Spuren hinterlassen haben.

3. Lasse jetzt dem Welpen Zeit, bis er das richtige Fleckchen gefunden hat,

das ihm behagt. Achte dabei darauf, daß der Welpe nicht nur Wasser läßt, sondern auch seinen Darm entleert.

4. Hat der Welpe *alle* seine Geschäfte erledigt, so lobe und streichle ihn warmherzig und ausgiebig. Aber wirklich erst nach dem vollständigen Entleeren! Denn lobst du ihn, während er sich versäubert, hält er meistens die zweite Portion zurück und setzt sie dort hin, wo du es nicht willst.

5. Bringe, wenn möglich, den Welpen von Anfang an dazu, daß er sich an der Leine versäubert. Auch dann, wenn du einen Garten hast. Dies hat den Vorteil, daß du ihn stets unter Kontrolle hast, was z. B. im Urlaub oder später bei einer läufigen Hündin sehr wichtig ist. Hat er sein Geschäft erledigt, kannst du ihm immer noch die Freiheit geben.

6. Willst du, daß sich der Welpe auf Befehl versäubert, so gebe vor seiner Entleerung stets denselben Befehl wie z. B. ,,beeil dich'' oder ,,mach schon''. Da er mit der Zeit diese Worte mit seinen Pflichten in Verbindung bringt, genügt später der Befehl, um das Gewünschte von ihm zu erreichen.

7. Hat sich der Welpe ausgiebig entleert, bringe ihn wieder hinein und spiele mit ihm, bis er müde ist. Lege ihn dann zum Schlafen in seinen Korb oder Kiste. Achte jedoch beim Schlafen darauf, daß der Welpe ständig warm liegt. Ein kalter Welpe kann seine Blase nicht unter Kontrolle halten.

8. Wacht der Welpe, vor allem morgens, auf, dann trage ihn schnurstracks ins Freie, wo er sich entleeren kann. Behandle ihn anschließend, wie unter Punkt 4 beschrieben. Sein Erwachen kündigt er meistens durch Gewinsel oder Gekläff an.

9. Führe den Welpen vor dem Schlafengehen nochmals spät abends zum Entleeren ins Freie. Hat er sein Geschäft erledigt, behandle ihn wieder, wie unter Punkt 4 beschrieben.

10. Mit diesen 6 Pflichtausgängen sind für die meisten Welpen die Bedürfnisse gedeckt. Sollte dein Welpe vielleicht ein oder zwei Ausgänge mehr benötigen, vor allem in der 1. Woche, so ist dies nicht weiter tragisch. Wichtig ist nur, daß dein Welpe nach spätestens 10 bis 14 Tagen zu 95 Prozent stubenrein sein sollte. Ist er es nicht, hast du wahrscheinlich einen Fehler gemacht.

11. Bringe den Welpen in ein Zimmer unter, das
    a) weder Teppich noch Bettvorleger enthält,
    b) sich leicht säubern läßt,
    c) den Gebrauch von Desinfektionsmitteln gestattet.

12. Wähle einen Raum, in dem du den Welpen immer beobachten kannst, damit er sich nicht in der Wohnung entleert.

13. Stelle nachts sein Lager dicht neben dein Bett, um ihn sofort ins Freie tragen zu können, wenn er aufwacht.
14. Versucht der Welpe trotz aller Beaufsichtigung, sich in der Wohnung zu versäubern, dann komme ihm rasch zuvor. In dem Augenblick, wo er sich anschickt, sein Geschäft zu erledigen, packe ihn am Nackenfell, hebe ihn auf und trage ihn in Windeseile hinaus. Verschwende dabei keine Zeit mit Vorwürfen.
15. Hat er draußen sein Geschäft erledigt, lobe und streichle ihn warmherzig und ausgiebig.
16. Ist das Malheur aber schon geschehen, dann erteile ihm eine entsprechende Lektion. Richte dabei die Intensität der Belehrung danach, ob der Welpe schon weiß, daß er etwas Verbotenes getan hat.
17. Schaut der Welpe beim Entdecken der Missetat ruhig zu, dann ist er sich noch keiner Schuld bewußt. In diesem Falle knie nieder, greife den Welpen ruhig am Nackenfell, setze ihn ein paar Handbreit vor seinen Unrat nieder und strafe ihn mit einem scharfen „Pfui". Dann gebe ihn wieder frei und lasse ihn abziehen.
18. Säubere jetzt den Fußboden und desinfiziere den zurückbleibenden Fleck. Der scharfe Geruch des Desinfektionsmittels prägt dem Welpen mehr als alles andere dein Mißfallen ein. Diese Stelle wird er künftig meiden.
19. Gibt der Welpe beim Entdecken der Missetat zu erkennen, daß er bereits weiß, daß er etwas Verbotenes getan hat, dann gehe einen Schritt weiter. Knie ebenfalls nieder, greife den Welpen ruhig am Nackenfell, setze ihn ein paar Handbreit vor seinem Unrat nieder, schlage mit der Hand oder mit einer Zeitungsrolle ringsum auf den Boden und schelte den Welpen in entsprechendem Tonfall aus. Dann entferne den Unrat und desinfiziere die Stelle.
20. Ist der Welpe wieder frei, beobachte ihn scharf, um jede Wiederholung zu verhindern. Nimm ihn beim kleinsten verräterischen Anzeichen sofort auf den Arm und trage ihn hinaus. Sobald er sich versäubert hat, spende ihm intensives Lob.

F. Nichtanspringen

Eine Unsitte, die später immer wieder Anlaß zu Ärger gibt, ist das Hochspringen des Hundes an Menschen. Darum sollten wir dem Welpen schon sehr früh klarmachen, daß er an keinem Menschen hochspringen darf. Diese Belehrung ist sehr einfach, vorausgesetzt, wir sind uns gegenüber hart genug und ermuntern ihn nicht zum Anspringen oder lassen ihn durch andere Personen zum Hochspringen verleiten. Denn schon eine einzige Ausnahme kann alles Gelernte in Frage stellen.

Im einzelnen gehen wir wie folgt vor:

1. Begrüßt dich der Welpe durch Anspringen, so mache ihm zuerst klar, daß dir diese Form der Begrüßung mißfällt. Deine Verneinung kannst du äußern durch
   a) ein scharfes „Pfui" oder „unten",
   b) ein hartes Fassen der Vorderpfoten und Wegstoßen,
   c) ein hochgehobenes Knie,
   d) seitliches Wegstoßen beim Hochspringen,
   e) einen heimlichen Tritt auf die Hinterpfoten,
   f) schnelles, rückwärtiges Ausweichen.
2. Bleibt der Welpe deprimiert unten, dann zeige ihm sofort, welche Begrüßungsform du wünschst. Diese kann z. B. sein:
   a) den Welpen sitzen lassen und ihn streicheln,
   b) den Welpen stehen lassen und ihn liebkosen,
   c) den Welpen einen Gegenstand (Ball) bringen lassen und mit ihm spielen,
   d) dem Welpen das freie senkrechte oder seitliche Emporspringen lehren.

Welche Möglichkeiten wir auch wählen, wichtig ist nur, daß wir dem Welpen klarmachen, daß wir gegen seine Begrüßung selbst nichts einzuwenden haben, sondern nur mit dem Anspringen nicht einverstanden sind. Deshalb nochmals: *nach dem Wegstoßen und Ausschelten müssen wir dem Welpen stets sofort eine Ersatzform anbieten.*

G. Sitz

Dem Welpen kann das „Sitz" schon sehr früh beigebracht werden, weil Sitzen die natürlichste Stellung für einen Hund ist, wenn er auf etwas Angenehmes wartet. Schon von der 3. Woche an, wenn die Mutterhündin anfängt, den Welpen stehend zu säugen, trinkt er die Milch in sitzender Stellung. Diese Tatsache nutzen wir aus und bringen dem Welpen das „Sitz" systematisch auf folgende zwei Weisen bei:

1. Lehre den Welpen das „Sitz" im Zusammenhang mit der Übung „Nichthochspringen", und zwar angeleint.
2. Sobald der Welpe deprimiert das Anspringen unterläßt, bücke dich, fasse ihn mit der rechten Hand vorn am Halsband und drücke seine

Kruppe mit dem Hörzeichen „Si-i-i-tz", welches langgedehnt auf „i" gesprochen wird, mit der linken Hand nieder.

3. Sitzt der Welpe, dann sieh ihm in die Augen, halte ihn in dieser Stellung einen Augenblick fest, lobe ihn und gib ihn wieder frei. Laß ihn angeleint herumspringen.

4. Springt der Welpe dich wieder an, wiederhole die Übung so lange, bis er
   a) das Hochspringen unterläßt und sich vor dich hinsetzt,
   b) sich sitzend streicheln läßt und dir evtl. das Pfötchen gibt.

5. Nun übe ohne Leine. Hat der Welpe richtig verknüpft, dann wird er, wenn er zu dir kommt, vorsitzen. Lobe ihn jedesmal tüchtig, wenn er richtig reagiert, aber streichle ihn dabei nicht über die Ohren.

6. Erweitere die Übung dann, indem du das „Sitz", zunächst angeleint, in verschiedenen Situationen übst. Setzt er sich auf das Hörzeichen „Sitz" sofort nieder, hast du gewonnen.

7. Unterstütze diese Belehrung dadurch, daß du den Welpen sofort nach dem Sitzen lobst und ihn evtl. mit erhobenem Zeigefinger oder mit Futter in der erhobenen Hand zum Emporschauen bringst und seine Aufmerksamkeit erregst.

8. Gib dem Welpen den Bissen, wenn die ganze Übung abgeschlossen ist, d.h. wenn er nach dem Kommando „Sitz" anfangs auch sitzt und später mindestens 10 bis 15 Sekunden lang sitzt und dich anblickt.

9. Lehre den Welpen das „Sitz" in Zusammenhang mit der nachfolgenden Übung „Kommen auf Ruf", indem du wie unter Punkt 2–5 verfährst.

10. Gewöhne dem Welpen dabei an, daß er zu dir aufmerksam emporblickt, indem du z.B. Futter zwischen den Lippen hältst und dieses nach dem Vorsitzen des Welpen fallen läßt.

H. Kommen auf Ruf

Im Gegensatz zur Stubenreinheit und zur Leinenführigkeit, die einige Mühe erfordern, ist das Kommen auf Ruf in dieser Zeit sehr leicht zu lehren. Denn zum Herrn kommen entspricht dem natürlichen Instinkt des Welpen. Je kleiner und schwächer er ist, desto mehr hängt er an uns, und desto schneller und einfacher können wir ihm das Kommen beibringen. In diesem Alter hat er wenig äußere Interessen, die ihn von uns ablenken könnten. Anders als beim halb- oder ganz erwachsenen Hund wird es selten etwas geben, das seinen Wunsch durchkreuzt, zu uns hinzulaufen. Diese angeborene Anhänglichkeit sowie sein Bedürfnis nach Anerkennung und Zärtlichkeit nutzen wir für unsere Methode zielstrebig aus:

1. Rufe bei jeder sich bietenden Gelegenheit, anfangs zu Hause, den Welpen beim Namen und füge evtl. das Hörzeichen „Hier" hinzu, und zwar

so lange, bis der Welpe herangekommen ist. Dann lobe oder belohne ihn.

2. Bleibe stehen, wenn du den Welpen anrufst. Gehe ihm nie auch nur einen einzigen Schritt entgegen, weil er sonst stehen bleibt oder sich langsamer bewegt.

3. Kommt der Welpe nicht sofort oder überhaupt nicht, mußt du zuerst den Grund klären. Es könnte sein, daß er

   a) noch keine Zuneigung zu dir gefaßt hat,

   b) dir nicht traut,

   c) vor dir Angst hat,

   d) einfach faul oder störrisch ist.

4. Treffen die Punkte 3. a–c zu, dann mache ihm Mut. Laß dich auf die Knie nieder, schlage einladend auf den Boden oder gegen dein linkes Bein und sprich seinen Namen evtl. in Verbindung mit „Hier" in einem lockenden Ton aus. Lobe ihn schon beim ersten Schritt und bestätige seine Ankunft.

5. Kommt der Welpe auf deinen Ruf nicht, laufe ihm niemals nach, denn dies bedeutet für ihn Spiel oder Strafe. Und auf beide Möglichkeiten antwortet er mit rascher Flucht. Von da an aber wird er sich hüten, in deine Reichweite zu kommen. Er wird kurz vor dir anhalten, bereit, zu entwischen, sobald du nach ihm greifst. Mache das Gegenteil: *gehe einfach fort.* Und sofort wird er sich, zwar gekränkt und enttäuscht über dein mangelndes Interesse an ihm, zu dir gesellen.

6. Ist der Welpe faul, träge und halsstarrig, indem er z.B. unbekümmert daliegt, steht oder sitzt, ohne deinem Befehl die geringste Aufmerksamkeit zu schenken, dann mußt du ihm deine Autorität klarmachen. Unterbrich die Lehrstunde, lege ihn an die Leine, gehe auf Leinenlänge fort, beuge dich nieder und ruf ihn. Wenn er sich auch dann nicht rührt, verfahre wie beim Erlernen der Leinenführigkeit: normaler Anruf, gefolgt von einem kurzen, scharfen Leinenruck. Danach wiederhole die Übung so lange, bis er auf deinen Anruf sofort richtig reagiert. Dann lobe ihn.

7. Sobald der Welpe auf Ruf zu kommen beginnt, höre mit dem übertriebenen Zureden auf, knie oder beuge dich nicht mehr nieder, aber spare trotzdem nicht mit Lob, wenn er gehorcht.

8. Ist der Welpe gekommen, so vergiß alles, was vorher war. Empfange ihn sehr freundlich und bestätige ihn eindrucksvoll. Strafe ihn niemals, wenn er kommt, gleichgültig, wieviel Geduld du dabei aufwenden mußtest.

9. Laß nie das Gefühl in ihm wach werden, daß deine Nähe für ihn gefährlich sein könnte. Denn das würde ihn mehr als alles andere hemmen, zu dir zu kommen, wenn du ihn rufst.

10. Wird später der Junghund ab dem 5. Monat übermütig und hört er nicht auf deinen Ruf, dann benutze die Wurfkette (eine zusammengeschweißte kurze Metallkette oder ein Kettenhalsband). Werfe sie dem unfolgsamen Hund gegen die Rippen oder an die Hinterhand, ohne daß er dies sieht. Dies hat drei tierpsychologische Wirkungen:

a) die Kette zertrümmert den Grundglauben an seine Unerreichbarkeit durch den Herrn,

b) durch die Kette verbindet er die Vorstellung der Gefahr mit der Entfernung vom Herrn,

c) kommt er beim nächsten Ruf wieder nicht sofort, dann genügt bereits ein leises Kettenrasseln, um seinen Gehorsam zu bessern.

Ist die Entfernung für die Wurfkette zu groß, dann nimm eine Steinschleuder (Zwille). Die Wirkung ist dieselbe, vorausgesetzt, du triffst. Diese „Zaubermittel" benutze so lange, bis der Hund einwandfrei gehorcht. Aus diesem Grunde solltest du immer die beiden Ausrüstungsstücke mitnehmen, wenn du mit dem Hund ausgehst.

II. Die Rangordnungsphase (13. bis 16. Woche)

Grundsätzlich beginnt die Rangordnungsphase innerhalb der Welpenschar schon in den ersten Lebenswochen. Doch zeichnet sie sich in diesem Alter deutlicher ab. Besonders bei temperamentvollen oder grundsätzlich zur Aggression neigenden Hunden ist sie viel schärfer erkennbar als bei Hunden, bei denen jene Eigenschaften weniger ausgeprägt sind. Dabei ist die Rangordnung nicht allein eine Frage der Stärke, sondern primär eine Frage der Intelligenz, d. h. *die spätere körperliche Überlegenheit ist eine Folge der psychischen Überlegenheit.* Denn wenn ein Welpe mit schneller Auffassungsgabe mehr oder qualitativ besseres Futter ergattert, hat er Aussicht, stärker als seine Geschwister zu werden. Dieser Aufbau der Rangordnung ist einleuchtend, wenn wir bedenken, daß auch in der Natur bei allen sozial lebenden höheren Tieren nicht die körperliche Kraft entscheidend ist, sondern die psychische Widerstandskraft und die psychische Überlegenheit. Diese soziale Einstellung tritt jetzt beim Welpen erstmals zu Tage. In dem genannten Lebensabschnitt erkennt der Welpe keineswegs mehr allein die rohe Gewalt an, sondern er respektiert auf weit höherer Ebene die Überlegenheit desjenigen, dem er sich unterordnen soll.

Diese Einstellung äußert sich aber nicht nur bei der Festlegung der Rangordnung innerhalb des Hunderudels, sondern auch bei der Festlegung der Rangordnung innerhalb des „Mensch-Hund-Rudels". Das heißt: *der Welpe testet in dieser Zeit unaufhörlich, ob er uns als Autorität anerkennen kann.*

Unsere Geduld und Konsequenz wird auf eine harte Probe gestellt. Können wir uns aber dem Welpen als echte Autorität präsentieren, dann wird er uns lieben, verehren und anerkennen. Er wird gern unsere Wünsche erfüllen, weil er weiß, daß er unter unserer Führung im Leben weiterkommt. Aus diesem Grunde ist die Rangordnungsphase für uns die wichtigste, aber auch schwierigste bei der Belehrung des Welpen.

A. Spürtrieb

Der Aufbau des Spürtriebes wird auf der Basis des Jagdtriebes, des Beutetriebes oder des Meutetriebes fortgesetzt.

a) Jagdtrieb

Sobald der Welpe die 20 bis 30 Minuten alte gerade Fleischschleppe mit tiefer Nase einwandfrei abzusuchen gelernt hat, beginnen wir mit der schrittweisen Einarbeitung der Winkel:

1. Baue beim Legen der Fleischschleppe einen größeren Bogen in den Schenkel ein. Beachte dabei die Luftströmungsverhältnisse. Ideal ist: Abgang mit Nackenwind, 2. Schenkel im Gegenwind.
2. Belohne den Welpen anfangs unmittelbar hinter dem Bogen durch Futter.
3. Lege abwechselnd rechte und linke Bögen, damit sich der Welpe beim Suchen nicht eine bestimmte Seite einprägt.
4. Arbeitet der Welpe den Bogen richtig aus, füge den 2. Schenkel an und baue den Bogen stufenweise so weit ab, bis der gewünschte Winkel erreicht ist.
5. Variiere ständig die Form der Fährte und die Länge der Schenkel.
6. Arbeitet der Welpe auch die beiden Schenkel und den Winkel sicher aus, dann bringe den Fleischgeruch nur noch zeitweilig auf die Fährte, indem du das Fleisch nur auf den Boden auftupfst.
7. Tupfe das am Band befestigte oder in einem feinmaschigen Einkaufsnetz befindliche Fleisch anfangs bei jedem Schritt auf den Boden auf.
8. Arbeitet der Welpe auch die Tupfschleppe einwandfrei aus, dann vergrößere nach und nach die Abstände zwischen den einzelnen Tupfern bis auf ca. 10–20 Schritt.
9. Lege dort, wo der Fleischgeruch ist, einen Gegenstand ab, der nicht größer als eine Brieftasche ist und sich anfangs sichtbar vom Erdboden abhebt. Wechsle ständig die Art der Gegenstände und deren Zwischenabstände.

10. Hat der Welpe den Gegenstand gefunden, so wird er überschwenglich gelobt und erhält einen Leckerbissen.
11. Beherrscht der Welpe auch die Mensch-Fleisch-Fährte und sucht er mit tiefer Nase, dann verzichte auf den Fleischgeruch und belohne ihn nur noch bei den Gegenständen und am Ende der Fährte.
12. Ermuntere den Welpen während des Trainings des öfteren durch das Hörzeichen „Such" und „So ist's brav". Fehler beim Fährten wie Stürmen, Stöbern, Faseln usw. werden nur durch das Hörzeichen „Pfui" geahndet. Nicht aber durch Leinenruck oder andere Strafreize.

b) Beutetrieb

Sucht der Welpe die 20 bis 30 Minuten alte „Beutespur" mit tiefer Nase einwandfrei ab, beginnen wir ebenfalls, die Winkel systematisch einzuarbeiten.

1. Zunächst arbeite mit dem Welpen den Winkel und den 2. Schenkel so ein, wie unter Punkt 1–5 des Jagdtriebes beschrieben. Jedoch ohne Futtergeruch oder -belohnung.
2. Hat der Welpe die Beute gefunden, überschütte ihn mit Lob und Freude und animiere ihn zum gemeinsamen Spiel mit dem Beuteobjekt.
3. Achte darauf, daß der Welpe
   a) das Beutestück von sich aus findet und du es ihm nicht zeigst;
   b) die Fährte ruhig und intensiv absucht und nicht abstürmt;
   c) auf der Fährte viel gelobt, aber nur durch das Hörzeichen „Pfui" bestraft wird, falls er faselt, stöbert oder andere unerwünschte Verhaltensweisen zeigt.

c) Meutetrieb

Ist mit dem Welpen bis jetzt noch keine Fährtenarbeit geübt worden, oder bringt der Jagd- und Beutetrieb nicht den gewünschten Erfolg, dann können wir den Spürtrieb auch über den Meutetrieb aufbauen oder, falls schon damit begonnen, wie folgt fördern:

1. Übergib deinen angeleinten Welpen einem erfahrenen Hundeführer.
2. Trete an geeigneter Stelle einen bis zu 1 qm großen, trichterförmig nach vorn sich verjüngenden Abgang. Laß deinen Welpen dabei zusehen und rufe ihn öfters beim Namen.
3. Benutze beim Legen der Fährte immer das gleiche Schuhwerk, aber möglichst keine Gummistiefel, weil diese kaum einen Geruch hinterlassen.
4. Gehe dann auf einer deutlichen Spur unter ständigem Rufen deines Hundes geradeaus. Lege dabei einige gut verwitterte Gegenstände auf die Spur, damit der Hund immer an dich erinnert wird.

5. Hast du ungefähr die Hälfte deiner Strecke zurückgelegt, dann gehe der Hundeführer mit deinem Hund in ein Versteck.
6. Verstecke dich am Fährtenende und rufe nochmals deinen Hund. Dann verhalte dich ruhig.
7. Der Hundeführer gehe jetzt, anfangs sofort, mit deinem Hund an den Abgang und ermuntere ihn laufend durch das Hörzeichen „Such" und der Sichthilfe „Fährtenverlauf zeigen".
8. Sucht der Welpe mit tiefer Nase, so wird er gelobt, besonders bei den Gegenständen. Dabei ist darauf zu achten, daß er die Gegenstände von sich aus findet und sie ihm nicht gezeigt werden.
9. Findet der Welpe dich, begrüße und lobe ihn ausgiebig. Anschließend spiele mit ihm und lobe ihn.
10. Wiederhole diese Übung so lange, bis der Welpe mit dem Hörzeichen „Such" das Herunternehmen der Nase und das Ausarbeiten der Fährte sicher verbindet.
11. Erhöhe dann das Alter der Fährte sofort auf 20 bis 30 Minuten und baue einen größeren Bogen in den Schenkel ein.
12. Lege anfangs unmittelbar hinter dem Bogen einen Gegenstand hin, damit der Welpe belohnt werden kann.
13. Arbeitet der Welpe den Bogen richtig aus, füge den 2. Schenkel an und baue den Bogen stufenweise so weit ab, bis der gewünschte Winkel erreicht ist.
14. Variiere ständig die Lage der Winkel (rechts und links), die Form der Fährten, die Länge der Schenkel, den Abstand zwischen den Gegenständen und die Art der Gegenstände.
15. Beherrscht der Welpe deine Fährte und sucht er mit tiefer Nase, dann führe deinen Hund selber.
16. Beachte jetzt , daß das Fährtenende auch ohne deine Anwesenheit für den Welpen interessant bleibt, indem er dort z. B. sein Spielzeug findet.
17. Spare während des Trainings nicht mit Lob, aber strafe ihn nur durch das Hörzeichen „Pfui", falls er z. B. stöbert oder faselt.
18. Korrigiere den Welpen aber nicht ständig, sondern laß dich führen. Denn er soll letztlich lernen, die Fährte selbständig auszuarbeiten.
19. Halte den Welpen zum ruhigen Suchen an. Laß ihn die Fährte „abbuchstabieren" und nicht abfliegen.
20. Suche mit dem Welpen bei jedem Wetter und auf jedem Untergrund, bis er alle Aufgaben sicher beherrscht.

B. Beute- und Bringtrieb

Ebenso wie der Spürtrieb wird auch der in der Sozialisierungsphase begonnene Aufbau des Beute- und Bringtriebes während der Rangordnungsphase fortgesetzt. Dabei sollten wir vor allem den Beutetrieb fördern. Denn ist dieser genügend geweckt, d. h. ist der Welpe richtig „verrückt" nach seiner Beute, dann können wir schon beim Welpen das Verbellen gleichsam „trocken" einüben. Im einzelnen gehen wir wie folgt vor:

1. Reize mit dem Beutestück (Ball, Holz, Jutesack) den Beutetrieb des Welpen richtig an. Dabei kann der Hund unangebunden, angebunden oder von einer anderen, dem Hund bekannten Person festgehalten werden, je nachdem, in welcher Lage sich der Hund am meisten erregt.
2. Ist der Welpe genügend „wild" auf die Beute, dann gib sie ihm nicht, sondern enthalte ihm die Beute so vor, daß er sie entweder nicht mehr sieht oder sie nicht erreichen kann.
3. Sage jetzt aufmunternd mehrmals „Gib Laut". Bellt der Welpe, und sei es auch nur 1mal, dann lobe ihn sofort und gib ihm die Beute.
4. Übe diese Reihenfolge – Beutetrieb anreizen, Beute vorenthalten, Hörzeichen „Gib Laut", verbellen lassen, loben, Beute hingeben – jeden Tag, wenn möglich mehrmals.
5. Hat der Welpe gelernt, daß er nur durch Verbellen seine Beute erhält, dann steigere systematisch die Verbelldauer bis zum anhaltenden Lautgeben. Dabei soll das Bellen ein „Aufforderungsbellen" sein, keine Wut- und Kampfvorstellung.
6. Überlasse dem Welpen nach dem Verbellen aber immer wieder die Beute. Dies ist sehr wichtig. Denn zur Erhaltung der Verbellintensität sollte nie ohne die unmittelbare Beuteverknüpfung gearbeitet werden. Dennoch achte darauf, daß er auch bellt, wenn du nur das Hörzeichen „Gib Laut" gibst.

C. Gib Laut

Sollte der Beutetrieb des Welpen noch nicht so stark ausgeprägt sein, daß er in kürzester Zeit verbellt, dann können wir ihm das Bellen auch über das Futter beibringen.

1. Stelle wieder fest, in welcher Lage sich der Hund mehr erregt: unangebunden, angebunden oder wenn er von einer ihm bekannten Person festgehalten wird.
2. Begebe dich mit dem Futter zum Hund, sage aufmunternd mehrmals: „Gib Laut" und halte ihm das Futter so nahe wie möglich sichtbar vor.

3. Sobald der Hund bei den anschließend ausführenden Ersatzhandlungen wie Scharren, Springen, Gähnen, Winseln usw. auch einmal bellt, wird er sofort gelobt und erhält gleichzeitig sein Futter.

4. Übe diese Reihenfolge – Futter vorenthalten, Hörzeichen „Gib Laut", bellen lassen, loben, Futter geben – täglich bei jeder Mahlzeit. Achte aber darauf, daß du ihm das Futter erst dann gibst, wenn er wirklich einen Bellaut von sich gegeben hat.

5. Bellt der Hund einmal nicht zum Futter, dann unterbreche die Lektion nach einigen Versuchen, trage das Futter in aller Ruhe weg und beginne bei der nächsten Fütterung von neuem.

6. Hat der Welpe das „Aufforderungsbellen" vor jeder Fütterung gelernt, dann steigere systematisch die Verbelldauer bis zum anhaltenden Lautgeben.

7. Übe jetzt auch außerhalb der Futterzeiten, indem du dem Welpen einen Leckerbissen vorenthältst und ihn zum Bellen animierst. Bellt der Welpe, wird er wieder sofort gelobt und erhält gleich seinen Leckerbissen.

8. Übe dies täglich, vormittags und nachmittags, so lange, bis der Welpe auch ohne Leckerbissen einwandfrei auf das Hörzeichen „Gib Laut" hin verbellt. Nun wird er nur noch gelobt.

9. Übertrage jetzt dieses Verfahren schrittweise auf andere Gegenstände, bis der Hund begriffen hat, daß er bellen muß, wenn er etwas begehrt.

10. Hat der Hund diesen Schritt richtig verknüpft, wird er daran gewöhnt, daß er auch von anderen, ihm bekannten Personen nur dann etwas erhält, wenn er bellt.

Da dieses „Trockenverbellen" unabhängig von seiner Aufbauweise die Grundlage für eine saubere Ausführung der späteren Verbellübung bildet, müssen wir von Anfang an darauf achten, daß keine Fehlverknüpfungen entstehen. Im einzelnen bedeutet dies folgendes:

1. Der Hund muß wirklich einen klaren Bellaut von sich geben und nicht dabei winseln, jaulen oder knurren, wenn er sein Beutestück oder sein Futter erhält.

2. Der Hund muß *ruhig* vorsitzen und bellen und nicht beim Bellen eine zweite Ersatzhandlung ausführen wie anspringen, herumlaufen, zurückgehen usw.

3. Die „Animierperson" muß *ruhig* vor dem Hund stehen bleiben und sich nicht dauernd bewegen oder sprechen.

4. Der Hund muß lernen, daß Bellen und Vorsitzen vor einem ruhig stehenden Menschen *eine* Einheit bilden und er nur dann sein Zielobjekt erhält, wenn er dieses Verhalten zeigt.

5. Alle Personen, die sich am Aufbau der Verbellübung beteiligen, müssen sich gegenüber dem Hund *völlig gleich* verhalten, anderenfalls wird der Hund kein sicherer und sauberer Verbeller.

D. Folgen ohne Leine

Folgen ohne Leine bedeutet in diesem Alter nicht frei bei „Fuß" gehen, sondern die gelenkte Befriedigung seines Freiheitsdranges. Mit anderen Worten: schon der Welpe soll lernen, daß

a) es besser ist, unserem Willen auch ohne Leine Folge zu leisten, und

b) er, wenn er dies tut, mehr Freiheit erhält und dadurch sein Verlangen nach freier Bewegung befriedigen kann.

Dabei haben wir den Vorteil, daß wir seiner sicher sein können, wenn er frei herumläuft. Diese Übung ist sehr leicht zu lehren, weil sich der Welpe noch stark an uns gebunden fühlt. Allerdings ist dafür eine größere und ruhige Gegend erforderlich. Am besten beginnen wir mit der Belehrung auf dem Land, z. B. während eines Wochenendausfluges:

1. Löse, z. B. auf einem Feldweg, die Leine und gehe ruhig weiter. Rufe dabei den Namen des Welpen und klopfe an dein linkes Bein. Gebrauch jedoch nicht das Hörzeichen „Fuß".

2. Bleibt er weit zurück, rufe seinen Namen in Verbindung mit dem Hörzeichen „Hier" und gehe in Laufschritt über.

3. Läuft er weit voraus und kommt er auf Ruf nicht zurück, dann marschiere in umgekehrter Richtung davon.

4. Gehst du mit dem Welpen im Gelände spazieren, dann wende das Versteckspiel an, sobald der Welpe sich von dir zu weit entfernt, d. h. du läßt dich vom Welpen suchen.

5. Hat der Welpe begriffen, daß es besser ist, sich in deiner Nähe aufzuhalten bzw. dich nie aus den Augen zu lassen, dann hast du dein Ziel erreicht.

E. Betteln, Stehlen, Unrat-Fressen

Diese drei Unarten zählen mit zu den schlimmsten, die sich ein Hund aneignen kann. Denn sie verursachen nicht nur Kummer, Sorgen und Ärger, sondern meistens auch hohe Tierarztkosten, weil der Hund alles hinunterschlingt, was irgendwie freßbar ist. Solche Belastungen können wir aber vermeiden, wenn wir die folgenden Regeln beherzigen:

a) Betteln

1. Bettelt der Welpe, dann tue so, als würdest du es nicht bemerken.

2. Wird er aufdringlich, verweise ihn mit einem scharfen „Pfui" oder zu-

sätzlich mit einem Schlag gegen den Tisch, Stuhl und dergl. Sei streng mit ihm – und mit dir selbst.

3. Füttere den Welpen am besten unmittelbar vor oder nach deinem Essen, aber werfe ihm niemals einen saftigen Happen am Tisch zu.

4. Lege den Welpen während deiner Mahlzeiten sicherheitshalber auf seinem Platz ab.

5. Achte darauf, daß auch andere Personen den Welpen nicht zum Betteln verführen.

b) Stehlen

1. Halte den Welpen von der Küche durch „Bleib da" völlig fern. Erkläre die Küche zum absoluten Tabu.

2. Gib dem Welpen keinerlei Bissen außerhalb seiner Mahlzeiten. Gewöhne ihn daran, daß nur das für ihn bestimmt ist, was sein Napf enthält.

3. Wird der Welpe dennoch zudringlich, indem er z. B. mit der Nase auf den Tisch will oder an etwas Eßbares herangeht, dann wehre ihn durch ein hartes „Pfui" ab.

4. Wirkt das nicht so, stelle an verschiedenen höheren Stellen im Raum (Stuhl, Bank, Tischchen) zwei mit Leckerbissen bespickte und fein eingestellte Mausefallen (keine Rattenfallen!) auf. Will der Welpe den Leckerbissen stehlen, und die Falle springt ihm an die Nase, dann verstärke den Schlag noch durch ein kräftiges „Pfui".

5. Hat der Welpe schon einen Diebstahl begangen, dann führe eine Situation herbei, in der du ihn unmittelbar nach der Tat bestrafen kannst, damit er Vergehen und Strafe miteinander verbindet.

6. Befestige das eine Ende einer Schnur an einer kleinen Konservendose, die du in einer größeren Dose auf die Tischkante, die Schrankkante usw. stellst. Binde an das andere Schnurende ein Stück Fleisch und lege es so auf eine Stuhlkante, daß ein leichter Ruck am Fleisch die Büchsen herabreißt.

7. Dann entferne dich aus dem Raum. Reißt der Welpe beim Stehlen die Büchsen herunter, erscheine sofort wieder, greif ihn am Nackenfell und schlage unter „Pfui"-Rufen kräftig auf das Fleisch.

8. Stelle ihn am nächsten Tag nochmals auf die Probe. Stiehlt er auch noch beim dritten Versuch, dann verstärke die Geräuschkulisse und gib ihm eine tüchtige Ohrfeige.

c) Unrat-Fressen

1. Interessieren den Welpen Unrat und Abfall, strafe ihn vom ersten Tag an mit einem scharfen „Pfui".
2. Reicht das nicht, unterstreiche das „Pfui" durch ein Aufstampfen mit dem Fuß und einen Leinenruck.
3. Hat der Welpe den Unrat schon im Fang, so verliere keine Zeit, beuge dich zu ihm hinab, packe ihn am Nackenfell oder am Halsband, presse mit der rechten Hand seine Lippen gegen die Zähne und schüttele seinen Fang so lange, bis er den Unrat fallen läßt.
4. Dann strafe den Welpen, indem du unter „Pfui"-Rufen kräftig auf den Unrat schlägst.
5. Wiederholt sich das Unrat-Fressen, so strafe den Welpen selbst.

F. „Bleib da"

Neben der Leinenführigkeit und der Stubenreinheit bildet die „Bleib da"-Übung ebenfalls einen wichtigen Grundpfeiler innerhalb der weiteren Erziehungsmaßnahmen. Auf das etwas gedehnt und warnend bis streng gesprochene Hörzeichen „Bleib da" soll der Hund zurückbleiben, dableiben und uns nicht folgen. Dies ist nicht nur für das Erlernen der Übungen „Sitz", „Steh" und „Platz" wichtig, sondern vor allem für das Zusammenleben mit uns. Sei es, daß der Welpe einen bestimmten Raum nicht betreten oder verlassen soll, daß er zurückbleiben muß, wenn wir den Raum verlassen, auf uns irgendwo zu warten hat oder nicht unkontrolliert weglaufen soll.

Aus diesem Grunde sollte das Hörzeichen „Bleib da" nicht im Zusammenhang mit einem anderen Kommando gelehrt werden, sondern als selbständiger und allgemeingültiger Befehl. Das Hörzeichen „Bleib da" muß für den Hund das sofortige und absolute Zurückbleiben bedeuten, gleichgültig in welcher Verbindung und Situation. Den Welpen lehren wir das Lautzeichen wie folgt:

1. Betrete einen Raum, hocke dich rasch nieder und stoppe den dir nachfolgenden Welpen, indem du ihn, unter gleichzeitigem Hörzeichen „Bleib da", die rechte oder linke Handfläche abweisend entgegenstreckst.
2. Hält der Welpe an, ziehe die Hand langsam zurück. Folgt er der zurückweichenden Hand, stoppe ihn auf die gleiche Weise wie zuvor.
3. Läßt der Welpe sich durch deine Hand nicht aufhalten, dann schiebe ihn sanft, aber konsequent mit der flachen Hand zurück. Gib dabei das Hörzeichen „Bleib da".

4. Sollte der Welpe dennoch zu dir in den Raum gelangen, dann faß ihn am Nackenfell, hebe ihn hoch und setze ihn energisch unter „Bleib da" und Handzeichen zurück.

5. Wiederhole dieses Verfahren, möglichst unter verschiedenen Bedingungen, so lange, bis der Welpe das Hörzeichen „Bleib da" und das dazugehörige Sichtzeichen sicher verknüpft hat und dir nicht mehr folgt, wenn du sie gibst.

G. „Platz"

Sobald der Welpe die Leinenführigkeit, die Stubenreinheit und die Bedeutung des Hörzeichens „Bleib da" gelernt hat, sollten wir ihn frei in der Wohnung herumlaufen lassen. Dies bedeutet für den Welpen jedoch nicht, daß er nun hingehen und liegen kann, wo er will. Auch hier muß er sich an eine gewisse „Ordnung" gewöhnen. Vor allem muß er lernen, sich nur auf einen bestimmten Platz zu legen und dort zu bleiben, wenn wir es wünschen.
Diese Stelle sollte so beschaffen sein, daß

a) der Welpe uns nicht im Wege liegt, auch später als erwachsener Hund nicht,

b) sie dem Welpen das Gefühl der Geborgenheit gibt und er sich dort wohl fühlt,

c) der Welpe den ganzen Raum überblicken kann,

d) er notfalls dort kurz angebunden werden kann.

Haben wir das richtige Plätzchen, z. B. zwischen zwei Möbelstücken oder unter einem Tisch, gefunden, dann bringen wir seine bisherige Liegestatt dorthin und lehren ihn das „Platz" wie folgt:

1. Beginne mit der Übung nach der Fütterung und dem anschließenden Auslauf des Welpen, weil er sich jetzt ohnehin ausruhen will.

2. Führe den Welpen auf seinen Platz, drücke unter gleichzeitigem Kommando „Platz" mit der linken Hand sanft auf seinen Widerrist, während du mit der rechten seine Vorderpfoten gleichmäßig nach vorne ziehst. Gib das Hörzeichen „Platz" kurz, energisch, aber zunächst sanft. Später gib es kurz, energisch, barsch und strafend, besonders dann, wenn er sich trotz der Belehrung schlecht benimmt. Füge dabei nie den Namen des Hundes hinzu.

3. Wiederhole das Hörzeichen und halte den Welpen einige Sekunden in dieser Stellung fest. Achte darauf, daß er wirklich liegt und nicht in kauernder Stellung verharrt.

4. Hebe nun langsam unter Wiederholung des Hörzeichens „Platz" die linke Hand und laß sie dicht über seinem Kopf schweben. Erhebt sich der

Welpe gleichzeitig mit deiner Hand, drücke ihn sofort wieder nieder und gib das Hörzeichen „Platz".

5. Verbleibt der Welpe einige Sekunden in der gewünschten Stellung, laß ihn aufstehen und lobe ihn. Streichle und lobe ihn aber nie, so lange er noch liegt, weil er dann sofort aufsteht.

6. Wiederhole diese Übung so lange, bis der Welpe länger ruht. Dann richte dich vorsichtig auf, indem du die linke Hand sichtbar waagerecht über ihn hältst und das Hörzeichen „Platz" gibst.

7. Hat der Welpe auch diesen Übungsteil richtig verknüpft, dann gib das Hörzeichen „Bleib da" und gehe langsam, rückwärtsschreitend, von ihm fort.

8. Sobald der Welpe dir folgt, führe ihn wieder auf seinen Platz und beginne von vorn.

9. Beherrscht der Welpe auch diesen Teil, dann lehre ihn, daß er auf das Kommando „Platz" und das Sichtzeichen „ausgestreckter Arm in Richtung Platz" zu seinem Liegeplatz gehen muß. Führe ihn anfangs bis an den Platz, vergrößere dann schrittweise die Entfernung so weit, bis er sich quer durchs Zimmer auf seinen Platz schicken läßt und auf das Hörzeichen „Bleib da" dort liegen bleibt.

10. Wiederhole diese Übung täglich, bis sie richtig sitzt. Erhebt der Welpe durch Winseln und Bellen dagegen Einspruch, dann beachte ihn nicht. Weigert er sich hartnäckig, auf seinem Platz zu bleiben, dann lege ihn dort an eine leichte Kette.

H. Alleinsein

Wenn wir einen Welpen erwerben, dann darf dies nicht das Ende unserer persönlichen Freiheit bedeuten. Wir können zwar gelegentlich auf Geselligkeit, Theater, Kino, Reisen usw. verzichten, doch sollten wir nicht zum Sklaven unseres Hundes werden, nur weil wir ihn niemals allein lassen dürfen. Aus diesem Grunde muß schon der Welpe lernen, ohne Protest allein zu bleiben, sei es in der Wohnung oder im Zwinger. Je früher wir damit beginnen, desto leichter ist er daran zu gewöhnen und desto weniger Lärm kann er in diesem Alter machen. Wichtig bei dieser Gewöhnung an das Alleinsein ist die Tatsache, daß wir seinem Winseln und Heulen in keiner Weise nachgeben dürfen, weil er sonst meint, sein Jammern würde uns auch künftig zurückbringen. Daraus folgt:

1. Belehre den Welpen durch Erfahrung, daß Winseln und Heulen dich nicht beeindrucken und zurückbringen.

2. Beginne die Belehrung mit dem Hörzeichen „Bleib da" oder „Platz". Dann entferne dich und warte ab, was der Welpe macht.

3. Kehre erst dann zum Welpen zurück, wenn er sich nach seinem letzten Protest mindestens 15 bis 20 Minuten lang ruhig und brav verhalten hat.
4. Lobe den Welpen und beschäftige dich mit ihm. Dann laß ihn wieder allein und wiederhole den Vorgang. Steigere mit der Zeit die Phase des Alleinseins.
5. Ist deine Umwelt gegen Welpenlärm empfindlich, dann belehre ihn durch Bestrafung. Stürze im wahrsten Sinne des Wortes in seinen Raum, schlage die Tür ins Schloß, packe ihn mit der linken Hand im Nackenfell und mit der rechten über dem Fang und halte ihm mit einem scharfen „Pfui", „Sei still" oder „Ruhe" den Fang zu.
6. Wiederhole dieses Verfahren – Hörzeichen, entschwinden, hereinstürzen, Fang zuhalten – so lange, bis er die Probe bestanden hat.

Ist der Welpe im Zwinger, dann können wir auch mit der Schleuder (Zwille) arbeiten. Sobald er schreit, schießen wir mit einem lauten „Pfui" gegen den Zwinger. Hilft dies auf die Dauer nicht, so wird der Hund selbst das Ziel.

I. Knabbern und Kauen

Eine weitere unschöne Angewohnheit, die ebenfalls sehr teuer werden kann, ist das Anknabbern und Zerkauen von Gegenständen, besonders während der Zahnung. Da der Welpe nicht weiß, daß er etwas Verkehrtes tut, müssen wir ihn wieder lehren, zwischen unseren und seinen Besitztümern zu unterscheiden. Dies geschieht durch folgende Regeln:
1. Vermeide es, den Welpen einer Versuchung auszusetzen.
   a) Laß keine dir gehörenden verlockenden Gegenstände wie Schuhe, Pantoffeln, Kissen, Strümpfe, Handschuhe usw. herumliegen, wenn du den Welpen allein im Zimmer läßt.
   b) Benutze nie derartige Dinge, wenn du mit dem Welpen spielst.
   c) Achte darauf, daß keiner dieser Gegenstände in der Nähe seines Liegeplatzes liegt, wenn du ihn dort hinschickst oder dort anbindest.
   d) Binde ihn nie mit einer Lederleine an, sondern lege ihn immer an eine leichte Kette, weil er diese nicht zernagen kann.
2. Mache dem Welpen begreiflich, daß er deine Gegenstände nicht zerkauen darf.
   a) Knabbert oder kaut er an einem dir gehörenden Gegenstand, dann schreite sofort und unmißverständlich ein, indem du den Welpen am Nackenfell greifst und unter „Pfui"-Rufen den mißhandelten Gegenstand schlägst.
   b) Sprühe den gefährdeten Polstermöbeln einen den Hund abstoßenden Geruch auf.

c) Genügt das nicht, erhält der Welpe selbst einen Schlag.
3. Stelle dem Welpen einen kleinen Vorrat an kaubaren Gegenständen zur Verfügung, z. B. Gummiball, Hartgummibringsel, Büffelhautknochen, Kalbsknochen usw. Lobe ihn, wenn er sich mit diesen Gegenständen beschäftigt.

J. Aus

Eine natürliche, aber in manchen Situationen für uns unerfreuliche Verhaltensweise des Welpen ist die „passive" Verteidigung eines nicht tabuisierten Gegenstandes, indem er diesen mit den Zähnen einfach festhält, wenn wir ihn haben wollen. Diese „Herausforderung" an unsere Autorität können wir auf dreierlei Arten beantworten:

1. Wir respektieren seinen „Willen" und überlassen dem Welpen den Gegenstand so lange, bis er ihn von selbst fallen läßt. Dadurch stärken wir zwar seinen Geltungstrieb, aber gleichzeitig untergraben wir mit dieser Handlungsweise unsere Autorität als Rudelführer. Denn der Welpe legt unser Verhalten als Schwäche aus und wird sich künftig entsprechend verhalten.
2. Wir nehmen dem Welpen den Gegenstand mit Zwang und Bestrafung weg. Damit unterdrücken wir zwar jede Auflehnung und erhalten den Gegenstand, aber gleichzeitig fördern wir mit dieser Reaktion den Fluchttrieb und bauen sein Vertrauen zu uns ab.
3. Wir machen dem Welpen ruhig und unmißverständlich klar, daß wir der Rudelführer sind und er unserem Willen zu gehorchen hat. Damit präsentieren wir uns als echte Autorität und fördern gleichzeitig seine aktive Unterordnungsbereitschaft, die die psychische Voraussetzung der Führigkeit ist.

Da eine gute Führigkeit die Grundlage der Hundeausbildung schlechthin ist, sollten wir diese von Anfang an zielgerichtet und konsequent bei *allen* Übungen fördern, ohne jedoch den Welpen dabei zu „unterjochen". Denn wir sollten uns keinen Sklaven, sondern einen aktiven „Mitarbeiter" für das Mensch-Hund-Team erziehen.

Im vorgenannten Fall verbinden wir unseren Willen am besten mit dem Hörzeichen „Aus". Das hat den Vorteil, daß wir mit diesem Kommando die Grundlage für die Auslaßübungen in den später zu lehrenden Unterordnungsleistungen und im Schutzdienst legen.

Im einzelnen erreichen wir das Ziel in folgenden Lernschritten:
1. Rufe den Welpen in freundlichem Ton zu dir heran, laß ihn vorsitzen und lobe ihn.

Tabelle V: Ausführungszeiten der einzelnen Aufbauübungen bis zum 4. Lebensmonat

		Züchter = Prägung				Käufer = Belehrung			
Lfd.	Übungen für	Veget.-Phase	Ü-Phase	Prägungs-phase		Sozialisierungs-phase		Rangordnungs-phase	Bemerkungen
		1. Monat		2. Monat		3. Monat		4. Monat	
		1.W 2.W	3.W 4.W	5.W 6.W	7.W 8.W	9.W 10.W	11.W 12.W	13.W 14.W 15.W 16.W	
1	Biotonus und angeborene Verhaltensweisen								
2	Gewichtskontrollen								
3	Geräuschgewöhnungen								
4	körperl. Kontakt mit bekannten Menschen								
5	körperl. Kontakt mit fremden Menschen								
6	keine schlechte Erfahrung durch Menschen								
7	anregende Umwelt; versch. Futtersorten								
8	Förderung, Befriedigung d. nat. Anlagen								
9	natürliche Aufzucht								
10	verschiedenartige Umwelt und -einflüsse								
11	Zunehm. Entwöhnung v. Mutter + Geschw.								
12	Spürtrieb								
13	Beute- und Bringtrieb								
14	Autofahren								
15	Leinenführigkeit								
16	Stubenreinheit								
17	nicht hochspringen an Menschen								
18	„Sitz"								
19	herankommen auf Ruf								
20	folgen ohne Leine								
21	betteln, stehlen, Unrat fressen								
22	„Bleib da"								
23	„Platz"								
24	allein sein								
25	knabbern und kauen								
26	„Gib Laut"								
27	„Aus"								

2. Fasse mit der einen Hand den Gegenstand und drücke mit der anderen die Lippen gegen die Zähne des Welpen, damit er den Fang öffnet. Dabei gib in einem etwas scharfen Ton das Hörzeichen „Aus".

3. Gibt der Welpe den Gegenstand her, lobe ihn tüchtig und gib ihm entweder einen Leckerbissen oder den Gegenstand wieder.

4. Übe mit dem Welpen das Auslassen so lange, bis er sicher verknüpft hat, daß er dir den Gegenstand bei „Aus" zu überlassen hat.

5. Achte darauf, daß der Welpe
   a) bei dieser Übung nicht frustriert wird, indem du ihm den Gegenstand z. B. aus dem Fang reißt;
   b) den Gegenstand nur hergibt, wenn du „Aus" sagst und nicht schon, wenn du ihn anfaßt;
   c) sofort nach dem Auslassen bestätigt wird.

Zusammenfassung

Mit Beendigung der Rangordnungsphase sollte die Prägung und Belehrung des Welpen allgemein abgeschlossen sein, d. h. innerhalb dieser 4 Lebensmonate sollten wir den Welpen durch Prägung und Belehrung so weit auf die Erziehungs- und Ausbildungsarbeit vorbereitet haben, daß wir anschließend die Besonderheiten der einzelnen Übungen nur noch bis zur Vollkommenheit zu üben brauchen. Besonders der Spürtrieb, der Beutetrieb und der Bringtrieb sollten ausgeprägt vorhanden sein, weil diese Triebveranlagungen zu den Grundlagen aller weiteren Aufbauarbeiten gehören. Haben wir einige Grundübungen aus irgendwelchen Gründen nicht gelehrt, nicht lehren können oder unvollständig gelehrt, dann sollten wir diese im 5. Lebensmonat unbedingt nachholen. Denn spätestens vom 6. Monat an beginnt die konsequente Erziehungsarbeit.

Aus diesem Grunde und zur besseren Übersicht wurden in der Tabelle V die einzelnen Prägungs- und Belehrungsübungen nochmals zusammengestellt. Dabei ist jedoch zu beachten, daß wir nur die Belehrungsübungen nachholen können, nicht aber die Prägungsübungen, weil die Prägungsphase ein eng begrenzter, zeitlich festgelegter Lernvorgang ist, bei dem das Gelernte zwar zeitlebens festgelegt wird, Versäumnisse dagegen nie mehr nachgeholt werden können.

Die spezielle Förderung des Spür- und Beutetriebes des Hundes kannst du den folgenden Spezialbüchern entnehmen:
„Der leistungsstarke Fährtenhund" (Spürtrieb)
„Der echte, führige Schutzhund (Beutetrieb).

Abschnitt 5

Die Erziehung des Junghundes

Im Alter von 5 bis 6 Monaten tritt der inzwischen zum Junghund heran-gereifte Welpe in eine neue Entwicklungsphase ein: *er beginnt, erwachsen zu werden.* Eingeleitet wird dieser Reifeprozeß durch ein mehr oder weniger ausgeprägtes „Rüpel- oder Flegelalter", vor allem beim Rüden. Ebenso wie in der freien Natur versucht der Junghund auch bei uns, seine soziale Stellung innerhalb des „Mensch-Hund-Rudels" zu bestimmen und zu verbessern. Da-bei testet er immer wieder unsere Autorität, indem er klare Weisungen, Ta-bus und Befehle ganz bewußt nicht befolgt. Wenn wir jetzt resignieren oder unsere Behandlungsmethode nicht rechtzeitig umstellen, kann das weitere Zusammenleben problematisch, wenn nicht sogar unmöglich werden.

Am besten lösen wir das Problem durch eine methodische Erziehung. Die konsequente Forderung nach Befolgung unserer Anweisungen macht dem Junghund am besten klar, wer im „Mensch-Hund-Rudel" der wirkliche Herr ist. Hat der Junghund erst einmal unsere Autorität anerkannt, dann wird er uns gern und willig Folge leisten.

Eine weitere Schwierigkeit, mit der wir zu Beginn dieser Jugendphase konfrontiert werden, ist seine besondere Empfänglichkeit für Veränderun-gen aus der Umwelt. In dieser zweiten kritischen Periode, die häufig schon in der 16. Woche beginnt, lernt der Junghund „Umgebungskenntnis", d. h. sein Umgebungsbewußtsein beginnt sich zu entwickeln. Die Folge davon ist meist eine Art Platzangst. Der Hund reagiert ängstlich sowohl an fremden Orten als auch gegenüber Veränderungen in der gewohnten Umgebung. Er kann z. B. geräuschempfindlich, lichtscheu, schreckhaft, feige usw. werden.

Mit diesen Angstgefühlen lernt der Junghund dann am besten fertig zu werden, wenn wir ihn

a) häufig an verschiedene und möglichst neue Orte mitnehmen,
b) beim Spazierengehen viele Objekte kennenlernen lassen,
c) niemals zu einer Entscheidung drängen, vor der er Angst zeigt,
d) durch unsere autoritäre Führweise innerlich absichern.

Damit *wir* uns bei der Erziehung richtig verhalten, sollten wir uns zuvor die für diesen Lebensabschnitt wichtigsten Erziehungsregeln nochmals in Er-innerung rufen. Vor allem sollten wir stets daran denken, daß Probleme, die jetzt nicht endgültig korrigiert werden, mit dem Hund wachsen. So ist das Beißen z. B. direkt proportional zur Zahnlänge des Hundes und das Weglaufen direkt proportional zur Länge seiner Beine. – Die wichtigsten Erziehungsregeln sind:

1. Entscheide jetzt endgültig, welches Familienmitglied für die Erziehung des Schutzhundes sich am besten eignet.

2. Erziehe den Junghund absolut autoritär und konsequent, weil du ihm nur dadurch deine „Ranghöhe" beweisen kannst.

3. Erziehe den Junghund entsprechend seinem Wesen und seinen psychischen Fähigkeiten. Baue bei der Erziehung auf seinen natürlichen Trieben auf.

4. Lehre den Junghund nichts, was er nicht braucht, und fordere nichts, was er nicht leisten kann.

5. Übe regelmäßig, freudig, vernünftig, schnell und konsequent. Vermeide Nörgelei, Langsamkeit, Überschwenglichkeit und Fehler. Beginne mit der Arbeit frühestens 2 Stunden nach der letzten Fütterung.

6. Achte darauf, daß du bei allen Übungen die drei Sinne des Hundes ansprichst: Gehör, Gesicht und Gefühl.

7. Stehe auch willensmäßig hinter allen deinen Erziehungsmaßnahmen und lasse dem Hund stets deine „geistige" Überlegenheit fühlen.

8. Berücksichtige bei der Erziehung Ort und Zeit. Wechsle häufig den Ausbildungsort, vermeide, eine Übung auf dem regulären Übungsplatz zu lehren, und übe eine Übung nicht länger als 10 Minuten.

9. Erziehe den Junghund nach den Regeln von Lob und Tadel, Belohnung und Bestrafung. Mache ihm das, was er tun soll, recht angenehm, und das, was er nicht tun soll, unangenehm, aber in der richtigen Mischung.

10. Beantworte jede bewußte Provokation des Hundes schnell mit einem entsprechend dosierten Strafreiz. Lobe ihn aber sofort wieder, wenn er sich anschließend richtig verhält.

Außer dem geistigen Rüstzeug benötigen wir für die Erziehung des Hundes noch einige Grundausrüstungsgegenstände. Diese sind:

a) ein großgliedriges, nicht zu großes Kettenwürgehalsband,

b) eine Anbindekette,

c) eine biegsame, wasserfeste und bruchsichere, ca. 150 bis 200 cm lange Führ- oder Doppelleine mit starken Karabinerhaken,

d) eine 10 m lange Suchleine,

e) ein verstellbares Suchgeschirr,

f) ein 650 g schweres Hartholz-Apportierholz,

g) eine Wurfkette und evtl. eine Steinschleuder,

h) Hundebürste und Pferdestriegel.

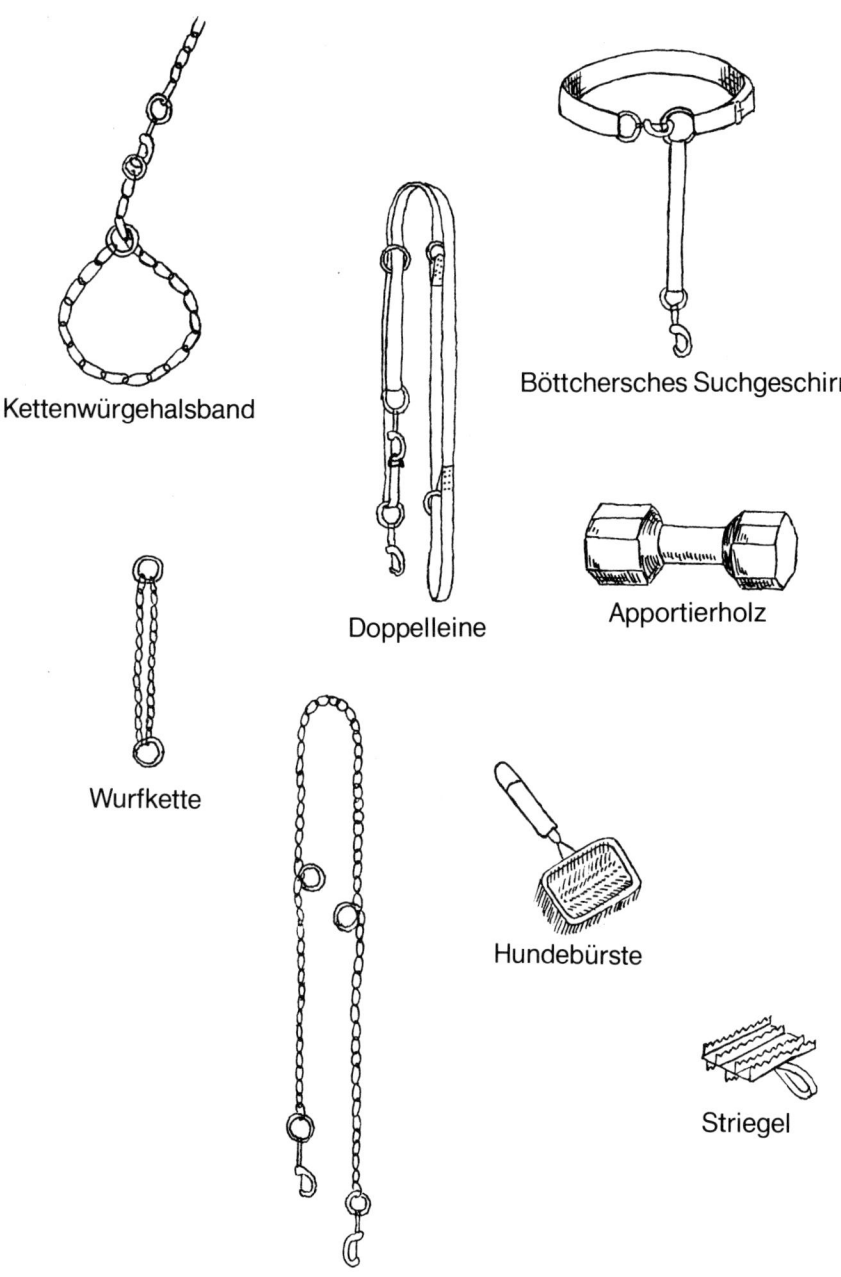

Kettenwürgehalsband

Böttchersches Suchgeschirr

Doppelleine

Apportierholz

Wurfkette

Hundebürste

Striegel

Anbindekette

100

I. Die Rudelordnungsphase (5. und 6. Monat)

Diese Phase ist der wichtigste Lebensabschnitt des Junghundes. Denn in diesem Alter werden abermals wichtige, teils angeborene, teils erlernte Verhaltensmuster geprägt, d. h. der Junghund befindet sich in einem sehr ausgeprägten Entwicklungs- und Lernstadium. In der freien Natur wird in der Rudelordnungsphase die soziale Partnerschaft zwischen dem Junghund und seinen Eltern ausgebaut. Der Junghund bindet sich mit unverbrüchlicher Gefolgschaftstreue an seinen Rudelführer, den er zuvor immer wieder testet.

Auch im „Mensch-Hund-Rudel" probiert jetzt der Junghund, wie weit er gehen kann. Er fordert uns heraus, indem er sich weniger um unsere Wünsche kümmert oder bereits erlernte Kommandos geflissentlich überhört. Seine Neigung, den eigenen Rang zu erhöhen, ist sehr stark entwickelt. Wenn wir jetzt nicht achtgeben, können wir schnell unsere Stellung als Rudelführer verlieren. Damit dies nicht geschieht, haben wir durch systematische Erziehung, durch Selbstsicherheit, Geduld, Konsequenz und Durchsetzungsvermögen dafür zu sorgen, daß der Junghund stets unsere Wünsche und Befehle erfüllt.

Diese Einhaltung der Rangordnung ist sehr wichtig, weil wir

a) für unseren Hund im Gegensatz zu den wildlebenden Hundeartigen immer Elternkumpan bleiben; wir bringen ihm weiterhin Futter und gehen mit ihm auf die „Jagd",

b) mit unserem Hund gewissermaßen in der Rudelordnungsphase stecken bleiben; er lebt zeitlebens mit uns zusammen und führt nie ein eigenes Rudel an,

c) mit dem Hund in einer vorhandenen menschlichen Gemeinschaft leben und nicht in einer Hundewelt.

Durch diese recht entscheidende Verschiebung der natürlichen Verhältnisse müssen wir allerdings die Zusammenarbeit und das Zusammenleben, wie sie die frei lebenden Hundeartigen in der Rudelordnungsphase erfahren, auf unsere Gegebenheiten umleiten.

Diese Forderung können wir durch zwei wichtige Punkte erfüllen:

1. Laß die psychische Struktur des Junghundes nicht verkümmern, sondern übe in dieser Zeit mit dem gut vorbereiteten „Schüler" die Besonderheiten gemeinsamer Aktionen bis zur Vollkommenheit.

2. Biete dem Junghund neben dem völlig gelösten, gruppenbindenden Spiel und der Belehrung das disziplinierte Spiel (= Erziehung) als Vorstufe für die spätere Ausbildung an.

Bevor wir aber mit der methodischen Erziehung beginnen, sollten wir den 5. Lebensmonat dazu verwenden, das bisher Gelehrte zu festigen, zu ergänzen oder Nichtgelehrtes nachzuholen. Danach fangen wir bei dem so vorbereiteten Junghund vom 6. Monat mit der systematischen Erziehungsarbeit an. Dabei sollten wir vor allem darauf achten, daß Erziehungsfehler von vornherein vermieden werden. Denn dies erspart uns später viel Zeit und Mühe.

A. Fährtenarbeit – „Such"

Im Alter von 6 Monaten sollte der Junghund im Suchen so weit trainiert sein, daß er
1. mit dem Hörzeichen „Such" das Herunternehmen der Nase und das Ausarbeiten der Fährte sicher verbindet,
2. eine 20 bis 30 Minuten alte Hundeführer-Fährte mit tiefer Nase ruhig und selbständig ausarbeitet,
3. bei jedem Wetter und auf unterschiedlichem Untergrund sucht,
4. die Gegenstände zumindest durch kurzes Verhalten und Schwanzwedeln anzeigt,
5. jeden rechten Winkel, ob links oder rechts, richtig ausarbeitet.

Ist dieser Ausbildungsstand erreicht, beginnen wir mit der systematischen Erziehung zum „fährtenfesten" Hund. Dabei wird Erfolg oder Mißerfolg unserer Erziehung noch mehr davon abhängig sein, inwieweit wir Spezialkenntnisse von der Fährtenarbeit besitzen.

Aus diesem Grunde sollten wir besonders darauf achten, daß wir bei unseren Erziehungsmaßnahmen die nachfolgend aufgeführten wichtigen Erkenntnisse der Fährtentheorie berücksichtigen. Zum besseren Verständnis werden die Regeln in zwei Gruppen unterteilt: Legen der Fährte und Ausarbeiten der Fährte.

Doch bevor wir uns mit dem richten Fährtenlegen beschäftigen, wollen wir zuerst einmal klären, was eigentlich eine Fährte ist und woraus sie besteht. – Grob gesehen unterscheiden wir bei der Fährte zwei Spurenarten:

a) Die sichtbare Spur

Das ist die Spur, die wir mit dem Auge wahrnehmen können. Hierunter fallen primär Fußabdrücke und Gegenstände des Fährtenlegers.

b) Die unsichtbare Spur

Das ist die für das Auge nicht erkennbare und weder chemisch noch mechanisch sichtbar zu machende Duftspur. Sie entsteht dadurch, daß
1. der Fährtenleger Bodenstruktur, Bodenflora und -fauna mit seinen Füßen zerstört und die dadurch entstandenen und aufgewehten Moleküle sich um diese Stelle herum in der Luft halten,

2. der Fährtenleger sowohl auf dem Boden als auch in der Luft ein ganzes „Feld" individuellen Duftes hinterläßt, der sich mit dem Geruch seiner Schuhe (weniger der Gummistiefel) zu einer charakteristischen Duftspur vermischt.

In der Natur verfolgt und arbeitet der Hund nicht eine Bodenverletzungsfährte aus, sondern nur die Fährte, welche den individuellen Geruch seiner Beute trägt. Er entnimmt dem Fährtengeruch neben dem Alter der Spur die Stimmungslage seiner Beute, d. h. er erkennt z. B., ob die Beute ruhig, verängstigt oder gehetzt läuft, ob sie stark oder schwach, gesund oder krank, jung oder alt, männlich oder weiblich und ob sie munter, übermüdet oder verwundet ist. Dies ist sehr wichtig, denn würde der wildlebende Hundeartige nur der Bodenverletzungsfährte folgen, so könnte er sehr leicht an Stelle seiner Beute auch seinen Todfeind finden und damit selbst zur Beute werden.

Diese beiden Komponenten – Alter der Fährte und Stimmungslage des Fährtenlegers – „riecht" der Hund auch aus der Menschenfährte. Vor allem der individuelle Geruch des Fährtenlegers hat hierbei dieselbe Bedeutung wie der des Beutetieres in der Natur. Mit anderen Worten: Den Hund interessiert *von Natur aus* nicht die Bodenverletzung, sondern der individuelle Geruch des Fährtenlegers. Ist dieser Geruch des Fährtenlegers für ihn gänzlich uninteressant oder sogar abstoßend, so ist es auch für den Hund uninteressant, diese Fährte auszuarbeiten. Dies ist einer der Hauptgründe, warum ein Hund bei der einen Fährte völlig versagt, während er eine andere Fährte vollständig ausarbeitet.

Fassen wir das Vorgenannte zusammen, so können wir feststellen, daß für eine gute Fährtenarbeit anfangs in erster Linie der individuelle Geruch des Fährtenlegers ausschlaggebend ist und nicht Verletzungen des Bodens.

c) *Legen der Fährte*

Beschränkte sich unser bisheriger Aufbau vorwiegend darauf, den Spürtrieb des Welpen zu fördern und ihn weitgehend fährtensicher zu machen, so sollten wir jetzt damit beginnen, den Junghund zu einer gewissen Fährtenfestigkeit zu erziehen. Dabei ist das Legen der Fährte ebenso wichtig wie das Ausarbeiten der Fährte. Denn schon durch richtiges Fährtenlegen können wir viele Fehler im Aufbaustadium verhindern. Deshalb sollte jeder Fährtenleger einige Grundregeln beachten:

1. Vergewissere dich vor dem Fährtenlegen über die Luftströmungsverhältnisse, die Bodenverhältnisse, die Geländestruktur und die Geländeeignung.

2. Richte dich beim Fährtenlegen nach markanten Geländepunkten, so daß du genau weißt, wie die Fährte verläuft und wo die einzelnen Winkel und Gegenstände liegen.

3. Stecke an geeigneter Stelle einen Stock oder ein Nummernschild in den Boden. Dann trete rechts davon ca. 3 Minuten lang einen bis zu 1 qm großen trichterförmig nach vorn sich verjüngenden Abgang.

4. Lege den 1. Schenkel der Fährte nie im Gegenwind, sondern nur mit Nakken- oder Seitenwind. Dagegen lege den 2. Schenkel möglichst im Gegenwind.

5. Gehe anfangs auf den ersten Metern des 1. Schenkels in kleinen, festen Schritten. Ebenso auf den ersten Metern vor und nach jedem Winkel. Die restliche Fährte lege in normaler Gangart, aber mit deutlicher Spur.

6. Mache den Fährtenanfang und das Fährtenende auch für den Junghund immer interessant, z. B. durch Loben, Futter, Spiel usw.

7. Benutze während des Aufbaustadiums immer das gleiche Schuhwerk, nie aber Gummistiefel.

8. Lege bei den Trainingsfährten auf jedem Schenkel mindestens 2 Gegenstände ab.

9. Nimm zu Beginn größere Gegenstände, die sich nicht sichtbar vom Erdreich abheben. Jedoch wechsle ständig die Gegenstände. Später wähle Gegenstände, die vom Hund auch auf geringste Entfernung nicht gesehen werden können.

10. Bewahre die Gegenstände vorher mindestens 30 Minuten lang an Körperteilen auf, die am schweißaktivsten sind.

11. Lege die gut verwitterten Gegenstände so zwischen deine Füße auf die Fährte, daß ein Überlaufen weitestgehend ausgeschlossen ist.

12. Unterbrich beim Ablegen der Gegenstände nicht deine Gangart und lege die rechten Winkel abwechselnd rechts und links herum.

13. Variiere ständig die Form der Fährten, die Länge der Schenkel sowie den Abstand zwischen den Gegenständen.

14. Denke daran, daß die Fährte wenigstens 20 Minuten alt sein und die Gesamtlänge ungefähr 300 bis 500 Schritt betragen sollte.

15. Lege die Fährten möglichst bei jedem Wetter und auf Untergrund jeglicher Beschaffenheit.

d) Ausarbeiten der Fährte

Ebenso wie bei den Unterordnungsleistungen sollten wir den Hund auch in der Fährtenarbeit lehren, nach einem gewissen Schema zu arbeiten. Dem bisher relativ frei suchenden Hund sollten wir jetzt durch ständig wiederkehrende Handlungsweisen dieses System unmißverständlich beibringen. Dabei sind erneut einige Grundregeln zu berücksichtigen:

1. Gebrauche beim Suchen ein Fährtengeschirr. Durch das zeremonielle Anlegen eines Suchgeschirres *unmittelbar* vor der Fährtenarbeit weiß der Hund nach kurzer Zeit, daß er suchen soll. Mit dem *sofortigen* Abnehmen des Fährtengeschirres verknüpft er das Ende der Arbeit.

2. Verwende am besten das Böttersche Fährtengeschirr, weil du durch das Durchführen der Leine zwischen den Hinterläufen des Hundes bestens auf ihn einwirken kannst.

3. Führe den Junghund von der Seite an den Fährtenabgang heran, damit er dazu erzogen wird, sich den Fährtenanfang selbst zu suchen. Dieses Suchen kann noch durch ganz kurze, sternförmig am Abgang liegende „tote" Fährtenansätze vertieft werden. Gleichzeitig verhinderst du damit das sofortige Losstürmen.

4. Will der Hund nach intensiver Witterungsnahme zu fährten anfangen, gib das Hörzeichen „Such" in einem auffordernden, ermunternden und etwas langgestreckten Ton, bleibe stehen und laß die 10 m lange Fährtenleine durch die Hand gleiten. Folge dem Hund erst, wenn die letzten 50 cm der Leine deine Hand erreicht haben.

5. Suche anfangs jedoch mit kurzer Leine, um nahen Kontakt zum arbeitenden Hund zu haben. Erst wenn der Hund fehlerfrei fährtet, erhält er stufenweise mehr Leine, z. B. 2 m, 5 m, 7 m und 10 m. Gehe aber sofort wieder näher zum Hund heran, sobald er einen Fehler macht.

6. Halte den Hund von Anfang an dazu an, ruhig und mit tiefer Nase zu suchen. Laß ihn die Fährte „abbuchstabieren" und nicht „abfliegen". Vermeide bei der gesamten Fährtenarbeit Hast und Nervosität. Laß den suchenden Hund nie unter deiner schlechten Laune leiden.

7. Korrigiere und hilf dem Hund nicht ständig, sondern laß dich von ihm führen. Denn er soll lernen, die Fährte selbständig auszuarbeiten. Habe absolutes Vertrauen in den Geruchsinn deines Hundes.

8. Laß dich aber von dem Hund *nie* „anlügen", indem er z. B. mit tiefer Nase weiter geradeaus geht, ohne auf der Fährte zu sein. Ist er damit bei dir einmal durchgekommen, wird er diese „Lüge" immer versuchen, besonders bei schwierigen oder uninteressanten Fährten. Deshalb mußt du jederzeit den Fährtenverlauf kennen, um rechtzeitig, notfalls mit Leinenruck auf ihn einwirken zu können.

9. Spare während des Trainings nicht mit Lob, aber strafe ihn *sofort* mit dem Hörzeichen „Pfui", falls er z. B. anfängt, zu stöbern, zu faseln, zu jagen (evtl. Mäuse zu fangen), zu spielen oder sich zu entleeren.

10. Arbeitet der Hund die gesamte Fährte sauber aus, beginne, das einwandfreie Verweisen der verschiedenen Gegenstände einzuüben.

Abb. 12: Der Junghund fängt nach intensiver Witterungsnahme ruhig und mit tiefer Nase zu fährten an.

Abb. 13: Der Junghund wird mit der linken Hand so lange am Halsband in sitzender Stellung festgehalten, bis der Hundeführer den verwiesenen Gegenstand aufgenommen, aufgezeigt und wieder
verwahrt hat.

11. Hat der Hund den Gegenstand erreicht, gib am besten das Kommando „Sitz". Diese Stellung hat zwei entscheidende Vorteile:

    a) Sitzen ist die natürlichste Stellung des Hundes, wenn er auf etwas Angenehmes wartet. Und das Verweisen oder Aufnehmen eines Gegenstandes soll dem Hund stets Freude bereiten.

    b) Beim Aufheben, Aufzeigen und Verwahren des Gegenstandes mit der rechten Hand kann der Hund, mit der linken Hand am Halsband, leichter am Aufstehen und Weitersuchen gehindert werden.

12. Achte darauf, daß der Hund sich *vor* den Gegenstand setzt und nicht auf oder hinter ihn. Sitzt er, gehe sofort ruhig, an der Leine entlang schreitend, an den Hund heran und lobe ihn dezent, aber gefühlvoll.

13. Halte den Hund mit der linken Hand so lange am Halsband in sitzender Stellung fest, bis du den Gegenstand aufgenommen, aufgezeigt und wieder verwahrt hast.

14. Nimm nun die Fährtenleine auf, gib das Kommando „Such" und warte, bis die letzten 50 cm des Leinenendes durch deine Hand zu gleiten beginnen. Dann folge dem Hund in ruhigen Schritten.

15. Soll der Hund den Gegenstand aufnehmen, dann verfahre nach dem Aufnehmen, wie unter Punkt 11 bis 14 beschrieben. Verhindere aber dabei, daß der Hund auf dem Gegenstand herumknautscht.

B. Beute- und Bringtrieb

Vom 5. Lebensmonat an sollten der Beute- und der Bringtrieb des Junghundes soweit ausgeprägt sein, daß wir beginnen können, jeden Trieb getrennt methodisch zu fördern.

a) Beutetrieb

Unser in der Sozialisierungsphase begonnenes tägliches Beutefang- und Festhalte-Spiel mit dem Jute- oder Leinensack, kombiniert mit dem „Trockenverbellen", erfährt in diesem Alter einen Höhepunkt. Gleichzeitig gehen wir dazu über, die Förderung des Beutetriebes mit geeignetem, nicht zu hartem Beutematerial (Sack, Sackrolle) von einer dritten Person, z. B. vom Helfer im Schutzdienst, 1- bis 2mal pro Woche durchführen zu lassen. Hierbei haben wir darauf zu achten, daß jegliche Belastung des Junghundes, besonders das Provozieren von Wehrreaktionen, unterbleibt. Am besten üben wir mit dem Helfer wie folgt:

1. Stelle dich mit deinem angeleinten Junghund mitten auf einen freien Platz oder auf den Übungsplatz.

2. Der Helfer nähert sich deinem Hund und macht ihn durch ständige Bewegung der Beute auf diese aufmerksam.
3. Der Helfer reizt mit dem Beutestück den Beutetrieb des Junghundes an.
4. Ist der Junghund gehörig „wild" auf die Beute, wird sie ihm vom Helfer vorenthalten.
5. Bellt der Junghund, erhält er sofort die Beute und wird von dir gelobt.
6. Verbellt der Junghund nicht, animiere ihn durch das Hörzeichen „Gib Laut" zum Bellen. Verbellt er, wird wie unter Punkt 5 verfahren.
7. Übe diese Reihenfolge – Beutetrieb anreizen, Beute vorenthalten, verbellen lassen, Beute hingeben, loben – mit dem Helfer nicht mehr als 2- bis 3mal hintereinander.
8. Halte dabei die Führleine ständig fest und wechsle auf keinen Fall deinen Standort.
9. Hat der Junghund gelernt, daß er durch das Verbellen seine Beute auch von fremden Personen erhält, steigere die Verbelldauer wie in der Rangordnungsphase.
10. Laß dem Junghund die Beute, so lange sie ihm gefällt. Nimm sie ihm nicht durch Zwangseinwirkung fort.

b) Bringtrieb

Ebenso wie der Beutetrieb wird auch der Bringtrieb durch das in der Sozialisierungsphase begonnene Beutefang-Spiel weiter ausgebaut. Es genügt in diesem Alter nicht mehr, daß der Junghund hinter dem geworfenen Bringsel (Ball, Apportierholz) herrennt, es aufnimmt und stolz herumträgt, der Junghund soll jetzt lernen, das Beutestück uns zu bringen.

Bevor wir aber mit der Bringübung anfangen, sollte vom Junghund das Herankommen auf Ruf einwandfrei befolgt werden (s. auch Sozialisierungsphase, Abschnitt H). Denn wir werden zu Beginn der Bringübung das Hörzeichen „Bring's" mit dem Lautzeichen „Hier" verbinden.

Die erste Stufe dieser Übung lehren wir wie folgt:
1. Lege den Junghund an eine längere Leine.
2. Reize mit dem Beutestück (Ball, Apportierholz) den Beutetrieb des Junghundes richtig an.
3. Ist der Junghund genügend „wild" auf die Beute, halte den angeleinten Hund am Halsband fest und wirf die Beute auf Leinenlänge fort.
4. Gib im befehlenden Ton das Hörzeichen „Bring's" und laß das Halsband des Junghundes los.
5. Hat der Hund das Bringsel aufgenommen, gib nochmals das Lautzeichen „Bring's", diesmal aber in Verbindung mit dem Hörzeichen „Hier", also: „Bring's hier".

6. Sobald der Junghund sich anschickt, zu kommen, wird er gelobt. Kommt der Hund nicht oder bleibt er unterwegs stehen bzw. will wieder fortlaufen, gib sofort das Kommando „Bring's hier". Geh dabei evtl. etwas zurück. Nützt diese Hilfe wenig, verstärkte das Hörzeichen durch einen kurzen, scharfen Leinenruck.

7. Hat der Junghund dich erreicht, laß ihn vorsitzen. Dann streichle und lobe ihn tüchtig. Faß dabei auch immer wieder das Bringsel an, ohne daß du es ihm zunächst wegnimmst.

8. Übe das Bringen an der Leine so lange, bis der Hund auf das Hörzeichen „Bring's" zu dem Bringsel hinstürzt, es rasch aufnimmt, sofort zurückbringt, sich vor dich hinsetzt und das Bringsel im Fang festhält.

9. Führt der Junghund diese Bringübung auch ohne Leine sicher aus, beginnst du mit der zweiten Stufe der Bringübung: dem Auslassen und Bei-Fuß-Sitzen.

10. Bleibe auch bei dieser Übung stehen, wenn du den Junghund heranrufst. Gehe ihm keinen Schritt entgegen.

C. „Sitz" – „Bleib da"

In der Rudelordnungsphase beginnt neben dem systematischen Ausbau des Spürtriebes, des Beutetriebes und des Bringtriebes auch die Erziehung zum grundsätzlichen Gehorsam. Dabei ist der erste Lehrgang von ganz eminenter Bedeutung für die „Arbeitsmoral" des Hundes. Denn spätestens jetzt sollte er lernen, zwischen Spiel und Leistung zu unterscheiden. Nur wenn der Hund den Unterschied zwischen fast gleichberechtigter Partnerschaft im Spiel und dem Gehorsam bei Leistungsübungen genau kennt, wird er ein guter „Mitarbeiter" sein. Vor allem wenn er weiß, daß Leistung noch vergnüglicher sein kann als Spiel.

Diesen Unterschied können wir dem Hund am besten bei der einfachen Übung, dem „Sitz", klarmachen, weil

a) Sitzen die natürlichste Stellung des Hundes ist, wenn er auf etwas Angenehmes wartet,

b) der Hund die Bedeutung des Kommandos bereits kennt,

c) dem Hund die Übung sehr schnell erläutert werden kann,

d) wir den Hund am Ende der ersten Lektion für das Gelernte schon reichlich loben können.

Die Übung selbst lehren wir in zwei Lernschritten: „Sitz" allein und „Sitz" in Verbindung mit „Bleib da".

Bei der ersten Lektion soll der Hund lernen, sich auf das Hörzeichen „Sitz" – später auch ohne Kommando – gerade und rechtwinkelig zu unserer Linken niederzusetzen, sobald wir stehen bleiben.

Im zweiten Lernschritt erfährt der Hund, daß er auf das Hörzeichen „Sitz – Bleib da" auf einen bestimmten Fleck sitzen bleiben muß, während wir von ihm fortgehen. Dort muß er so lange warten, bis wir zurückkommen, an seiner rechten Seite Aufstellung nehmen und ihn wieder freigeben.

a) „Sitz"

Das „Sitz" allein lehren wir wie folgt:
1. Lege dem Junghund ein der Größe des Hundes angepaßtes Kettenwürgehalsband so an, daß es nach oben gezogen werden kann. Also: Zugteil der Kette nach oben; Spielraum der Kettenlänge 5 bis 10 cm.

zu 1.

2. Befestige den starken Karabinerhaken der Führleine am Zugring der Kette, bringe den Hund an deine linke Seite und nimm Grundstellung ein.
3. Halte die Leine so in deiner rechten Hand, daß sie locker durchhängt, d. h. der Überhang zwischen Hand und Halsband sollte etwa 30 bis 35 cm betragen.

zu 2. und 3.

4. Sprich jetzt klar und langgedehnt auf „i" das Hörzeichen „Si-i-i-tz".
   Ziehe dabei gleichzeitig mit der Leine den Kopf des Hundes leicht nach
   oben und drücke seine Kruppe oder seine linke Flanke mit der linken
   Hand so nieder, daß er gerade, rechtwinkelig und dicht neben deinem
   linken Fuß sitzt.

zu 4.

5. Hat der Hund einen festen Sitz eingenommen, so wiederhole das Lautzeichen „Si-i-i-tz", lockere die Leine, entferne mit Bedacht die linke
   Hand und richte dich langsam auf.

zu 5.

6. Richtet der Hund sich ebenfalls auf, wenn Handdruck und Leinenzug
   nachlassen, so setze die „Hilfsmittel" Hörzeichen, Handdruck und Leinenzug sofort wieder ein.

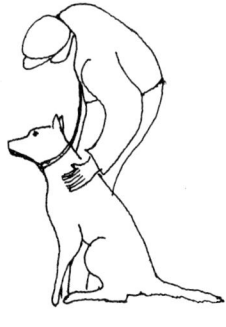

zu 6.

7. Sitzt der Hund ca. 5 bis 10 Sekunden, dann beuge dich zu ihm wieder hinab, lobe ihn und gib ihn frei, bevor er von selbst aufsteht.

zu 7.

8. Vermeide bei der Ausführung der Sitzübung schnelle und unvermittelte Bewegungen sowie überschwengliches Lob. Richte die Stärke des Handdruckes, den Zug der Leine und die Zeitdauer des Sitzens nach dem Temperament des Hundes.

9. Verbessere nie seine Stellung oder ziehe ihn keinesfalls zu dir heran, wenn er schon sitzt. Tadle den falschen Sitz mit einem „Pfui", geh einen Schritt vorwärts und beginne von neuem.

10. Helfe dem Hund so lange, bis er weiß, worauf es ankommt. Dann baue die Unterstützungen langsam und systematisch in folgender Reihenfolge ab: Handdruck, 2. oder 3. Hörzeichen, Leinenzug, 1. Hörzeichen.

11. Wird der Hund beim Weglassen eines bestimmten „Hilfsmittels" nachlässig, dann setze es sofort wieder ein, bis der Hund beim Einnehmen der

Grundstellung selbständig und ohne jede Hilfe die geforderte Stellung ausführt.

12. Dulde von ihm hierbei keine Nachlässigkeit, sondern korrigiere ihn, wo es notwendig ist, so lange, bis ihm der Gehorsam in Fleisch und Blut übergegangen ist.

Sobald der Junghund begriffen hat, daß er als Gehilfe das zu tun hat, was wir wollen und wie wir es wollen, und nicht, was und wie er will, dann gehen wir zur zweiten Lektion über.

b) „Sitz – Bleib da"

Diese Übung lehren wir den Hund in 3 Phasen.

1. Phase:

1. Nimm mit deinem links neben dir sitzenden Hund die Grundstellung ein und halte die Führleine locker, Überhang zwischen 50 und 80 cm in der linken Hand.
2. Gib das Hörzeichen „Bleib da", ziehe die Leine straff und entferne dich 1 bis 2 Schritte von deinem Hund, indem du ihm mit der rechten Hand das Sichtzeichen „Bleib da" zeigst.
3. Beginne diese Übung mit dem *rechten* Fuß und stelle dich so vor deinen Hund, daß du ihm in die Augen sehen kannst. Halte dabei mit der linken Hand die Leine hoch und gib mit der rechten weiterhin das Sichtzeichen „Bleib da".
4. Warte in dieser Stellung 10 bis 15 Sekunden, gehe dann auf demselben Weg in die Ausgangsstellung zurück, verharre etwa 1 Sekunde, nimm die Leine in die rechte Hand, lobe den Hund mit der linken und gib ihn frei.
5. Übe diese Phase so lange, bis der Hund ohne Hilfe (emporgehaltene Leine, Sichtzeichen „Bleib da") sitzen bleibt, wenn du vor ihn hintrittst.

2. Phase:

1. Befestige am Kettenhalsband die 10 m lange Suchleine, gehe aus der Grundstellung 1 bis 2 Schritte vor deinen Hund, ohne die Leine zu straffen und das Sichtzeichen „Bleib da" zu geben.
2. Bleibt der Hund sitzen, dann gehe an der locker durchhängenden Leine ca. 2 m zurück. Behalte dabei deinen Hund im Auge.
3. Gehe jetzt vor deinem Hund einige Schritte hin und her und achte darauf, daß die Leine stets locker hängt. Kehre nach 20 bis 30 Sekunden zurück, warte einen Augenblick, lobe den Hund und gib ihn frei.

4. Bleibt der Hund 30 Sekunden lang sitzen, während du vor ihm einen Halbkreis gehst, dann umkreise den Hund, kehre zur Ausgangsstellung zurück, lobe ihn und gib ihn frei.
5. Steigere bei diesem Vorgang systematisch den Abstand bis zum Ende der Leine und die Zeit des Sitzens. Lege dabei das Ende der Schnur auf den Boden.
6. Bleibt der Hund eine volle Minute lang sitzen, während du dich um ihn herum in unterschiedlichem Tempo frei bewegst, dann beginne mit der letzten Phase der Sitzübung.

3. Phase:

1. Leine den Hund ab und gehe aus der Grundstellung nicht rückwärts, sondern entferne dich vorwärts vom sitzenden Hund.
2. Dreh dich erst nach 10 bis 15 Schritten zum sitzenden Hund herum und bleibe 1 Minute lang still stehen.
3. Kehre dann zum Hund zurück, umkreise ihn, nimm wieder die Ausgangsstellung ein, warte einen Augenblick, lobe ihn und gib ihn frei.
4. Führt der Hund auch diesen Übungsteil sicher aus, dann nimm ihn an die Leine, gehe aus der Grundstellung einige Schritte geradeaus, verhalte ganz kurz, gib das Hörzeichen „Si-i-i-tz", laß die Leine los und schreite ruhig weiter. Unterstütze evtl. das Hörzeichen durch einen kurzen Leinenruck nach oben und mit den Hör- und Sichtzeichen „Bleib da".
5. Setzt sich der Hund, so kehre nach einigen Schritten zum Hund zurück, bleibe vor ihm stehen, lobe ihn und führe dann erst die Übung zu Ende, wie unter Punkt 1 bis 3 beschrieben.
6. Hat der Hund auch hier richtig verknüpft, dann baue die Unterstützungen und das Zwischenlob allmählich so weit ab, bis nur noch das Hörzeichen „Si-i-i-tz" allein den Hund sofort zum Sitzen veranlaßt, ohne daß du deine Gangart unterbrechen oder dich umsehen mußt.

D. „Fuß" an der Leine

Als nächste Gehorsamsübung folgt das etwas schwieriger zu lehrende korrekte Folgen bei „Fuß" an der Leine. Diese Übung setzt etwas mühevolle und sorgfältige Arbeit voraus, ehe sich die ersten Erfolge einstellen. Vor allem erfordert sie ein Höchstmaß an Ruhe, Geduld, Konzentration, Ausdauer und Anpassungsfähigkeit. Sie ist für den Hund eine der härtesten Anforderungen, die wir an ihn stellen können, denn sie unterscheidet sich erheblich von der normalen Leinenführigkeit.

Da der angeleinte Hund aber vorher nie weiß, ob der Ausgang an der Leine mit Spiel oder mit Leistung verbunden ist, haben wir ihm zuerst den Unterschied zwischen dem einfachen Bei-„Fuß"-Gehen und dem korrekten Folgen bei „Fuß" beizubringen. Dies geschieht am besten durch das vertraute „Si-i-i-tz".

1. Mache zuerst den Hund freudig erregt. Dann gib erst das Hörzeichen „Si-i-i-tz" und nimm dabei die Grundstellung ein. Verharre einige Sekunden in dieser Ausgangsstellung, bevor du mit dem korrekten Folgen bei „Fuß" beginnst.
2. Halte das Ende der Führleine in der rechten Hand, während die linke die Leine derart umfaßt, daß zwischen linker Hand und Halsband ein Überhang von etwa 50 bis 80 cm besteht.
3. Sage jetzt auffordernd den Namen des Hundes, warte den Bruchteil einer Sekunde und füge dann einladend, kurz und bestimmt das Hörzeichen „Fuß" hinzu, z. B. „Basko – Fuß!"
4. Gleichzeitig mit dem Kommando schlage mit der linken Hand an deinen linken Schenkel und beginne im Gegensatz zum „Sitz", mit dem *linken* Fuß zu gehen. Mache dabei einen langen Schritt.
5. Gehe ohne zu zögern frisch drauflos. Wähle dabei einen Schritt, welcher der Größe und dem Temperament deines Hundes angemessen ist, d. h. der Hund soll dir angespornt, aber bequem folgen können.
6. Erlaube beim Gehen *nie*, daß sich die Leine strafft, sondern immer locker durchhängt. Wiederhole alle paar Schritte das Hörzeichen „Fuß" und den Schlag ans linke Bein. Dehnt sich die Leine dennoch, gib dem Hund mit der rechten oder linken Hand einen Leinenruck in die entgegengesetzte Richtung, begleitet vom Hörzeichen „Fuß" und dem Schlag an den linken Schenkel. Achte aber darauf, daß der Leinenruck dem Temperament des Hundes entspricht und du dein gewohntes Tempo weitergehst.
7. Beachtet der Hund diese Ermahnung nicht, so ziehe das Kettenhalsband schärfer zu. Lobe ihn sofort durch „So ist's brav" und sanftes Kraulen und Streicheln mit der linken Hand am Kopf, wenn er wieder korrekt neben dir läuft, d. h. wenn er mit seiner Schulter unverrückbar in Höhe deines Knies bleibt.
8. Gehe anfangs nur in gerader Richtung. Bleibe dabei einige Male plötzlich stehen und nimm die Grundstellung ein. Setzt sich der Hund nicht, dann unterstütze ihn wieder durch Hör- oder Sichtzeichen. Danach beginne das Folgen bei „Fuß" von vorn.
9. Wird der Hund beim Geradeausgehen unaufmerksam, füge hin und wieder eine Kehrtwendung nach *rechts* ein. Schwinge den Körper auf der Stelle scharf herum, indem du den rechten Fuß als Drehpunkt benützt.

Abb. 14: Der Junghund folgt angespornt, aber bequem dem frisch drauflos gehenden Hundeführer. Die rechte Hand hält das Ende der Führleine, während die linke einen Überhang von etwa 50 bis 80 cm gewährt.

Halte danach nicht an, sondern schreite, mit dem *linken* Fuß beginnend, sofort weiter.

10. Paßt der Hund nicht auf, so schleife ihn nicht herum, sondern begnüge dich mit einem Leinenruck, dem Hörzeichen „Fuß" und einem Schlag an den linken Schenkel. Lobe ihn sofort, wenn er wieder an deiner linken Seite ist.

Diesen ersten Teil des korrekten Gehens bei „Fuß" üben wir so lange, bis der Hund verknüpft hat, daß durch das „Sitz", das kurze Verweilen am Anfang und das Angehen mit dem *linken* Fuß die Übung Folgen bei „Fuß" beginnt. Dann lehren wir den zweiten Teil der Übung: die Kehrtwendung nach links, die Rechts- und Linksschwenkung.

1. Schwinge bei der Kehrtwendung nach links den Körper auf der Stelle scharf zum Hund herum, indem du den linken Fuß als Drehpunkt benützt. Veranlasse dabei den Hund durch Leinenruck, Hör- und Sichtzei-

chen, rechts um dich herumzulaufen und sich wieder an deine linke Seite zu begeben. Wechsle hierbei die Leine von der rechten in die linke Hand und dann wieder in die rechte Hand. Achte aber darauf, daß der Hund wirklich herumläuft und nicht einfach zurücktritt und sich etwas dreht, um wieder links neben dir zu stehen.

2. Halte danach nicht an. Setze den rechten Fuß kurz und parallel zum linken nieder und schreite, wieder mit dem *linken* Fuß beginnend, sofort weiter. Mache es dir zur eisernen Regel, bei den Wendungen *niemals* zu zögern oder stehenzubleiben.

3. Verfahre bei der Linksschwenkung wie bei der Kehrtwendung nach links, drehe dich jedoch auf dem linken Fuß nur um 90 Grad nach links.

4. Bereite anfangs den Hund kurz vor der Schwenkung durch das Hörzeichen „Fuß" und die Verkürzung der Leine in der linken Hand auf den Richtungswechsel vor.

5. Zwinge dich bei den Schwenkungen, nicht auf den Hund zu sehen. Ist er unaufmerksam, so wird ihm der Zusammenprall mit dir sofort eines Besseren belehren.

6. Wiederhole diesen Richtungswechsel einige Male kurz hintereinander, bis dem Hund die Linksschwenkung reibungslos gelingt.

7. Verfahre bei der Rechtsschwenkung wie bei der Linksschwenkung, drehe dich jedoch auf dem rechten Fuß um 90 Grad nach rechts. Setze den linken Fuß kurz nieder und schreite, wieder links beginnend, sofort weiter.

8. Bleibt der Hund in der alten Richtung, versetze ihm einen kurzen Leinenruck, gib das Hörzeichen „Fuß" und schlage an den linken Schenkel.

9. Wiederhole die Rechtsschwenkung ebenfalls einige Male hintereinander, bis dem Hund auch dieser Richtungswechsel vertraut ist.

10. Übe das korrekte Folgen bei „Fuß" täglich mindestens 5 Minuten, so lange, bis der Hund beide Übungsteile einwandfrei ausführt.

E. „Steh – Bleib da"

Mit dieser Gehorsamsübung beginnen wir erst dann, wenn die beiden Grundübungen „Sitz – Bleib da" und Folgen bei „Fuß" an der Leine vom Hund sicher beherrscht werden. Das ist sehr wichtig, weil diese ersten zwei Lektionen die Grundlage für alle anderen Übungen bilden. Wir können jedoch den Hund auf diese Gehorsamsübung vorbereiten, indem wir ihm die Bedeutung des Hörzeichens „Steh" bereits bei der täglichen Körperpflege lehren. Dies geschieht wie folgt:

1. Stelle dich anfangs beim Kämmen und Bürsten rechts neben den Hund. Gib das etwas gedehnt, aber scharf gesprochene Hörzeichen „St-e-h".

Halte ihn dabei mit der linken Hand unter seinem Bauch nahe den Hinterbeinen und mit der Rechten vorn zwischen den Vorderläufen an seiner Brust hoch.

2. Steht der Hund fest, ziehe deine linke Hand unter dem Kommando „St-e-h" langsam unter seinem Bauch zurück und fahre mit der Körperpflege lobend fort.

3. Versucht der Hund, sich zu setzen, sich wegzudrehen oder dergl., gib sofort das Lautzeichen „St-e-h" und drücke ihn mit der linken Hand wieder in den Stand. Vermeide dabei Härte, Strenge und hastige Bewegungen.

4. Ist der Hund etwa 15 Sekunden lang ruhig stehen geblieben, lobe ihn tüchtig und gib ihn frei. Wiederhole diesen Übungsteil so lange, bis du auch die zweite Hand entfernen, ihn umkreisen und an allen Körperteilen berühren und pflegen kannst, ohne daß der Hund sich sofort bewegt.

5. Steht der Hund ohne jede Handhilfe ca. 15 Sekunden lang ruhig auf einem Fleck, dann steigere die Stehdauer langsam auf eine Minute.

Führt nun der Hund die ersten beiden Lektionen der Gehorsamsübungen fehlerlos aus, beginnen wir, ihm das „Steh – Bleib da" wie folgt zu lehren:

1. Beginne aus der Grundstellung mit dem Folgen bei „Fuß" an lockerer Leine. Gib nach einigen Schritten das Hörzeichen „St-e-h" in Verbindung mit dem Lautzeichen „Bleib da".

2. Zeige gleichzeitig dem Hund mit der linken oder der rechten Hand waagerecht in Richtung seines Kopfes das Sichtzeichen „Bleib da", gehe einen Schritt weiter und stelle dich ihm in den Weg.

3. Steht der Hund, lobe ihn kurz und entferne dich, rückwärtsschreitend, bis auf Leinenlänge. Gib das Hörzeichen „St-e-h – Bleib da" und das dazugehörige Sichtzeichen „Bleib da". Achte aber immer darauf, daß die Leine locker durchhängt.

4. Warte ca. 20 Sekunden und kehre dann an die Seite deines Hundes zurück, indem du ihn umkreist. Wiederhole dabei das Hörzeichen „Steh – Bleib da", laß den Hund einen Augenblick neben dir stehen und gib ihn anschließend mit einem Lobspruch frei. Sei dabei aber jederzeit bereit, ihn mit einem Griff unter den Bauch aufzurichten, falls er sich setzt.

5. Setzt sich der Hund, wenn du dich entfernst oder vor ihm stehst, dann tadle ihn mit einem scharfen „Pfui" und mache einen neuen Versuch. Zieht er nach oder kommt er dir entgegen, dann wiederhole in einem scharfen Ton Sicht- und Hörzeichen. Gehe nur dann zum Hund zurück, wenn er ganz fest steht.

6. Beherrscht der Hund diesen Übungsteil, so arbeite mit der 10 m langen Suchleine weiter. Steigere dabei systematisch den Abstand bis zum Ende der Leine, die Wartezeit auf 1 Minute und baue die Hilfen langsam so

weit ab, bis der Hund auf das einmalige Hörzeichen „St-e-h" sofort stehen bleibt, ohne sich zu rühren, und wartet, bis du wieder neben ihm bist und ihn frei gibst. Lege dabei das Ende der Schnur auf den Boden.

F. „Platz – Bleib da"

Obwohl der Hund die Bedeutung des Hörzeichens „Platz" bereits in der Rangordnungsphase erlernte, ist für ihn das Platzmachen doch die erste harte Übung. Denn er soll jetzt lernen, sich auf das einmalige Kommando „Platz" schlagartig hinzuwerfen, und zwar in jeder Situation. Diese Lektion begreift der Hund am schnellsten, wenn wir dabei seine natürliche Veranlagung nützen: sich instinktiv hinzuwerfen, wenn ihm plötzlich Gefahr von oben droht und er nicht mehr ausweichen kann. Im einzelnen lehren wir die Übung in 3 Phasen:

a) „Platz" aus dem Stand
1. Bring den angeleinten Hund ohne Hörzeichen zum Stehen. Gebe mit kurzer, energischer und tiefer Stimme das Kommando „Platz" und drücke ihn hierbei mit beiden Händen auf den Rücken in die gewünschte Lage.
2. Liegt der Hund, gleichgültig in welcher Lage, bleibe in gebückter Haltung stehen und halte weiter drohend die Hände über ihn.
3. Versucht der Hund aufzustehen, drücke ihn unter dem Kommando „Platz" wieder nieder.
4. Bleibt der Hund liegen, sag kein freundliches Wort, sondern ziehe nach einiger Zeit die Hände weg, laß ihn aufstehen, und jetzt lobe ihn tüchtig.
5. Wiederhole diesen Übungsteil einige Male, bis der Hund richtig verknüpft hat. Achte aber von Anfang an darauf, daß
   a) du das Lautzeichen „Platz" nur einmal sagst, damit der Hund sich nicht an die mehrmalige Aufforderung gewöhnt,
   b) der Hund nur dann aufsteht, wenn du ihn durch das Hörzeichen „Sitz" dazu aufforderst,
   c) der Hund auch bei dieser Übung nicht geschockt wird, sondern weiter freudig mitarbeitet.

Führt der Hund diesen Übungsteil korrekt aus, bringen wir ihm das „Platz" aus der Bewegung bei.

b) „Platz" aus der Bewegung
1. Beginne mit der Übung Folgen bei „Fuß" an der Leine. Wende dich nach einigen Schritten plötzlich zum Hund, sprich kurz, energisch und tief das

Lautzeichen „Platz" und stoße den Hund im gleichen Augenblick um, indem du mit der linken Hand die Kruppe und mit der rechten die Schulter des Hundes anfaßt.

2. Achte darauf, daß der Stoß für den Hund wirklich unvorbereitet, von der Seite und, dem Wesen des Hundes entsprechend, dosiert erfolgt. Schlage ihn aber nicht dabei.

3. Verfahre dann, wie unter Punkt 2 bis 5 der Phase a – „Platz" aus dem Stand – beschrieben.

4. Leine den Hund bei dieser Übung niemals ab, auch nicht versuchsweise. Kündige ihm aber auch nicht deinen Stoß an, z. B. durch langsameres Gehen; sonst weicht er dir aus, und alles ist umsonst.

5. Wiederhole diesen Übungsteil so lange, bis der Hund auch hier richtig verknüpft hat.

Klappt auch dieser Übungsschritt wie am Schnürchen und der Hund arbeitet weiter freudig mit, dann lehren wir ihn den 3. und letzten Teil:

c) „Platz – Bleib da"

1. Nimm Grundstellung ein und laß den neben dir sitzenden und angeleinten Hund durch das Hör- und Sichtzeichen „Platz" sich niederlegen. Achte aber darauf, daß er wirklich liegt und nicht in kauernder Stellung verharrt.

2. Liegt der Hund in entspannter Haltung, gib die Hör- und Sichtzeichen „Bleib da" und entferne dich vom Hund, rückwärtsschreitend, bis auf Leinenlänge.

3. Gehe jetzt unter Wiederholung der Hör- und Sichtzeichen „Bleib da" vor dem Hund einige Schritte hin und her. Bleibt er liegen, dann gehe um ihn herum, bis du wieder vor ihm stehst. Steige dabei auch über den Hund hinweg. Verhält er sich weiterhin ruhig, kehre zu ihm zurück, umkreise ihn links, nimm an seiner rechten Seite Grundstellung ein, warte einen Augenblick, laß ihn sitzen, lobe ihn tüchtig und gib ihn frei.

4. Hat der Hund begriffen, worauf es ankommt, so arbeite mit der 10-m-Leine weiter. Vergrößere langsam die Entfernung bis zum Leinenende und die Wartezeit vor ihm bis auf 3 Minuten. Baue dabei systematisch die Unterstützungen und das Rückwärtsschreiten ab.

5. Liegt der Hund sicher, so übe ohne Leine weiter, jedoch anfangs an einem eingefriedeten Ort. Vergrößere jetzt schrittweise den Abstand auf etwa 40 Schritt und die Ablegezeit auf 10 bis 15 Minuten. Wird der Hund unzuverlässig, dann gehe wieder näher an ihn heran.

6. Ist der Hund so weit erzogen, daß er ruhig liegenbleibt, wenn du, ohne dich umzusehen, von ihm weggehst, dann wende ihm beim Warten den

Rücken zu. Beobachte ihn dabei aber ständig durch einen Taschenspiegel, damit du sofort einschreiten kannst, wenn er unruhig wird. Später gehe außer Sicht des Hundes, aber behalte ihn auch aus dem Versteck im Auge.

7. Beginnt der Hund, dir bei den einzelnen Übungsschritten entgegenzukriechen, aufzustehen und dir entgegenzulaufen oder sich hinzusetzen, dann versuche, ihn schon bei der ersten Bewegung durch das Hörzeichen „Bleib da" und das Sichtzeichen „Platz" aufzuhalten. Mache aber aus einer gewissen Entfernung nicht mehr die niederwerfende Armbewegung zum „Platz", sondern halte – für den Hund besser sichtbar – mit etwas vorgebeugtem Körper den rechten Arm in die Höhe.

8. Mißachtet der Hund die Hör- und Sichtzeichen, dann sage *nur* „Pfui", gehe ruhig zu ihm hin (nicht hinstürzen!), führe ihn wieder an seinen Ablegeplatz und lege ihn, evtl. mit einem dosierten Strafreiz (z. B. mit einem Leinenruck nach unten) unter den Hör- und Sichtzeichen „Platz – Bleib da" wieder ab. Dulde keine Nachlässigkeit. Bleib hier unbedingt hart und konsequent.

Sobald der Hund alle drei Phasen korrekt ausführt, beginnen wir mit ihm unter Ablenkung zu arbeiten, bis er auch hier die Übung sicher beherrscht.

G. Futterverweigerung

Als Abschluß der Erziehung in der Rudelordnungsphase sollten wir dem Hund die Futterverweigerung beibringen. Diese Belehrung hat zwei entscheidende Vorteile:

1. Dadurch, daß der Hund lernt, keinen Bissen ohne ausdrückliche Erlaubnis anzunehmen, stiehlt und erbettelt er auch keine Nahrung, d. h. die Belehrung „Betteln, Stehlen, Unrat-Fressen" wird durch die Übung „Futterverweigerung" ergänzt und abgeschlossen.

2. Das Futterverweigern ist die „Lebensversicherung" des Hundes und unsere „Kapitalversicherung". Denn was nützt uns ein guter Schutzhund, den jeder Bekannte oder Fremde mit einem Leckerbissen vergiften kann oder der sich durch Aufnehmen von herumliegenden gesundheitsschädlichen Abfällen selbst vergiftet!

Bei der Erziehung selbst knüpfen wir am besten an die Belehrung „Betteln, Stehlen, Unrat-Fressen" in der Rangordnungsphase an. Denn inzwischen sollte der Hund wissen, daß

a) er nur das fressen darf, was in seinem Napf ist oder was wir ihm geben,

b) für ihn die Küche und unsere Lebensmittel tabu sind,

c) er Abfall, Müll, Unrat oder sonstige herumliegende verdorbene Nahrungsmittel nicht fressen darf.

Jetzt gehen wir einen Schritt weiter und lehren den Hund, daß er alle Nahrung nur auf unseren ausdrücklichen Befehl hin fressen darf. Dabei festigen wir zuerst die Übung „Betteln und Stehlen" durch folgende Lernschritte:

1. Lege deinen Hund in der Wohnung ab. Nimm einen Leckerbissen, biete ihn dem Hund an und sage dabei scharf „Pfui". Zeigt er trotzdem Interesse daran, indem er z. B. danach schnappt, so bedecke den Bissen schnell mit der anderen Hand, sage wieder scharf „Pfui" und biete ihm den Bissen abermals an. Wiederhole diesen Vorgang so lange, bis er dem Bissen keine Aufmerksamkeit mehr schenkt.

2. Lege nun den Leckerbissen mitten zwischen die Vorderpfoten des Hundes, aber halte die Hand schützend darüber. Sage scharf „Pfui" und ziehe die Hand langsam zurück. Zeigt er an dem Bissen Interesse, bedecke ihn schnell erneut mit der Hand und wiederhole das Verfahren so lange, bis er der Versuchung widersteht.

3. Hat der Hund auch diesen Teil begriffen, so laß den Leckerbissen liegen und richte dich langsam auf. Sage scharf „Pfui", entferne dich etwas vom Hund oder umkreise ihn, kehre zurück, nimm den Bissen auf und lobe den Hund tüchtig.

4. Wiederhole diesen Lernschritt täglich, bis der Hund richtig verknüpft hat. Dann vergrößere die Entfernung zum Hund und die Zeit des Liegens. Widersteht er auch jetzt der Versuchung, lehre ihn, nur auf Befehl zu fressen.

5. Kehre nach etwa 1 Minute zum abgelegten Hund zurück, nimm den Bissen auf und biete ihn dem Hund auf dem Handteller zum Fressen an. Sage dabei aufmunternd „friß" oder „nimm's".

6. Zögert der Hund, dann ermutige ihn durch Streicheln und Reden, bis er den Leckerbissen nimmt. Anschließend lobe ihn tüchtig.

7. Wiederhole diese zwei Übungsschritte täglich, bis der Hund weiß, daß er die Leckerbissen nur auf deinen ausdrücklichen Befehl hin nehmen darf.

8. Wechsle jetzt Art und Menge der Leckerbissen, die Übungsschritte, die Angebotsform und die Umwelt. Schließe dabei auch seinen Freßnapf mit ein.

9. Wendet der Hund sich bei den einzelnen Lernschritten von dem Leckerbissen ab, beachte es nicht. Steht er aber auf, dann gehe mit ihm eine Runde bei „Fuß", lege ihn wieder ab und wiederhole den Übungsteil, bei dem er aufgestanden ist. Lache ihn dabei aber niemals aus.

10. Hat der Hund erst einmal gelernt, jedes Futter, auch das in seiner Futterschüssel, nur auf deinen ausdrücklichen Befehl hin zu fressen, wird er niemals mehr Nahrung stehlen oder erbetteln.

In der nächsten Phase sichern wir die Übung „Unrat-Fressen" durch folgende Lernschritte ab:

1. Laß von einer Hilfsperson auf einer genau festgelegten Teststrecke (z. B. Feldweg, Waldweg) an verschiedenen, aber dir bekannten Stellen Leckerbissen auslegen, deren Abstand voneinander zwischen 3 und 5 m liegt.
2. Gehe mit deinem angeleinten Hund auf diesem Abschnitt spazieren. Beobachte dabei genau sein Verhalten. So oft er an eine Lockspeise herangeht, sage sofort scharf „Pfui", wenn er sie erreicht hat, und gib ihm gleichzeitig einen Leinenruck.
3. Wiederhole diesen Vorgang so lange, bis der Hund eisern jeder Versuchung widersteht. Nun übe dasselbe mit frei bei „Fuß" laufendem Hund. Achte aber darauf, daß du die Teststrecken ständig wechselst, ob mit an- oder abgeleintem Hund.
4. Schnappt sich der Hund einen Leckerbissen, dann handle schnell. Packe ihn am Halsband, drücke ihm die Lippen gegen die Zähne, schüttle seinen Fang und sage dabei scharf „Pfui". Gibt er den Bissen wieder von sich, lobe ihn kurz und gehe weiter.
5. Schluckt der Hund den Leckerbissen aber hinunter, dann übe mit ihm 2 bis 3 Minuten lang Folgen bei „Fuß" an der Leine. Anschließend führe ihn erneut in Versuchung.

Befolgt der Hund die 2. Lektion einwandfrei, lehren wir ihn den letzten Übungsteil: kein Futter von fremden Personen zu nehmen. Dabei beginnen wir mit dem ersten Lernschritt:

1. Lege deinen Hund ab und bitte eine fremde Person, ihm einen Leckerbissen anzubieten. Sage dabei anfangs scharf „Pfui", damit der Hund weiß, daß er auch diesen nicht annehmen darf. Wiederhole diesen Vorgang so lange, bis der Hund uninteressiert bleibt.
2. Laß nun den Leckerbissen zwischen die Vorderpfoten des Hundes legen. Dabei soll die fremde Person ihn auffordern, den Bissen zu nehmen, und sich danach entfernen. Zeigt der Hund Interesse am Futter, belehre ihn sofort durch ein scharfes „Pfui", daß er dieses zu verweigern hat. Entferne dann den Bissen und lobe den Hund. Wiederhole auch diesen Schritt so lange, bis er der Versuchung widersteht.
3. Ist der Hund in beiden Teilen sicher, dann binde den Hund an und entferne dich so weit, daß du zwar den Hund, er aber dich nicht sehen kann. Jetzt bitte eine fremde Person, sich ihm zu nähern, ihm gut zuzureden und ihn zu veranlassen, einen Leckerbissen zu nehmen.
4. Sobald der Hund sich für den Leckerbissen interessiert, stürze aus deinem Versteck und rufe ihm ein scharfes „Pfui" zu. Evtl. sollte die Hilfsperson

den Leckerbissen vorher mit der anderen Hand abdecken. Übe auch diesen Schritt so lange, bis der Hund richtig verknüpft hat.

5. Sollte der Hund sich trotzdem von Fremden noch „ködern" lassen, bitte die Hilfsperson, dem Hund, sobald er sich für den Leckerbissen interessiert, diesen wegzunehmen und den Hund zu schlagen, z. B. mit der Hand an den Fang oder mit einer dünnen, auf dem Rücken verborgenen Gerte. Dieser Schlag sollte für den Hund nicht schmerzhaft, sondern nur unangenehm sein. Wirke dabei aber nicht durch „Pfui" auf den Hund ein, sondern halte dich weiterhin verborgen.

6. Wechsle ständig Hilfspersonen und Umgebung sowie die Tageszeit.

II. Die Pubertätsphase (7. bis 10. Monat)

Beginn und Dauer dieser Phase sind bei jedem Hund verschieden. Der früheste Termin dürfte wohl allgemein der 7. Lebensmonat sein. Die Pubertätsphase endet, wenn der Hund die ersten Anzeichen des Erwachsenseins zeigt. Bei der Hündin ist dies die erste voll ausgeprägte Läufigkeit mit Deckbereitschaft. Der Rüde hingegen zeigt sein Erwachsensein etwa vom 9. Monat an durch das bekannte Beinheben beim Urinieren. Da dieser Lebensabschnitt oft nur 1 Monat währt und er ohnehin für den Hund nicht viel Neues bringt, ist die Pubertätsphase eine Übergangsperiode in die Erwachsenenphase. Sie bringt für den Hund nicht viel nennenswert Neues, außer daß er in dieser Phase manchmal empfindlicher, unbeständiger und negativer reagiert als gewöhnlich. Dieses Verhalten sollte von jedem Hundeführer einkalkuliert und entsprechend berücksichtigt werden. Er sollte in dieser Entwicklungsphase von dem Hund nicht zu viel verlangen und erwarten. Am besten wird diese Zeitspanne überbrückt, wenn mit dem Hund nur jene Übungen trainiert werden, die er von sich aus gerne ausführt wie Fährtenarbeit, Schutzdienst usw.

Grundsätzlich reift der Hund, bei dem sie länger dauert, entsprechend aus, ganz allgemein aber ist der Hund bei Eintritt der Geschlechtsreife erwachsen. Die endgültige Ausreifung erfährt er jedoch erst am Ende des 2. Lebensjahres, d. h. erst nach dem 2. Lebensjahr ist der Hund endgultig zur voll ausgereiften Persönlichkeit geworden.

Die Aufbauarbeit des Schutzhundes findet in der Pubertätsphase einen gewissen Abschluß insofern, als seine „Schulzeit" zu Ende geht. Mit 10 Monaten sollte der Hund einen Ausbildungsstand erreicht haben, der ihn befähigt, die künftige Abrichtung ohne große Schwierigkeiten zu meistern. Er sollte die Grundlagen der Fährtenarbeit und des Beute- und Bringtriebes sowie die grundsätzlichen Gehorsamsübungen sicher beherrschen.

A. Fährtenarbeit – „Such"

Die in der Rudelordnungsphase begonnene systematische Erziehung zum „fährtenfesten" Hund setzen wir in der Pubertätsphase konsequent fort. Dabei sollten wir vor allem darauf achten, daß wir
1. das einmal gewählte Ausbildungsschema strikt einhalten,
2. die Fährtenarbeit sorgfältig durchführen,
3. jeden auftretenden Fehler sofort mit Ruhe, Überlegung und Ausdauer beseitigen.
4. Unsere Einwirkungen *stets* gezielt und mit der entsprechenden inneren Einstellung durchführen.
Im einzelnen bedeuten diese drei Schwerpunkte folgendes:

a) Arbeitsschema

Der Hund muß jetzt lernen, gewisse äußerliche Formen bei der Fährtenarbeit zu beachten, d. h. er soll innerhalb eines festgelegten „Fährtengerippes" suchen. Dabei ist der bleibende Erfolg dieser Arbeitsweise weitgehend davon abhängig, wie konsequent wir uns selbst an das festgelegte Schema halten. Denn merkt der Hund erst einmal, daß wir darin unbeständig sind, so wird er verknüpfen, daß diese Äußerlichkeiten im Grunde gar nicht so wichtig sind, und sich entsprechend verhalten, d. h. er wird ebenfalls nachlässig. Die Quittung für unsere Inkonsequenz erhalten wir dann spätestens bei der Prüfung – durch Punktabzug.

Damit sowohl wir als auch der Hund diese Fehler zu vermeiden lernen, sollten wir die Fährte so anlegen, daß wir das Arbeitsschema öfters üben können. Dies wird uns wohl am besten durch die in der Tabelle VI dargestellte „Treppenfährte" gelingen.

b) Fährtenarbeit

Bei der Fährtenarbeit kommt es nicht auf die Anzahl der Fährten an, sondern auf die Durchführung der Spurenarbeit. Je sorgfältiger wir eine Fährte legen und ausarbeiten lassen, desto weniger Spurenarbeit brauchen wir durchzuführen. Also: *nicht die Quantität, sondern die Qualität ist bei der Fährtenarbeit entscheidend.* Da aber eine gute Arbeit ohne die notwendigen theoretischen Kenntnisse kaum möglich ist, sollten wir die wichtigsten Regeln der Fährtentheorie bis ins kleinste Detail beherrschen – und vor allem anwenden.

Tabelle VI: **Fährtenprofil und -gerippe**

Vor dem Gegenstand
Hund durch „Sitz",
„Platz" oder „Steh"
Gegenstand verweisen
oder aufnehmen
lassen.
Leine fallen lassen,
ruhig zum Hund
gehen, Leckerbissen
geben, loben, Gegen-
stand aufnehmen, auf-
zeigen und verwahren.
Hund loben, ansetzen
und stehenbleiben.
Suchleine auslaufen
lassen und folgen.
Erst direkt vor Such-
beginn Suchgeschirr
anlegen. Hund loben
und ansetzen, stehen-
bleiben, Suchleine
auslaufen lassen und
dem Hund folgen.

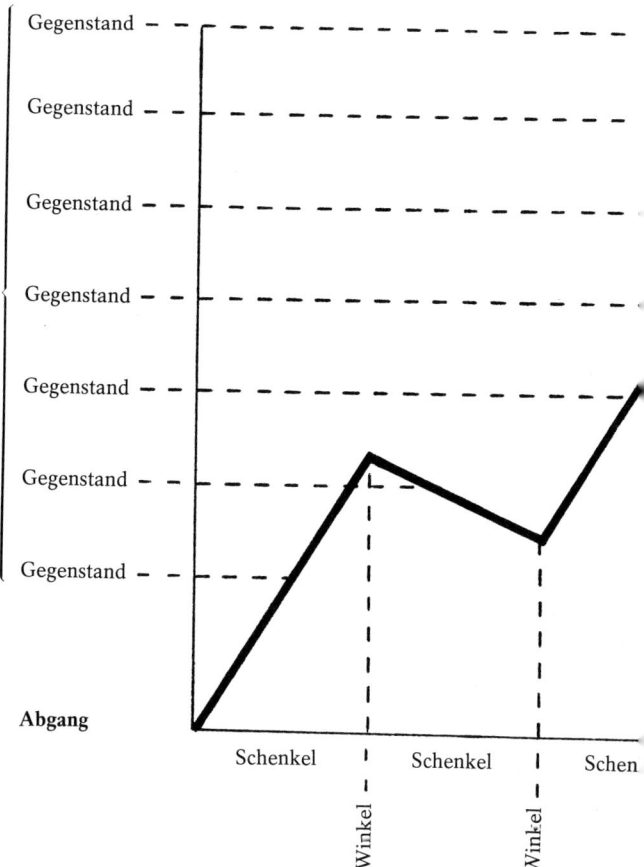

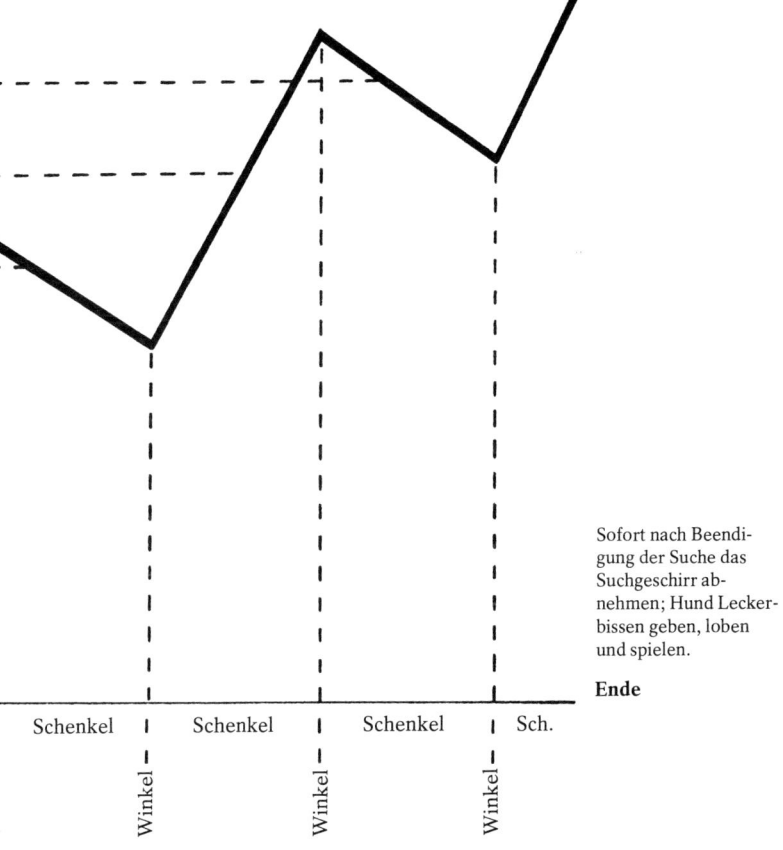

Sofort nach Beendi-
gung der Suche das
Suchgeschirr ab-
nehmen; Hund Lecker-
bissen geben, loben
und spielen.

Ende

Schenkel | Schenkel | Schenkel | Sch.

Winkel | Winkel | Winkel

127

c) Ausbildungsfehler

Trotz aller Bemühungen kann es geschehen, daß sich während des Aufbaues ein Fehler einschleicht. Jetzt heißt es in erster Linie Ruhe bewahren. Wir haben uns genau zu überlegen, wie wir diesen Fehler wieder „ausbügeln" können, ohne den Stand der Ausbildung nachhaltig zu gefährden. Da diese Arbeit aber manchmal viel Zeit und Geduld erfordert, sollten wir alles versuchen, Ausbildungsfehler von vornherein zu vermeiden, besonders folgende hundliche Fehlverhalten: Gleichgültigkeit am Abgang; unstetes sowie hochnasiges und schnelles Suchen; stöbern und „lügen"; unsaubere Gegenstands- und Winkelarbeit.

d) Einwirkungen

Die positiven und negativen Einwirkungen sollten wir *stets* so gestalten, daß der Hund dem Arbeitsziel näher kommt und unseren Willen *genau* spürt. Dabei ist Konsequenz viel wichtiger als Gewalt.

B. „Sitz – Bleib da"

Die Übung „Sitz – Bleib da" üben wir in der Pubertätsphase bis zur Vollkommenheit weiter. Dies bedeutet: der frei bei „Fuß" folgende Hund hat sich auf das *einmalige* Hörzeichen „Sitz" hin *schnell* zu setzen, ohne daß wir unsere Gangart unterbrechen oder uns zum Hund umzusehen brauchen. Er hat in dieser Stellung so lange zu verharren, bis wir wieder zurückgekommen sind, an seiner rechten Seite Grundstellung eingenommen und den Befehl wieder aufgehoben haben. Fehler und Unkorrektheiten ahnden wir dabei mit einem energischen „Pfui" und der Wiederholung der Übung. Langsames Hinsetzen können wir dadurch beschleunigen, daß wir den Hund mit einer Weidengerte oder dergl., die wir mit der rechten Hand hinter dem Rücken verbergen, beim Kommando „Sitz" leicht auf die Kruppe schlagen. Diese „Hilfe" muß jedoch so schnell ausgeführt werden, daß der Hund weder erkennt, woher der Schlag kommt, noch die Gerte sieht. Es muß für den Hund ein Schlag aus heiterem Himmel sein, den wir sofort durch Lob und Anteilnahme überbrücken, wenn er sitzt. Dies ist sehr wichtig, denn würde der Hund erkennen, daß der Schlag von uns kommt, würde er uns mißtrauen und stets an unseren Befehlen zweifeln. So aber glaubt er, daß wir ihn durch unser Kommando vor dieser Unannehmlichkeit bewahren wollen, und wird sich künftig schnell hinsetzen. Hat der Hund die Übung einwandfrei ausgeführt, loben wir ihn und geben ihn frei.

C. „Fuß" an der Leine

So wie die Übung „Sitz" üben wir auch das Folgen bei „Fuß" an der Leine ·konsequent weiter. Führt der Hund diese Übung im gewöhnlichen Schritt sicher aus, d. h. bleibt er stets mit dem Schulterblatt an unserer linken Seite in Kniehöhe, läuft er nicht mehr vor, nach oder seitlich, und setzt er sich schnell, wenn wir stehenbleiben, dann ändern wir das Tempo. Denn der Hund soll diese Übung ebenso in langsamer Gangart als auch im Laufschritt ausführen.

Beherrscht der Hund das Folgen bei „Fuß" an der Leine in allen drei Gangarten sicher, dann bauen wir die Hilfen systematisch ab. Das Kommando „Fuß" geben wir nur noch beim Angehen und beim Wechseln der Gangart, jedoch nicht mehr vor den Schwenkungen und Wendungen. Ebenso entfällt das Verkürzen der Leine beim Richtungswechsel und der Schlag an den linken Schenkel. Damit der Hund aber nicht wieder unsicher wird, sollten wir ihm vor allem den Richtungswechsel durch einen leisen, kurzen Zischlaut ankündigen.

Der nächste Schritt in der Leinenführigkeit besteht darin, daß wir mit dem Hund unter Ablenkung arbeiten. Hierbei bildet das sichere Durchgehen und Halten innerhalb einer sich durcheinander bewegenden Personengruppe eine gewisse Schwierigkeit. Denn der Hund darf sich in keiner Weise von seinem korrekten Folgen bei „Fuß" ablenken lassen, namentlich nicht seitlich ausweichen, wenn wir nahe an einem Menschen vorbeigehen. Aus diesem Grunde sollten wir dem Hund vorher unmißverständlich klarmachen, daß seitliches Abweichen für ihn unangenehme Folgen haben kann. Am besten lehren wir ihn diese Lektion während eines Waldspazierganges.

1. Marschiere mit deinem angeleinten Hund so auf einen Baum zu, daß er glaubt, du würdest links am Baum vorbeigehen.

2. Nimm dann aber im letzten Augenblick den Weg rechts am Baum vorbei, so daß der Baum zwischen dir und dem Hund steht.

3. Verstärke jetzt den Zug der sich straffenden Leine durch einen dosierten Ruck, so daß der Hund sich am Baum anstößt. Achte dabei darauf, daß der Hund deinen Leinenruck nicht sieht.

4. Bemerke die Schwierigkeiten des Hundes nicht. Tu so, als sei es sein Verschulden. Nimm den Hund sachte zu dir heran und lobe ihn.

5. Gehe dann sofort mit deinem Hund auf den zweiten Baum zu. Wiederhole diesen Vorgang so lange, bis der Hund dich beim nächsten Baum beiseite drückt.

6. Übe diese Lektion täglich, bis der Hund sicher verknüpft hat, daß er Unannehmlichkeiten nur dadurch ausweichen kann, wenn er stets dicht bei dir bleibt.

Bei dieser Lehrmethode sollten wir aber niemals zu grob vorgehen, weil der Hund durch die Leinenführigkeit sonst entmutigt werden kann. Ebenso dürfen wir den Hund nie mit der Leine schlagen, weil er ihr sonst ebenso ausweicht wie dem Baum, d. h. der Hund wird leinenscheu.

D. „Steh – Bleib da"

Sobald unser Hund die beiden Übungen „Sitz – Bleib da" und Folgen bei „Fuß" an der Leine sicher beherrscht, lehren wir ihn die letzte Phase der Übung „Steh – Bleib da". Voraussetzung dafür ist jedoch, daß der Hund diese Übung an der Leine einwandfrei ausführt und sich nicht setzt, nachzieht oder uns entgegenkommt. Ist dies der Fall, üben wir mit abgeleintem Hund weiter.

1. Nimm Grundstellung ein, warte einen Bruchteil der Sekunde und gehe dann unter dem Kommando „Fuß" geradeaus. Gib nach einigen Schritten das Hörzeichen „St-e-h" und entferne dich, ohne deine Gangart zu unterbrechen. Behalte ihn dabei anfangs im Auge, so daß du sofort einschreiten kannst, falls der Hund sich setzt oder nachzieht.
2. Bleibt der Hund sofort stehen, ohne sich zu rühren, dann kehre nach einigen Schritten zu ihm zurück, bleibe vor ihm stehen, lobe ihn kurz und entferne dich wieder. Steigere dabei langsam den Abstand vom Hund bis auf 30 Schritt.
3. Kehre nach entsprechender Wartezeit zum Hund zurück, umkreise ihn, nimm an seiner rechten Seite Grundstellung ein, gib das Kommando „Sitz", lobe ihn und gib ihn frei.
4. Führt der Hund die Übung korrekt aus, drehe dich beim Weggehen nicht mehr zu ihm um und spare dir das Zwischenlob.

Beherrscht der Hund das Stehenbleiben im Schritt sicher, dann üben wir mit ihm das Stehenbleiben aus dem Laufschritt wie folgt:

1. Laufe aus der Grundstellung mit dem bei „Fuß" folgenden Hund an lockerer Leine geradeaus. Gib nach einigen Schritten das Hörzeichen „St-e-h" in Verbindung mit dem Lautzeichen „Bleib da".
2. Zeige dem Hund gleichzeitig waagerecht in die Richtung seines Kopfes – evtl. sogar mit einem leichten Stoß vor seine Nase – mit der Hand das Sichtzeichen „Bleib da", gehe einen Schritt weiter und stelle dich ihm in den Weg.
3. Steht der Hund, lobe ihn kurz und wiederhole diesen Teil so lange, bis der Hund aus dem Laufschritt auf das Hörzeichen „St-e-h" hin sofort stehenbleibt, ohne daß du das Sichtzeichen „Bleib da" zu geben brauchst.

4. Bleibe jetzt nach dem Hörzeichen „St-e-h" nicht mehr stehen, sondern laufe weiter, indem du den Hund ständig beobachtest. Schreite aber sofort ein, wenn der Hund nachzieht.

5. Bleibt der Hund sofort stehen, dann kehre nach einigen Laufschritten zu ihm zurück, lobe ihn und laufe dann wieder weiter. Steigere die Entfernung ebenfalls bis auf 30 Schritt. Kehre nach entsprechender Wartezeit zum Hund zurück, lobe ihn und gib ihn frei.

6. Führt der Hund die Übung soweit einwandfrei aus, beobachte ihn beim Weglaufen nicht mehr und unterlasse das Zwischenlob.

E. „Platz – Hier"

Diese Übung setzt sich aus den beiden Grundübungen „Platz – Bleib da" und „Kommen auf Ruf" zusammen. Sie ist relativ einfach zu lehren und wird vom Hund schnell verstanden. Doch hängt die Qualität der Ausführung weitgehend davon ab, wie sicher der Hund die zwei Grundübungen beherrscht. Deshalb sollten wir mit dem Training erst dann beginnen, wenn der Hund die Übungen „Platz – Bleib da" und „Kommen auf Ruf" einwandfrei ausführt. Sind diese Voraussetzungen erfüllt, lehren wir den Hund die Übung folgendermaßen:

1. Gehe mit dem angeleinten Hund aus der Grundstellung geradeaus. Gib nach einigen Schritten die Hör- und Sichtzeichen „Platz – Bleib da". Liegt er, stelle dich ihm so weit gegenüber, daß die Führleine fast straff ist.

2. Nach ca. 5 bis 10 Sekunden rufe den Hund mit dem Lautzeichen „Hier" zu dir heran. Kommt er nicht sofort, unterstütze dein „Hier" durch einen dosierten Leinenruck.

3. Halte die Leine beim Einholen straff und steuere den Hund so, daß er dicht vor dir zum Stehen kommt. Gib jetzt das Kommando „Sitz", evtl. ergänzt durch das Emporziehen der Leine und das Tippen auf die Kruppe. Bewege aber dabei nicht die Füße.

4. Sitzt der Hund, so halte ihn einen Augenblick in dieser Stellung fest, dann gib ihn frei und lobe ihn.

5. Wiederhole diesen Übungsteil so lange, bis der Hund auf das einmalige Hörzeichen „Hier" sofort zu dir kommt und sich automatisch dicht vorsetzt. Baue dabei systematisch deine Hilfen ab (Leinenruck, Kommando „Sitz" usw.).

6. Achte bei der Ausführung vor allem darauf, daß der Hund *schnell* kommt und sich *dicht* vor dich setzt. Kommt er nicht nahe genug heran, tritt zurück und hole ihn mit einem Leinenruck und mit einem Schlag gegen dei-

nen Oberschenkel dicht zu dir heran. Bleibe hierbei unbedingt hart und konsequent.

Beherrscht der Hund diese erste Lektion sicher, üben wir den zweiten Lernschritt ein.

1. Lege den Hund an die 10 m lange Suchleine, gehe aus der Grundstellung einige Schritte geradeaus, gib das Kommando „Platz" und entferne dich in der gewohnten Weise, indem du die Leine sorgfältig ablaufen läßt.

2. Beginne mit einem Abstand von etwa 3 m, wobei du die Schnur locker in der Hand hältst. Jetzt rufe den Hund, anfangs evtl. wieder mit Sichtzeichen, und hole die Leine sehr rasch ein, damit sich der Hund nicht darin verwickelt.

3. Laß den Hund dicht vorsitzen. Warte einen Augenblick, dann streichle ihn und gib ihn frei.

4. Wiederhole diesen Lernschritt mit steigendem Abstand so lange, bis der Hund aus 10 m Entfernung zuverlässig herankommt und dicht vorsitzt.

5. Übe danach ohne Leine auf einem umzäunten Platz weiter. Dies ist sehr wichtig, weil du den Hund sehr schnell wieder einfangen kannst, falls er ausbricht. Steigere dabei die Entfernung zu ihm systematisch bis auf 30 Schritt.

6. Versucht der Hund, schon vor deinem Abruf heranzukommen, dann halte ihn mit scharfen Hör- und Sichtzeichen „Platz – Bleib da" zurück. Kommt er dennoch, tadle ihn mit einem lauten „Pfui" und wiederhole die Übung, jedoch diesmal mit halbem Abstand.

Führt der abgeleinte Hund diese Lektion einwandfrei aus, d. h. legt er sich auf das einmalige Hörzeichen „Platz" schnell nieder, und bleibt er liegen, ohne daß wir auf ihn einzuwirken oder uns umzusehen brauchen, wenn wir weitergehen, und kommt der Hund erst auf das einmalige Lautzeichen „Hier" freudig und schnell heran, und setzt er sich dicht vor uns hin, dann lehren wir ihn den letzten Teil der Übung: das Kommen bei „Fuß".

Dafür gibt es zwei Möglichkeiten, um an unsere linke Seite zu gelangen.

zu a1 und b1

a) Der Hund geht um uns herum

1. Nimm die Leine des vor dir sitzenden Hundes mit einem Überhang von ca. 50 cm in die rechte Hand. Gib das Hörzeichen „Fuß", schlage mit der anderen Hand an dein linkes Bein und trete gleichzeitig mit dem rechten Fuß einen Schritt zurück, ohne dabei den linken zu bewegen.
2. Lenke nun den Hund sanft am rechten Fuß entlang und im Halbkreis um deinen Rücken herum, indem du den rechten Fuß rasch wieder vorsetzst und hinter dem Rücken die Leine von der rechten in die linke Hand wechselst. Achte aber darauf, daß der Hund wirklich gelenkt und nicht geschnellt, gezerrt oder geschleift wird.

 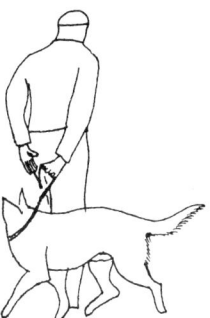

3. Hat der Hund deine linke Seite erreicht, gib das Hörzeichen „Sitz", warte einen Augenblick, lobe ihn und gib ihn frei.

b) Der Hund dreht sich vorn um sich selbst

1. Nimm die Leine des vor dir sitzenden Hundes in beide Hände wie zum Folgen bei „Fuß". Dabei gewähre einen Überhang von mindestens 1 m.
2. Gib das Hörzeichen „Fuß", trete gleichzeitig 2 ganze Schritte zurück, laß die linke Hand an der Leine bis zum Halsband gleiten und lenke den Hund an deine linke Seite.

3. Gehe dann sofort die 2 Schritte wieder vor und drehe den Hund in einer Kehrtwendung ebenfalls nach vorn. Achte darauf, daß sich die ganze Übung in einer fließenden Bewegung vollzieht.

4. Befindet sich der Hund an deiner linken Seite, so bleibe stehen, gib das Hörzeichen „Sitz", warte einen Augenblick, lobe ihn und gib ihn frei.
5. Übe jene Variation für die du dich entscheidest, so lange, bis der Hund weiß, worauf es ankommt. Dann baue langsam die Hilfen ab, bis der Hund auf das einmalige Kommando „Fuß" sofort an deine linke Seite kommt und sich selbständig setzt, ohne daß du dich dabei bewegst.
6. Achte bei beiden Übungen darauf, daß der Hund erst 1 bis 2 Sekunden vor dir sitzen bleibt, ehe du „Fuß" befiehlst. Gibst du den Befehl zu schnell, so wird der Hund das „Sitz" bald auslassen und sich sofort an deine linke Seite begeben.

F. „Fuß" ohne Leine

Die Übung „Fuß" ohne Leine ist im Grunde dieselbe wie „Fuß" an der Leine. Auch hier soll uns der Hund, allerdings unangeleint, sicher, freudig, korrekt und vertrauensvoll überallhin folgen und alle Wendungen und Schwenkungen mitmachen. Diese Übung sollte die Krönung unserer mühevollen Erziehungsarbeit sein. Denn Folgen frei bei „Fuß" ist in erster Linie Vertrauenssache. Haben wir bis hierher den Hund tierpsychologisch richtig erzogen, wird er gern bei uns bleiben und unerschütterlich neben uns hermarschieren. Bevor wir aber den Hund ableinen, sollten wir noch einige Hinweise beachten:

1. Beginne erst dann, wenn der Hund die Übung „Fuß" an der Leine absolut zuverlässig ausführt, d. h. wenn er korrekt bei „Fuß" geht und sich sofort setzt, wenn du stehen bleibst.

2. Ändere bei „Fuß" ohne Leine dein Verhalten ebensowenig wie deine Hör- und Sichtzeichen. Handle mit Selbstvertrauen und Entschlossenheit.

3. Beginne das „Fuß" ohne Leine mit angeleintem Hund. Hängt die Leine locker und schlaff in deiner Hand, bleib stehen, nimm dem sitzenden Hund unauffällig die Leine ab, halte sie in der rechten Hand und übe wie mit der Leine weiter. Zum Schluß leine ihn wieder an.

4. Wird der Hund nachlässig oder macht er Fehler, leine ihn erneut an und übe mit der Leine so lange weiter, bis er keiner Korrektur mehr bedarf. Prüfe aber dabei, ob der Fehler des Hundes nicht dein eigener ist.

5. Leine den Hund auch während des Gehens ab, ohne dabei stehenzubleiben, und hänge dir die Leine um. Achte aber darauf, daß der Hund das Ableinen nicht mit „Frei-Laufen" verknüpft. Deshalb: nach dem Ableinen führe den Hund grundsätzlich erst eine Strecke „Frei bei Fuß". Will er dennoch weglaufen, tritt die Wurfkette in Aktion.

G. „Bring" auf ebener Erde

In der Rudelordnungsphase haben wir den Hund bei der Förderung des Beutetriebes bereits den ersten Teil der Bringübung auf ebener Erde gelehrt. In diesem Alter üben wir die letzte Stufe: das Auslassen und das Herumgehen und Sitzen bei „Fuß".

1. Nimm ein Bringholz, reize den Bringtrieb des Hundes richtig an, wobei du den angeleinten Hund am Halsband festhältst, wirf das Bringsel auf Leinenlänge fort, warte einen Augenblick, gib das Kommando „Bring" und laß den Hund los.

2. Bringt der Hund das Bringholz, setzt er sich vor dich hin und hält er das Bringsel im Fang fest, dann lobe ihn kurz. Achte aber darauf, daß der Hund das Bringholz richtig im Fang hält und dicht vor dir sitzt.

3. Trete jetzt mit einem Fuß auf die Leine, warte etwas, faß das Bringholz mit *beiden* Händen (niemals nur an einem Ende!) und sage scharf „Aus".

4. Gibt der Hund das Holz nicht freiwillig her, drücke ihm mit Daumen und Zeigefinger die Lippen fest gegen die Zähne, damit er den Fang öffnet. Versuche niemals, das Holz aus dem geschlossenen Fang des Hundes zu reißen.

5. Gibt der Hund das Holz her, lobe ihn tüchtig, halte es einen Augenblick fest, gib es ihm wieder und laß ihn lobend frei.

6. Übe diese Stufe so lange, bis der Hund auf das einmalige Hörzeichen „Aus" das Bringholz einwandfrei hergibt. Achte aber darauf, daß er das Bringsel nur hergibt, wenn du es anfaßt *und* „Aus" sagst, und nicht schon, wenn du es nur anfaßt.

7. Führt der Hund diesen Übungsteil auch ohne Leine sicher aus, dann erhöhe langsam die Auslaßzeit, d. h. den Zeitraum zwischen Hergeben und Zurückgeben des Bringholzes.

8. Halte das Bringholz anfangs für den Hund sichtbar in Brusthöhe. Später gehe langsam tiefer, bis du das Holz seitlich in einer Hand halten kannst, ohne daß der Hund danach blickt oder schnappt.

9. Sobald der Hund die Übungsschritte von 1 bis 8 richtig ausführt, gib das Kommando „Fuß" und sorge dafür, daß sich der Hund wie bei der Übung „Platz – Hier" schnell neben dich setzt.

10. Beherrscht der Hund alle Übungsteile sicher, d. h. hat er den Vorgang der ganzen Übung vollständig begriffen, dann beginne, die kleinen Fehler wie knautschen, Nicht-gerade-Vorsitzen usw. zu korrigieren.

Der so aufgebaute Hund wird das Bringholz immer schnell und freudig holen, gleichgültig, welche Hindernisse er dabei zu überwinden hat, vorausgesetzt, wir schlagen ihn nicht mit dem Bringholz. Denn das würde unsere ganze Aufbauarbeit vernichten. Deshalb: niemals den Hund mit dem Bringholz schlagen.

H. Beutetrieb

Bei regelmäßigem und richtigem Training sollte der Beutetrieb des Hundes in diesem Alter so stark entwickelt sein, daß wir nunmehr nicht nur sein Verbellen, sondern auch seine Beiß- und Angriffstechnik verbessern können. Die Arbeit mit dem Schutzarm beginnt.

a) Beiß- und Angriffstechnik

1. Stelle dich mit deinem angeleinten Hund auf einen freien Platz, nimm das Ende der Führleine in die rechte Hand, während die linke Hand den Hund auf halber Leinendistanz hält.
2. Der Helfer nähert sich deinem Hund, wobei er den weichen Schutzarm in ständiger Bewegung hält und den Beutetrieb des Hundes tüchtig anreizt.
3. Nach ausreichenden Anreizbewegungen schert der Helfer mit *hoch* angezogenem Schutzarm auf Leinendistanz vor dem Hund vorbei.
4. Auf ein vorher vereinbartes Zeichen hin schickst du den auf halber Leinendistanz gehaltenen Hund, indem du einfach die verkürzte Leine losläßt. Achte aber darauf, daß du dabei nicht deinen Standort wechselst.
5. Hat der Hund gut zugefaßt, überläßt der Helfer ihm zunächst relativ schnell und kampflos den Schutzarm.
6. Überlaß dem Hund die Beute so lange sie ihm gefällt. Nimm sie ihm nicht durch Zwangseinwirkung fort, z. B. durch das Hörzeichen „Aus", sondern lobe ihn tüchtig.

Abb. 14 und 15: Mit Beginn der Schutzarmarbeit soll der Helfer vor allem darauf achten, daß der Hund einen guten und festen Anbiß sowie einen vollen und harten Griff besitzt und der Helfer selbst durch Hochhalten des Schutzarmes und gleichzeitigem Rückwärtsbewegen dem Hund einen zügigen, ungehemmten und druckvollen Angriff angewöhnt.

7. Hat der Hund gelernt, die Beute zu erkämpfen und lange genug festzuhalten, dann straffe die Leine und warte, bis der Hund den Schutzarm beim nicht mehr kämpfenden Helfer schüttelt, d. h. seine Beute „totzuschütteln" versucht.

8. Zeigt er dieses Endverhalten des Beutetriebes, der mit dem Nachlaufen und Festhalten begann, überläßt ihm der Helfer sofort den Schutzarm.

9. Schüttelt der Hund nicht, dann muß der Helfer durch geschicktes Taktieren diese Endhandlung provozieren, z. B. indem er mit dem Schutzarm leichte Drehbewegungen ausführt oder den Schutzarm nach dem Anbiß des Hundes zunächst locker läßt und dann, wenn der Hund sich „hineingearbeitet" hat, wieder an den Körper zieht oder den Hund mit dem Stock durch Berühren reizt.

10. Beherrscht der angeleinte Hund sämtliche Beutetriebhandlungen sicher, dann übe die Beiß- und Angriffstechnik, wie unter Punkt 1 bis 9 beschrieben, mit dem unangeleinten, an der Halskette gehaltenen Hund. Hänge dabei eine Flucht auf ca. 10–15 Schritt Distanz an, wobei der Helfer nicht in gerader Richtung vom Hund wegläuft, sondern die Verfolgungsrichtung des Hundes mit angezogenem Schutzarm leicht anschert.

Bei all diesen einzelnen Lernschritten sollten wir von Anfang an darauf achten, daß der Helfer

1. stets den Schutzarm in Hochlage hält, weil dies das Beutemachen des Hundes intensiviert und die Griffstärke und Angriffstechnik fördert,

2. seine freie Hand zeigt und sie mit und ohne Stock vor den Augen des Hundes bewegt,

3. den Hund über und unter dem Kopf mit der unbewehrten Hand berührt,

4. den Hund mit dem Stock auf dem Rücken und den Vorderläufen touchiert.

Reagiert der Hund in allen Punkten der Beiß- und Angriffstechnik positiv, dann bauen wir das in der Rudelordnungsphase begonnene Verbellen weiter aus.

b) Verbellen

1. Halte den Hund unangeleint am Halsband fest, während der Helfer den Hund anreizt. Ist der Beutetrieb des Hundes genügend geweckt, so läuft der Helfer in Richtung Verbellstation, wobei er den Schutzarm ständig bewegt.

2. Schicke den Hund, noch bevor der Helfer diese erreicht, mit dem Lautzeichen „Revier" oder „Voran", das aufreizend und anfeuernd gesprochen wird, hinter dem Helfer her,

3. Der kurz vor der Ankunft des Hundes in Stellung gegangene Helfer blockt den anspringenden Hund mit dem Körper ab, wobei er zunächst den Schutzarm hinter dem Rücken versteckt.

4. Sobald der Hund bellt, läßt ihn der Helfer beißen, indem er den Schutzarm plötzlich nach vorn in *Brusthöhe* bringt und sich seitlich zum Hund von der Verbellstation entfernt.

5. Hat der Hund gut zugefaßt, verfahre, wie unter Punkt 5 bis 8 der Beiß- und Angriffstechnik beschrieben.

6. Übe diese Reihenfolge – Beutetrieb anreizen, in Verbellstation laufen, Hund schicken, Beute vorenthalten, verbellen und zufassen lassen, aus Verbellstation ausscheren, Beute festhalten und schütteln lassen, Beute hingeben und loben – mit dem Helfer 2- bis 3mal hintereinander und 2- bis 3mal in der Woche.

Die wichtigste Übung beim Verbellen ist Punkt 4. Ebenso wie in der Rudelordnungsphase muß der Helfer das Verbellen sofort und nur während des Lautgebens durch Beißenlassen belohnen. Dabei lernt der Hund zwei wichtige Verhaltensweisen:

a) das Verbellen als Mittel zum Zweck einzusetzen,

b) das Verbellen als Ersatzhandlung beim ruhig stehenden Helfer einzusetzen, z. B. nach dem Auslassen.

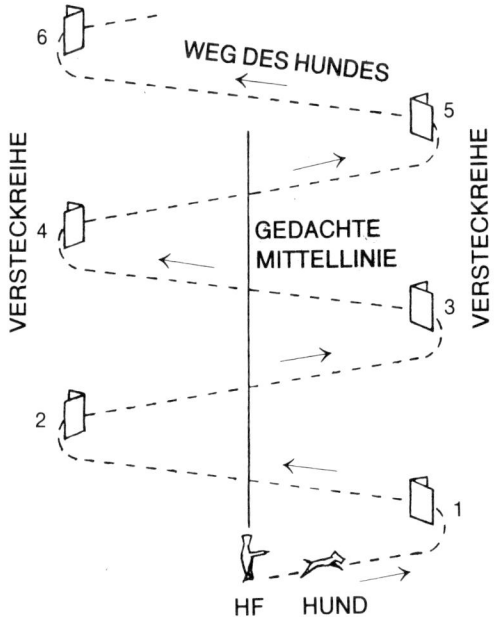

c) Revieren

Als Grundlage für die Übung „Streifen nach dem Helfer" können wir den Hund in dieser Entwicklungsphase bereits das Revieren lehren. Dieses Verhalten bauen wir am besten auf dem Jagd- und Beutetrieb des Hundes auf.

1. Übe anfangs mit deinem Hund allein. Lege in jedes Versteck einen Lekkerbissen und nimm mit deinem Hund am Anfang einer gedachten Mittellinie zwischen zwei Versteckreihen Grundstellung ein.

2. Hebe nach einigen Sekunden die Hand in Richtung des ersten Versteckes, gib das Kommando „Revier" oder „Voran" und laufe mit dem Hund zum Versteck, zeige ihm den Leckerbissen, lobe ihn und kehre mit dem Hund zur gedachten Mittellinie zurück.

3. Nimm wieder Grundstellung ein und wiederhole diesen Übungsschritt bei allen anderen Verstecken. Sobald der Hund weiß, worauf es ankommt, bleibe auf der gedachten Mittellinie zurück und rufe den Hund nur mit dem Lautzeichen „Hier", evtl. in Verbindung mit dem Rufnamen des Hundes, zu dir heran (siehe Skizze).

4. Wiederhole diese Übung möglichst täglich, evtl. sogar 2- bis 3mal, bis der Hund absolut sicher verknüpft hat, daß er auf das Hör- und Sichtzeichen „Revier" oder „Voran" sich schnell von dir lösen, das Gelände in tiefen Seitenschlägen abstreifen und auf das Hörzeichen „Hier" sofort zu dir zurückkommen soll. Nimm jetzt nach dem Rückruf nicht mehr die Grundstellung ein, sondern schicke den Hund sofort in das nächste Versteck. Gehe dabei, ohne zu laufen, zügig auf der Mittellinie entlang.

5. Achte schon bei diesem Übungsschritt darauf, daß der Hund
   a) *nur* in die angezeigte Richtung läuft,
   b) *immer* in oder um das Versteck herumgeht,
   c) nach *jedem* Seitenschlag zu dir zurückkommt, wenn du rufst,
   d) im letzten Versteck *stets* ein Beutestück findet (Ball, Bringholz, Hetzärmel, etc.),
   e) am Schluß der Übung *unbedingt* gelobt und mit ihm gespielt wird und
   f) daß du die gedachte Mittellinie möglichst *nicht* verläßt.

6. Als nächstes lasse die Leckerbissen in den Verstecken allmählich fort und lege nur noch ab und zu ein Stückchen hinein. Gleichzeitig über das „Streifen nach dem Helfer" unter Ablenkung, jedoch *ohne* Helfer.

Den *gezielten* Aufbau des Such- und Kampfverhaltens des Hundes kannst du noch ausführlicher in den am Ende des 4. Abschnittes aufgeführten zwei Spezialbüchern nachlesen.

Abschnitt 6

Die Abrichtung des Hundes

Mit Erreichung des 10. Lebensmonats beginnt die „Lehr- und Gesellen-
zeit" des Hundes. Von diesem Alter an wird er sehr intensiv auf seinen späteren „Beruf" als Schutzhund vorbereitet. Dabei sind Prägung, Belehrung und
Erziehung die tragenden Säulen dieser Ausbildung. Haben wir bisher alles
richtig gemacht und den Hund optimal aufgebaut, dann sollte die Abrichtung
eigentlich keine Schwierigkeiten mehr bereiten. Wir kennen die körperlichen
und charakterlichen Stärken und Schwächen unseres Hundes, wissen seine
Veranlagungen zu wecken, zu fördern oder zu unterdrücken und beherrschen die Grundregeln der Ausbildung. Jetzt können wir zeigen, daß wir die
Bezeichnung „Ausbilder" zu Recht tragen und die Kunst der Ausbildung bis
ins kleinste Detail verstehen. Die Prüfung wird dabei unser Leistungsbaro-
meter sein. Denn die Leistung des Hundes ist letztlich das Produkt unseres
Könnens.

Doch bevor wir mit der Abrichtung beginnen, sollten wir uns nochmals
einige wichtige Regeln vergegenwärtigen:

1. Vermeide Gewalt, wo immer dies nur möglich ist. Denn wer mit Gewalt
   herrscht, wird niemals einen Hund richtig führen können. Denke stets
   daran: *Ruhe ist die erste Hundeführerpflicht!*

2. Spreche mit dem Hund so leise wie möglich und brülle ihn nicht ständig
   an. Denn das Anbrüllen stumpft den Hund ab. Wende alle Lautzeichen
   richtig an, gib sie in deutlich unterschiedlichem Tonfall und trenne sie
   zeitlich von deinen Körperbewegungen.

3. Übe jetzt sorgfältig jede Übung bis in das kleinste Detail. Beginne erst
   dann mit einer neuen Lektion, wenn der Hund die alte Übung einwandfrei ausführt.

4. Trainiere mit dem Hund nicht ständig
   a) am gleichen Ort,
   b) in einer bestimmten Reihenfolge,
   c) dieselben Übungen.
   Denn dadurch leidet die Frische und der Lernerfolg des Hundes. Deshalb:
   wechsle öfters den Ausbildungsort sowie die Reihenfolge und die Anzahl
   der Übungen, d. h. trainiere bei der Ausbildung jene Übungen, die der
   Hund sicher beherrscht, nicht ständig wieder mit.

5. Arbeite mit dem Hund frühestens 2 Stunden nach der letzten Fütterung, weil ein Hund mit vollem Magen träge und uninteressiert ist.
6. Gib dem Hund vor Beginn einer jeden Ausbildung genügend Zeit zum „Auslaufen", damit er sich entleeren kann.
7. Versetze den Hund vor und nach jeder Übung in eine positive Stimmung, indem du ihn lustvoll erregst.
8. Baue deine Ausbildung auf den 5 wichtigsten Wesens- und Triebformen des Hundes auf: Wesenssicherheit, Spürtrieb, Beutetrieb, Bringtrieb und Meutetrieb.
9. Lasse die Ausbildung niemals in Spiel ausarten, sondern gewöhne dich und den Hund an konzentriertes, schnelles und korrektes Arbeiten.
10. Bilde den Hund innerhalb dieses Ausbildungsrahmens wesensgerecht und entsprechend seinen Veranlagungen aus.

I. Anpassungsphase (11. und 12. Monat)

Der bis zum 10. Lebensmonat systematisch erzogene Hund sollte während einer Anpassungsphase von 2 Monaten auf seine „Lehrzeit" vorbereitet werden. In diesem Alter sollten wir

a) evtl. Erziehungsfehler mit unerschütterlicher Ruhe, Geduld, Überlegung und Konsequenz beseitigen,

b) die Fährtenarbeit, den Beute- und Bringtrieb und den grundsätzlichen Gehorsam soweit festigen, daß der Hund diese Übungen in allen Situationen sicher und korrekt ausführt.

Vor allem die Gehorsamsübungen sollten dem Hund in Fleisch und Blut übergehen. Denn sie bilden die Grundlage für die weitere Abrichtung zum Schutzhund. Ohne sie können wir den Hund z. B. im Schutzdienst kaum gewaltlos einwandfrei aufbauen. Die Gehorsamsübungen sind für den Hund sozusagen das kleine Einmaleins und der Schutzdienst das große Einmaleins. Bevor der Hund aber das kleine Einmaleins nicht sicher beherrscht und ausführt, sollten wir ihn nicht das große lehren. Denn der gute Schutzhund sollte auch bei der Mannarbeit absolut zuverlässig gehorchen, besonders dann, wenn er eines Tages einmal aggressiv reagiert. Deshalb nochmals: *den Hund zuerst den Gehorsam und dann die Mannarbeit lehren und nicht umgekehrt.* Dabei ist zu beachten, daß die Förderung des Beutetriebes noch keine Mannarbeit ist, sondern lediglich ein vorbereitendes Element für die Schutzdienstausbildung. Erst wenn zum Beutetrieb das „Element" Wehrtrieb hinzukommt, ist der Hund reif für die reguläre Mannarbeit.

A. Fährtenarbeit

Im Alter von 11 Monaten sollte unser Schutzhund soweit „fährtenfest" sein, daß er eine 300 bis 500 Schritt lange und 20 bis 30 Minuten alte Hundeführerfährte, die mehrere Winkel und verschiedene Gegenstände enthält, an der 10 m langen Fährtenleine begeistert und sicher absucht. Ist dies nicht der Fall – wobei wir ganz allein die Verantwortung für den Mißerfolg tragen –, müssen wir so lange weiterüben, bis der Hund die zwei wichtigsten Voraussetzungen für eine erfolgreiche Fährtenarbeit besitzt:

Abb. 16: Der Hund sucht interessiert, konzentriert und mit tiefer Nase die Fährte, ohne zu faseln oder zu „lügen".

Abb. 17: Der Hund arbeitet selbständig und korrekt den Winkel aus, ohne dabei in seinem Suchen unsicher zu werden.

a) eine leidenschaftliche Freude am Verfolgen einer Fährte und

b) ein leidenschaftliches Interesse am Finden von Gegenständen.

Sind diese Qualitäten beim Hund ausgeprägt vorhanden und der Hund ist soweit „fährtenfest", dann achten wir besonders auf die Äußerlichkeiten beim Fährten, d. h. am Ende des 12. Lebensmonats sollten Hundeführer und Hund die SchH I-Fährte fehlerfrei legen und ausarbeiten.

B. „Fuß" mit und ohne Leine

Diese beiden Disziplinen üben wir unter Ablenkung intensiv weiter und beseitigen konsequent jeden auftretenden Fehler, sowohl bei uns als auch beim Hund. Unser Ziel sollte es sein, den Hund am Ende der Anpassungsphase in der Leinenführigkeit und Freifolge einwandfrei zu führen. Dies bedeutet:

1. Der Hund sollte uns in jeder Gangart freudig folgen, stets mit seinem Schulterblatt in Kniehöhe an unserer linken Seite bleiben und weder vordrängen, zurückbleiben noch seitlich abweichen. Die in der linken Hand gehaltene Leine sollte lose durchhängen.

2. Der Hund sollte sich gerade, rechtwinkelig, schnell und ohne Einwirkung dicht neben uns setzen, wenn wir stehenbleiben, sowie die Schwenkungen und Wendungen schnell und korrekt ausführen.

Abb. 18 und 19: Der an- oder abgeleinte Hund hat dem HF in jeder Gangart freudig und aufmerksam zu folgen, ohne dabei vorzudrängen, zurückzubleiben oder von dessen linker Seite nach links oder rechts abzuweichen.

3. Als Hundeführer sollten wir bei den Schwenkungen und Wendungen nicht zögernd verharren, beim Stehenbleiben unsere Grundstellung nicht verändern und das Lautzeichen „Fuß" nur beim Angehen und beim Wechsel der Gangart geben.

C. „Sitz" – „Platz" – „Steh" – „Bring"

Am Ende der Anpassungsphase sollten wir diese 4 Übungen ebenfalls fehlerfrei vorführen. Im einzelnen bedeutet dies folgendes:

a) „Sitz"

1. Auf das einmalige Hörzeichen „Sitz" sollte sich der Hund aus der Bewegung schnell setzen, ohne daß wir ihm eine Sichthilfe geben, unsere Gangart unterbrechen oder uns beim Entfernen umsehen.
2. Der Hund sollte so lange in sitzender Stellung verharren, bis wir wieder an seiner rechten Seite Grundstellung eingenommen und das Kommando aufgehoben haben.

b) „Platz"

1. Auf das einmalige Hörzeichen „Platz" sollte sich der Hund aus der Bewegung schnell hinlegen, ohne daß wir unsere Gangart unterbrechen oder uns beim Entfernen umsehen.
2. Der Hund sollte so lange liegen bleiben, bis wir ihn durch das Lautzeichen „Hier" abrufen.
3. Auf das einmalige Hörzeichen „Hier" sollte sich der Hund uns schnell und freudig nähern, sich dicht und gerade vorsetzen und ruhig sitzen bleiben.
4. Auf das einmalige Hörzeichen „Fuß" sollte sich der Hund schnell, gerade, rechtwinkelig und dicht an unsere linke Seite setzen.
5. Bei der ganzen Übung sollten wir dem Hund keine Sichthilfen geben und unsere Grundstellung nicht verändern.

c) „Steh"

1. Auf das einmalige Hörzeichen „Steh" sollte der Hund aus dem Normal- und Laufschritt sofort stehenbleiben, ohne daß er nachzieht, wir unsere Gangart unterbrechen oder uns beim Entfernen umsehen.
2. Der Hund sollte nach dem „Steh" im Schritt so lange ruhig stehenbleiben,

bis wir wieder an seiner rechten Seite die Grundstellung eingenommen und das Kommando „Sitz" gegeben haben. Danach sollte er sich sofort setzen.

3. Der Hund sollte nach dem „Steh" aus dem Laufschritt so lange ruhig stehenbleiben, bis wir ihn mit dem einmaligen Hörzeichen „Hier" wie bei der Übung „Platz" abrufen, vorsitzen lassen und mit dem einmaligen Hörzeichen „Fuß" an unsere linke Seite beordern.

Dieses Heranrufen nach dem „Steh" ist für den Hund neu und sollte erst dann erfolgen, wenn der Hund das Stehenbleiben aus dem Laufschritt sicher beherrscht.

4. Bei den beiden Steh-Übungen sollten wir dem Hund keine Sichthilfen geben und unsere Grundstellung nicht verändern.

d) „Bring"

1. Auf das einmalige Hörzeichen „Bring" sollte der links neben uns sitzende Hund auf den weggeworfenen Gegenstand in schneller Gangart zulaufen, ihn sofort aufnehmen, ihn uns schnell und freudig bringen und sich dicht und gerade vorsetzen.

2. Der Hund sollte so lange ruhig sitzen bleiben und das Bringsel im Fang halten, bis wir es ihm mit dem einmaligen Hörzeichen „Aus" abnehmen.

3. Auf das einmalige Hörzeichen „Fuß" sollte sich der Hund schnell, gerade, rechtwinkelig und dicht an unsere linke Seite setzen.

4. Bei der ganzen Übung sollte der Hund den Gegenstand nicht fallen lassen, nicht mit ihm spielen und nicht auf ihm herumknautschen. Außerdem sollten wir ihm keine Sichtzeichen geben und unsere Grundstellung nicht verändern.

D. „Hopp – Bring"

Diese Übung setzt sich aus zwei Elementen zusammen: dem Hochspringen und dem Bringen. Sie ist sehr leicht zu lehren und bringt mit einem Minimum an Aufwand rasch gute Resultate. Jedoch sollten wir vom Hund das Hochspringen nicht vor dem 10. Lebensmonat verlangen, weil es eine gute Dosis körperlicher und „moralischer" Kraft voraussetzt.

Zu frühes Arbeiten an der Hürde birgt in sich die Gefahr der Verletzung und der Verunstaltung des Hundes. Außerdem sollte der Hund die Bring-Übung auf ebener Erde sicher beherrschen, so daß wir ihm nur noch das Springen über die 1 m hohe Hürde beizubringen brauchen. Dies geschieht in drei Lernstufen:

Abb. 13: Der Hund ist aus der Bewegung sofort stehen geblieben und beobachtet interessiert und ruhig stehend den HF.

Abb. 14: Der Hund sitzt dicht und gerade vor und wartet ruhig und aufmerksam auf die Abnahme des freudig und schnell geholten Bringsels.

147

1. Beginne mit einer Höhe von 40 cm. Nimm in etwa 50 cm vor der Hürde mit deinem angeleinten Hund Grundstellung ein. Gib das Hörzeichen „Hopp" in einem aufmunternden, hellen, aber befehlenden Ton und spring zusammen mit dem Hund über das Hindernis.

2. Hat der Hund das Hindernis übersprungen, wiederhole das Lautzeichen „Hopp" und spring, ohne anzuhalten, sofort wieder zurück. Dann lobe ihn tüchtig und gib ihn frei.

3. Zögert der Hund vor dem Hindernis, dann halte die Leine hoch, klopfe mit der Hand auf die Hürde, sag „Hopp" und trete gleichzeitig einen Schritt zurück. Weigert er sich trotzdem zu springen, zieh ihn mit einem aufmunternden „Hopp" über die Hürde. Ist er drüben gelandet, lobe ihn tüchtig und wiederhole den Vorgang einige Male, bis er selbständig springt.

4. Übe diese Lernstufe des gemeinsamen Springens so lange, bis der Hund vor dir über die Hürde springt, sobald du das Lautzeichen „Hopp" gibst. Dann erhöhe das Hindernis auf 60 cm und den Abstand zur Hürde auf etwa 1 m.

5. Springt der Hund auch bei dieser Höhe zuerst, dann verzichte auf das Mitspringen. Bleibe vor der Hürde stehen. Achte aber darauf, daß die Leine lang genug ist und der Hund im Moment des Springens keinen Ruck erhält.

6. Sobald der Hund mit dem Hörzeichen „Hopp" das Hin- und Rückspringen über die Hürde sicher verknüpft hat, arbeite mit der 10-m-Leine und dem Bringsel weiter.

7. Stelle dich in etwa 150 bis 200 cm Entfernung vor der Hürde auf. Wirf das Brinsel so kurz hinter das Hindernis, daß er es beim Sprung schon sieht. Dann gib nach 1 bis 2 Sekunden das Kommando „Hopp".

8. Sobald der Hund über der Hürde schwebt, ruf ihm das Hörzeichen „Bring" zu und sofort nach dem Aufnehmen des Gegenstandes das Lautzeichen „Hopp". Hat der Hund den Rücksprung ausgeführt, verläuft alles weitere wie bei der Übung „Bring" auf ebener Erde.

9. Trainiere diesen Übungsteil so lange, bis der Hund die ganze Übung sicher beherrscht. Dann baue langsam die Hilfen ab, vergrößere systematisch die Höhe der Hürde bis auf 1 m, den Abstand zum Hindernis und die Wurfweite des Bringsels bis auf Leinenlänge. Achte aber von Anfang an darauf, daß der Hund auf keinen Fall die Hürde umgeht und stets das Bringsel mitbringt.

10. Führt der Hund die ganze Übung an der Leine korrekt aus, trainiere mit abgeleintem Hund weiter. Wird er dabei nachlässig, leine ihn wieder an.

Arbeitet der Hund an der Hürde sicher und zuverlässig, dann sollten wir ihm gleich das Klettern über eine verstellbare Schrägwand von 1,80 m Höhe und einer unteren Breite von 1,30 m beibringen. Dies geschieht ebenfalls in drei Lernstufen:

1. Beginne mit einer Höhe von ca. 80 cm und einer unteren Breite von ca. 350 cm. Nimm mit deinem angeleinten Hund in etwa 50 cm vor der Kletterschräge Grundstellung ein. Gib das Hörzeichen „Hopp" in einem aufmunternden, hellen, aber befehlenden Ton und klettere zusammen mit dem Hund über das Hindernis.

2. Hat der Hund die Schrägwand überklettert, dann wiederhole das Lautzeichen „Hopp" und klettere, ohne anzuhalten, sofort wieder zurück. Danach lobe ihn tüchtig und gib ihn frei.

3. Zögert der Hund vor dem Hindernis oder will er nicht weiterklettern, so ziehe ihn mit einem aufmunternden „Hopp" über die Schrägwand. Achte dabei darauf, daß der Hund nicht seitlich hinunterspringt. Auf der anderen Seite angekommen, lobe ihn tüchtig und wiederhole den Vorgang einige Male, bis er selbständig klettert.

4. Übe diese Lernstufe des gemeinsamen Kletterns bis zu einer Höhe von ca. 120 cm und einer unteren Breite von ca. 300 cm.

5. Sobald der Hund auf das Lautzeichen „Hopp" *vor* dir über die Schrägwand klettert, verzichte auf das Mitklettern. Laufe neben dem kletternden Hund seitlich an der Schrägwand entlang. Achte aber darauf, daß

   a) die Leine lang genug ist und der Hund beim Klettern keinen Ruck erhält,

   b) der Hund nicht seitlich hinunterspringt,

   c) der Hund auch auf der abfallenden Schräge klettert und nicht vorzeitig nach unten springt.

6. Hat der Hund die Schrägwand allein überklettert, dann wiederhole das Lautzeichen „Hopp" und laß ihn, ohne anzuhalten, sofort wieder zurückklettern. Dann lobe ihn tüchtig und gib ihn frei.

7. Steigere bei diesem Lernschritt die Kletterschräge bis auf eine Höhe von ca. 150 cm und einer unteren Breite von ca. 240 cm.

8. Klettert der Hund bei dieser Höhe freudig, sicher und einwandfrei über die Schrägwand, dann arbeite mit der 10-m-Leine und dem Bringsel weiter.

9. Stelle dich in einer Entfernung, von etwa 50 bis 200 cm steigernd, vor die Kletterschräge. Wirf das Bringsel so kurz hinter das Hindernis, daß der Hund es beim Klettern schon sieht. Dann gib nach 1 bis 2 Sekunden das Kommando „Hopp".

10. Sobald der Hund den Grat der Schrägwand erreicht hat, ruf ihm das Hörzeichen „Bring" zu und sofort nach dem Aufnehmen des Gegenstandes das Lautzeichen „Hopp". Ist der Hund zurückgeklettert, verläuft alles Weitere wie bei der Übung „Hopp – Bring" über die Hürde.

Abb. 15: Der Hund bringt schnell, sicher und ohne aufzusetzen das über die Hürde geworfene Bringsel im Freisprung zurück.

Abb. 16: Der Hund bringt schnell und sicher das über die Schrägwand geworfene Bringsel im Klettersprung zurück.

11. Trainiere diesen Übungsteil so lange, bis der Hund die ganze Übung sicher beherrscht. Dann baue langsam die Hilfen ab, vergrößere systematisch die Kletterschräge bis zu einer Höhe von 180 cm und einer unteren Breite von 130 cm, den Abstand zum Hindernis und die Wurfweite des Bringsels bis auf Leinenlänge.

12. Führt der Hund die ganze Übung an der Leine korrekt aus, dann trainiere mit abgeleintem Hund weiter. Wird er dabei nachlässig, leine ihn wieder an.

E. „Voraus – Platz"

Diese Übung wird sehr oft dem „Vorausschicken *ohne* Auftrag" gleichgesetzt und dadurch vom Hund falsch „interpretiert". Voraussenden ohne Auftrag aber bedeutet, dem Hund die Freiheit geben, damit er nach Herzenslust tollen und laufen kann. Dies erfolgt durch das Hörzeichen „Lauf". Die Übung „Voraus – Platz" dagegen ist zielgerichtet und zweckgebunden, d. h. der Hund erhält von uns die Anweisung, in eine ganz bestimmte Richtung zu laufen und dort etwas zu erledigen. Aus diesem Grunde sollten wir den Hund beim Spazierengehen nur durch das Hörzeichen „Lauf" laufen lassen, niemals aber durch das Kommando „Voraus". Die Übung „Vorausschicken *mit* Auftrag" bauen wir am besten auf den Beutetrieb des Hundes auf:

1. Reize den Beutetrieb des angeleinten Hundes mit einem Beutestück (Ball, Hölzchen usw.) richtig an. Verwende zu Anfang nicht das Bringholz.

2. Wirf die Beute auf die Erde, entferne dich schnell mit dem Hund auf 10 bis 15 Schritt und nimm gegenüber der Beute Grundstellung ein.

3. Leine den Hund ab, gib das Kommando „Fuß" und gehe einige Schritte mit dem frei bei „Fuß" folgenden Hund auf die Beute zu. Halte ihn anfangs noch am Halsband fest.

4. Hebe plötzlich deinen rechten Arm in Richtung Beute und schicke den Hund gleichzeitig mit den Hörzeichen „Voraus" dorthin, ohne dabei stehenzubleiben.

5. Laufe sofort hinter dem Hund her und gib das Lautzeichen „Platz", bevor der Hund die Beute ganz erreicht oder gar aufgenommen hat.

6. Liegt der Hund, umkreise ihn nach 1 bis 2 Sekunden, nimm an seiner rechten Seite Grundstellung ein, warte einen Augenblick, laß ihn sitzen, lobe ihn tüchtig, gib ihn frei und spiele mit ihm angeregt mit dem Beutestück.

7. Wiederhole diesen Teil einige Male, bis der Hund weiß, daß er auf das anfeuernd, kurz, aber bestimmt gesprochene Lautzeichen „Voraus" *den*

Abb. 17: Der frei folgende Hund entfernt sich auf das Hörzeichen „Voraus" sofort, gerade und schnell in der angezeigten Richtung.

Weg zum abgelegten Beutestück laufen soll, den ihm dein ausgestreckter Arm zeigt.

8. Baue jetzt das Nachlaufen so weit ab, daß du nach dem Kommando „Voraus" nur noch einige Schritte weitergehst und danach mit erhobenem Arm so lange stehenbleibst, bis der Hund sich auf das Lautzeichen „Platz" niedergelegt hat.

9. Führt der Hund das Lautzeichen „Platz" aus 10 bis 15 Schritt Entfernung sicher aus, vergrößere den Abstand zum Beutestück systematisch bis auf 25 Schritt.

10. Arbeitet der Hund bis 25 Schritt zuverlässig, dann schicke ihn mit dem Kommando „Voraus" und gleichzeitigem Armheben auf deiner eigenen Fährte zurück, *ohne* daß du ihm vorher das Beutestück zeigst.

11. Gehorcht der Hund auch bei diesem Übungsschritt einwandfrei, so deponiere ein Beutestück an einer Stelle, die der Hund nicht kennt und zu der keine direkte Spur führt.

12. Schicke den Hund mit ausgestrecktem Arm und dem Lautzeichen „Voraus" in Richtung dieses Ortes. Sage „Platz", bevor der Hund die Beute ganz erreicht oder gar aufgenommen hat. Dann verfahre, wie unter Punkt 6 beschrieben.

13. Übe diesen Teilschritt so lange, bis der Hund sicher begriffen hat, daß sein Beutestück in der Richtung liegt, in die dein ausgestreckter Arm weist, und er es erst dann erhält, wenn du „Platz" sagst.

14. Vergrößere jetzt systematisch die Entfernung bis auf 40 Schritt und baue langsam die Beutehilfe so weit ab, daß du den Hund am Schluß der Übung nur noch lobst.

15. Achte bei den einzelnen Lernschritten darauf, daß du ·
    a) anfangs nie ohne die direkte Beuteverknüpfung arbeitest, d. h. der Hund seine Beute immer am Ende der Vorausübung erhält,
    b) genau die Stelle kennst, an der die Beute liegt,
    c) der Hund alle Kommandos schnell und sorgfältig ausführt und
    d) er sich stets in gerader Richtung entfernt.

16. Sobald der Hund die Übung vollständig beherrscht, ahnde Fehler wie seitliches Abweichen, zu kurze Entfernung, vorzeitiges Hinlegen oder Aufstehen beim Abholen sofort mit „Pfui" und der Wiederholung der Übung aus kürzerer Entfernung. Lobe ihn aber ausgiebig, wenn er die Übung richtig ausführt.

F. Stellen, Verbellen, Flucht, Abwehr

In diesem Alter vervollkommnen wir die Verbell-, Beiß- und Angriffstechnik des Hundes so weit, daß wir die reine Beutetriebförderung abschließen können. Dies geschieht auf folgende Weise:

a) Stellen und Verbellen

1. Nimm mit deinem angeleinten Hund gegenüber dem sichtbar postierten Helfer Grundstellung ein. Leine ihn ab und halte ihn anfangs noch am Halsband fest.

2. Schicke den Hund nach einigen Sekunden mit erhobenem Arm und dem Hörzeichen „Revier" oder „Voran" in Richtung Verbellstation. Dort soll der Hund nahe am Helfer in sitzender Stellung verbellen.

3. Schlägt der Hund an, läßt ihn der Helfer – bei langsam steigender Verbelldauer – wie in der Pubertätsphase zufassen und die Beute „erkämpfen".

4. Übe diese Reihenfolge – Grundstellung einnehmen, Hund ableinen, einige Zeit warten, Hund mit Hör- und Sichtzeichen schicken, Beute vorenthalten, verbellen lassen, zufassen lassen, aus Verbellstation ausscheren, Beute festhalten und schütteln lassen, Beute hingeben und loben – mit dem Helfer 2- bis 3mal hintereinander und 2- bis 3mal in der Woche.

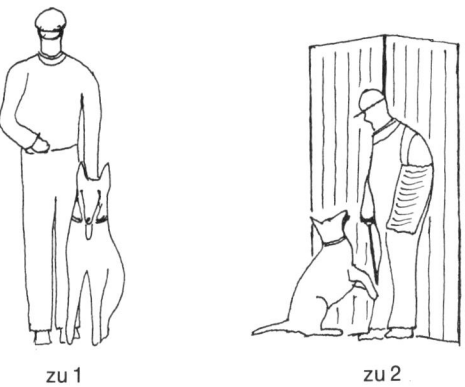

zu 1   zu 2

5. Achte mit steigendem Lernerfolg darauf, daß
   a) der Hund so lange in der Grundstellung verharrt, bis du ihn mit
      Hör- und Sichtzeichen zum Helfer schickst,

Abb. 18: Der Hund verbellt in sitzender Stellung nahe und anhaltend den ruhig stehenden Helfer.

Abb. 19: Um dem Hund das richtige „Siegergefühl" zu vermitteln, überläßt der Helfer ihm nur zögernd die in Hochlage erkämpfte „Beute" Schutzarm.

b) er nahe am Helfer in sitzender Stellung verbellt,
c) der Helfer die Verbelldauer des Hundes langsam bis auf 1 Minute steigert,

zu 3

zu 4

155

d) der Helfer sich beim Verbellen absolut ruhig und bewegungslos, aber körperlich angespannt verhält,

e) der Hund nach entsprechender Verbelldauer stets die „Beute" Schutzarm während des Lautgebens und nicht zwischen zwei Bellauten erhält,

f) die Verbellstation ständig gewechselt wird,

g) Stellen und Verbellen nicht immer vom selben Helfer abgenommen wird,

h) der Hund bei dieser Übung nicht übermäßig belastet wird,

i) der Helfer schrittweise den Hetzärmel in Sicht des verbellenden Hundes hält, ohne ihn unsauber werden zu lassen,

j) der Helfer den Hund anfangs in Spannung hält,

k) der Hund sich durch deine Entfernung oder Nähe nicht ablenken läßt.

b) Flucht und Abwehr

1. Stelle dich mit deinem unangeleinten Hund auf einen freien Platz und halte ihn am Halsband fest.

2. Der Helfer nähere sich und mache den Hund schon aus größerer Entfernung auf sich aufmerksam.

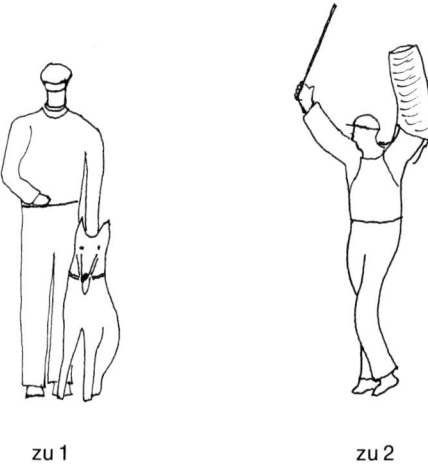

zu 1   zu 2

3. Ist der Beutetrieb des Hundes genügend geweckt, so schicke ihn zu einem Angriff auf 5 bis 10 Schritt Distanz.

4. Der Helfer hält den Arm ruhig in Hochlage und fängt den Hund entweder durch seitliches Wegscheren oder durch rückwärtiges Ausweichen geschmeidig ab.

zu 4 und 9

5. Hat der Hund den in Hochlage gehaltenen Schutzarm mit festem Griff erkämpft, überläßt ihm der Helfer die Beute.

zu 5

6. Danach flieht der Helfer mit angezogenem Schutzarm, wobei er die Verfolgungsrichtung des Hundes leicht anschert.

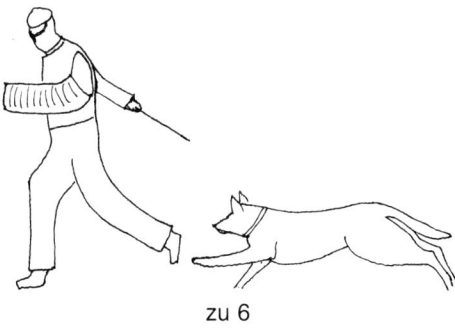

zu 6

7. Schicke den Hund hinter dem Helfer her, sobald der Abstand 15 bis 20 Schritt beträgt.

zu 7

8. Nach dem Erkämpfen, Festhalten und Schütteln der Beute überläßt der Helfer dem Hund den Schutzarm.

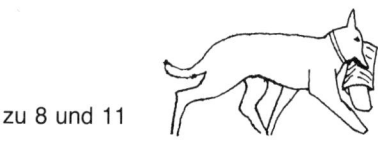

zu 8 und 11

9. Der Helfer flieht erneut und führt in einer Entfernung von 15 bis 20 Schritt – je nach Intensität des Hundes – einen mehr oder weniger deutlichen Kehrangriff auf den Hund aus, wobei er den angreifenden Hund ebenfalls weich abfängt.

zu 10

10. Hat der Hund gut zugefaßt, zeigt ihm der Helfer beim Kämpfen die unbewehrte oder bewehrte Hand.
11. Danach verfahre wie bei Punkt 8. Achte aber bei den einzelnen Lernschritten darauf, daß der Helfer stets den Schutzarm in Hochlage hält, den Hund stets gut abfängt, dem Hund die unbewehrte oder bewehrte Hand zeigt, ihn mit der Hand berührt oder mit dem Stock touchiert und den Hund *immer* gewinnen läßt.

II. Die Erwachsenenphase (13. bis 24. Monat)

Im Alter von 13 Monaten sind die körperlichen und „geistigen" Eigenschaften des Hundes so weit ausgereift und ausgeprägt, daß wir mit der wirklich ernsten Ausbildung zum Schutzhund beginnen können. Zuerst bereiten wir den Hund jedoch als „Sporthund" auf die allgemeinen Schutzhundprüfungen vor. Unser Ziel sollte es sein, mit dem Hund zwischen dem 14. und 16. Monat die Schutzhundprüfung Stufe I, zwischen dem 16. und 18. Monat die Schutzhundprüfung Stufe II und zwischen dem 18. und 24. Monat die Schutzhundprüfung Stufe III zu absolvieren. Dabei sollten wir unbedingt eine gute Benotung anstreben, weil diese nicht nur unsere und des Hundes Leistung beurteilt, sondern auch die Grundlage für die Vergebung des Hundeführer-Sportabzeichens bildet. Die Bewertung selbst ist abhängig von den errungenen Punktzahlen in den Abteilungen A = Fährtenarbeit, B = Unterordnungsleistungen und C = Schutzdienst.

Unter Zugrundelegung einer Höchstpunktzahl von 100 Punkten je Abteilung ergeben sich folgende Wertnoten:

0 bis 109 Punkte = ungenügend	}	Prüfung nicht bestanden
110 bis 219 Punkte = mangelhaft		
220 bis 239 Punkte = befriedigend	}	Prüfung bestanden
240 bis 269 Punkte = gut		
270 bis 285 Punkte = sehr gut		
286 bis 300 Punkte = vorzüglich		

Der erfolgreiche Abschluß der Prüfung setzt jedoch nicht nur eine Mindestgesamtpunktzahl voraus, sondern auch die Notwendigkeit, daß der Hund in den Abteilungen A und B mindestens 70 Punkte und in der Abteilung C wenigstens 80 Punkte erreicht. Daraus folgt: der Hund erhält das Ausbildungskennzeichen nur dann zuerkannt, wenn er die Mindestpunktzahl der Note „befriedigend" mit den Punkten $70 + 70 + 80 = 220$ erreicht.

Hat der Hund im Alter von 2 Jahren alle drei Prüfungsstufen mit gutem Erfolg bestanden, beginnen wir, ihn systematisch und konsequent für seine spätere „Aufgabe" zu trainieren bzw. umzuarbeiten. Beim voll ausgereiften Hund ist dies kein Problem mehr.

A. Fährtenarbeit

Beherrscht der Hund die SchH I-Fährte sicher, dann beginnen wir mit dem Training unter schwierigeren Bedingungen. Dabei sollten wir darauf achten, daß die Schwierigkeiten nur langsam gesteigert werden, so daß der Hund diese stets überwinden kann.

1. Gewöhne den Hund an das Vorhandensein von Menschen, Fahrzeugen und Tieren im Fährtengelände. Lege die Fährte entlang an Weiden, auf denen Zweihufer grasen, entlang an Waldschneisen oder Waldrändern, an Wasserläufen, an Feldwegen, auf befahrenen und begangenen Straßen, an Menschen, die im Feld arbeiten usw.
2. Wechsle beim Fährten ständig das Gelände, übe bei unterschiedlichen Bodenbedingungen, Tageszeiten und Wetterverhältnissen.
3. Erhöhe systematisch das Alter der Fährte bis auf 3 Stunden, indem du von 30 Minuten an die Wartezeit um je 5 Minuten erhöhst.
4. Steigere langsam die Länge der Fährte auf 1500 bis 2000 Schritt, die Anzahl und Größe der Winkel und Schenkel und ändere die Art der Gegenstände.
5. Laß durch andere Personen Verleitungsfährten unterschiedlichen Alters legen, die deine Fährte einige Male schneiden.
6. Lege die Fährte über wechselnden Boden, über begangene, feste Straßen, um Gebäude herum und durch Menschengruppen hindurch.

Arbeitet der Hund auch unter diesen Bedingungen einwandfrei, dann beginnen wir mit dem Einüben der Fremdfährte. Diese Aufgabe dürfte jetzt von dem sehr gut vorbereiteten Hund problemlos gelöst werden. Dennoch sollten wir dabei einige Punkte beachten:

1. Nimm anfangs für das Legen der Fährte eine Person zur Hilfe, die der Hund kennt und in angenehmer Erinnerung hat, genügend von der Sache versteht und die es nicht darauf anlegt, den Hund unbedingt von der Spur abzubringen.
2. Beginne auf idealem Gelände mit der einfachsten Fährtenform. Dann wechsle systematisch die Fremdpersonen und die Fährtenform, z. B.

    a) └ -Form (L-Fährte) = 1 Winkel + 2 Schenkel
    b) ⊔ -Form (U-Fährte) = 2 Winkel + 3 Schenkel
    c) ⌐ʁ -Form (P-Fährte) = 3 Winkel + 4 Schenkel
    d) ⌐⌐ -Form (R-Fährte) = 4 Winkel + 5 Schenkel
    e) ⌐ᴵ -Form (Treppenform) = mehrere Winkel + Schenkel.

3. Steigere langsam die Länge und das Alter der Fährte, die Anzahl und Größe der Winkel und Schenkel sowie die Art der Gegenstände.
4. Wechsle beim Fährten öfters die Geländeform, die Bodenverhältnisse, die Tageszeit, das Wetter, die Schwierigkeitsgrade und die Gegenstände.
5. Laß den Hund regelmäßig jede Woche mindestens eine Fremdfährte ausarbeiten, auch wenn er schon einige Prüfungen absolviert hat.

Am Ende des Aufbaues sollte sich der Hund bei der Fährtenarbeit absolut sicher verhalten. Dies bedeutet:

1. Der Hund sollte eine 1500 bis 2000 Schritt lange und mindestens 3 Stunden alte Fremdfährte, die in 6 Winkeln verläuft und wenigstens 3 mal von einer frischen Fremdfährte geschnitten wird, von Anfang bis Ende im Schritt intensiv absuchen.
2. Der Hund sollte dabei die Winkel einwandfrei ausarbeiten, die Gegenstände korrekt verweisen oder aufnehmen und sich von der Verleitungsfährte nicht beeinflussen lassen.

B. Unterordnungsleistungen

Die Einzelübungen Leinenführigkeit und Unbefangenheit, Freifolgen, Sitz aus der Bewegung, Ablegen in Verbindung mit Herankommen, Bringen auf ebener Erde, Ablegen unter Ablenkung und Stehenbleiben im Schritt und Laufschritt sollte der Hund mit 13 Monaten so weit einwandfrei und sicher beherrschen, daß ein einmaliges wöchentliches Auffrischungstraining genügt. Wird er dabei irgendwo nachlässig, haben wir die entsprechenden Übungen öfters zu wiederholen.

Dagegen werden die Disziplinen Bringen eines Gegenstandes über eine 1 m hohe Hürde und Voraussenden mit Hinlegen bis zur Vollkommenheit weitergeübt. Im einzelnen bedeutet dies folgendes:

a) Bringen eines Gegenstandes über eine 1 m hohe Hürde

1. Der in angemessener Entfernung vor der Hürde frei neben uns sitzende Hund sollte auf das einmalige Hörzeichen „Hopp" im Freisprung über die Hürde springen.
2. Der Hund sollte auf das einmalige Hörzeichen „Bring" auf den vorher über die Hürde geworfenen Gegenstand schnell zulaufen, ihn sofort aufnehmen und sich nach dem Rücksprung dicht und gerade vorsetzen.
3. Der Hund sollte so lange ruhig sitzen bleiben und das Bringsel im Fang halten, bis wir es ihm mit dem einmaligen Hörzeichen „Aus" abnehmen.
4. Auf das einmalige Hörzeichen „Fuß" sollte sich der Hund schnell, gerade, rechtwinkelig und dicht an unsere linke Seite setzen.
5. Bei der ganzen Übung sollte der Hund den Gegenstand nicht fallen lassen, nicht mit ihm spielen oder auf ihm herumknautschen und auf die Hürde sich weder aufsetzen noch den Sprung verweigern. Außerdem sollten wir ihm keine Sichtzeichen geben und unsere Grundstellung nicht verändern.

b) Bringen eines Gegenstandes über eine Schrägwand von 180 cm Höhe und einer unteren Breite von 130 cm

1. Der in angemessener Entfernung vor der Schrägwand frei neben uns sitzende Hund sollte auf das einmalige Hörzeichen „Hopp" darüberklettern.
2. Der Hund sollte auf das einmalige Hörzeichen „Bring" auf den vorher über die Schrägwand geworfenen Gegenstand schnell zulaufen, ihn sofort aufnehmen und sich nach dem Zurückklettern dicht und gerade vorsetzen.
3. Der Hund sollte so lange ruhig sitzen bleiben und das Bringsel im Fang halten, bis wir es ihm mit dem einmaligen Hörzeichen „Aus" abnehmen.
4. Auf das einmalige Hörzeichen „Fuß" sollte sich der Hund schnell, gerade, rechtwinkelig und dicht an unsere linke Seite setzen.
5. Bei der ganzen Übung sollte der Hund den Gegenstand nicht fallen lassen, nicht mit ihm spielen oder auf ihm herumknautschen und nicht das Klettern verweigern. Außerdem sollten wir ihm keine Sichtzeichen geben und unsere Grundstellung nicht verändern.

c) Voraussenden mit Hinlegen:

1. Der frei folgende Hund sollte sich auf das einmalige Hörzeichen „Voraus" unter gleichzeitigem Erheben des Armes sofort und schnell in der angezeigten Richtung gerade entfernen.
2. Der Hund sollte sich auf das einmalige Hörzeichen „Platz" sofort hinlegen und solange ruhig liegenbleiben, bis wir an seiner rechten Seite Grundstellung eingenommen und das Hörzeichen „Sitz" gegeben haben.
3. Der Hund sollte bei der Übung nicht seitlich abweichen, seinen Lauf nicht vorzeitig unterbrechen, sich nicht zögernd und vorzeitig hinlegen und beim Abholen nicht vorzeitig aufstehen.

C. Schutzdienst

Bevor wir den Hund die einzelnen Übungen des Schutzdienstes im Detail lehren, sollten wir uns zuerst allgemein mit der Schutzdienstausbildung befassen.

a) Sinn, Zweck und Ziel der Schutzdienstausbildung

Bekanntlich ist das entscheidende Merkmal des Schutzhundes seine eingezüchteten Schutzhundanlagen. Da diese Veranlagungen sich aber nicht

162

von selbst entfalten, müssen wir sie im Hund systematisch wecken und aufbauen. Dies geschieht vorwiegend bei der Schutzdienstausbildung. In dieser Zeit gewöhnen wir den Hund zielbewußt an bestimmte Verhaltensweisen gegenüber Personen, die ihm in bestimmten Erscheinungsbildern gegenübertreten, z. B. an das Verbellen des ruhig stehenden Helfers, an die Abwehr des angreifenden Helfers usw. Hierbei geht es in erster Linie nicht darum, wie wirklichkeitsgerecht wir die Schutzdienstausbildung durchführen, sondern *wie gut wir den Hund im Schutzdienst so allgemeingültig aufbauen, daß anschließend jeder Hundeliebhaber praxisbezogen weiterarbeiten kann.*

Dieser Abrichtungsverlauf ist sehr wichtig, weil die späteren Verwendungsarten des Schutzhundes zum Teil sehr unterschiedlich sind und wir unmöglich alle Anforderungen der Wirklichkeit bei der Ausbildung berücksichtigen können – ganz abgesehen davon, daß es noch keinen „Superhelfer" gibt, der sich ohne Schutzbekleidung beißen läßt. Mit anderen Worten: so wie ein Soldat sollte auch der Hund im Schutzdienst zuerst eine Grundausbildung absolvieren, ehe er eine Spezialausbildung erhält.

Diese „Allroundabrichtung" gelingt uns dann am besten, wenn wir den Hund bis zum 2. Lebensjahr als „Sporthund" im Sinne der Prüfungsordnung des VDH aufbauen, d. h. wenn wir die Schutzdienstausbildung aus sportlicher Sicht sehen und den Hund in dieser Phase nicht unnötig belasten oder „drillen", sondern ihn lediglich die Grundlagen des Schutzdienstes so intensiv lehren, daß wir mit gutem Erfolg die drei Schutzhundprüfungen absolvieren können. Dabei sollten wir jedoch vor allem die zwei wichtigsten Voraussetzungen für eine gute Schutzdienstleistung fördern und festigen: den Kampftrieb und die Führigkeit.

b) Kampftrieb und Führigkeit

Wie wir wissen, ist der Kampftrieb das Bestreben, die eigenen Körperkräfte mit einem Rivalen oder Feind zu messen, sei es im Spiel oder im Ernst. Dieses Bestreben ist um so intensiver, je ausgeprägter der Hund folgende Eigenschaften besitzt:

1. das Gefühl der physischen Stärke,
2. die innere Sicherheit und Unerschrockenheit,
3. den Geltungstrieb,
4. eine gewisse Härte,
5. ein ausgeprägtes Sexualverhalten.

Während nun Geltungstrieb, Härte und Sexualverhalten kaum beeinflußbare natürliche Veranlagungen sind, können wir das Gefühl der physischen Stärke, die innere Sicherheit und die Unerschrockenheit doch mehr oder weniger stark regulieren. Dabei ist der Beutetrieb der wichtigste Regulator, weil

1. er als Element des angeborenen Jagdverhaltens schon beim Welpen vorhanden ist und deshalb sehr frühzeitig geweckt und gefördert werden kann,

2. die Förderung des Beutetriebes im Hund zunächst keine direkte Aggressivität gegenüber dem Menschen erweckt und der Hund daher im Kampf mit der ,,Beute" Schutzarm gelenkt werden kann,

3. die positive Erfahrung und das ständige Siegen bei der Beutetriebförderung den Hund innerlich am meisten stärkt und ihn Spaß am Ergreifen und Niederkämpfen der Beute gewinnen läßt,

4. die systematische Bestätigung und Förderung des Beutetriebes die ,,Persönlichkeitsentwicklung" des Hundes so stark unterstützt, daß er dadurch von selbst Wehrelemente in den Schutzdienstaufbau einbringt,

5. der Hund ohne Beutetriebförderung im Schutzdienstaufbau leicht überzogen werden kann und er dadurch stark verunsichert, fast gänzlich lernunfähig und sehr oft unerwünscht scharf wird.

Dieser letzte Punkt ist sehr entscheidend für sein späteres Verhalten gegenüber Menschen und für die Qualität der Schutzdienstleistung, weil ein über den Wehrtrieb aufgebauter Hund meist zu aggressiv ist. Ein zu aggressiver Hund aber ,,arbeitet" sozusagen blind, taub und geistesabwesend. Er ist bösartig, bissig, unsicher, unberechenbar und hört nicht auf unser Kommando. Ihn interessiert der Helfer mehr als der Schutzarm. Hat er sich dennoch in den Hetzarm verbissen, läßt er, wenn überhaupt, nur durch Starkzwang aus. Der zu aggressive Hund schwimmt ständig zwischen Meide- und Angriffsverhalten hin und her oder versucht, den Helfer in irgendwelche, meist gefahrlosere Körperteile zu beißen. Ein solcher Hund ist hoffnungslos fehlgesteuert.

Demgegenüber macht ein Hund, der über den Beutetrieb beißt, Jagd auf seine Beute (hier den Schutzarm des Helfers) und versucht, sie festzuhalten. Da Jagdtaktik erfahrungsbedingt ist und der Hund gelernt hat, stets in den Schutzarm zu beißen, wenn er den Helfer angreift, wird sein Jagdziel primär der Hetzärmel sein, den er im Sprung von oben faßt und festhält.

Ein jagender Hund kann zwar beuteaggressiv sein, aber er ist grundsätzlich nicht bösartig, beißt sauber, fest und hart, hört auf unser Kommando, ist hellwach, kämpft mit Intelligenz und läßt sich vom Helfer kaum einschüchtern. Greift ihn jedoch der gestellte Helfer tätlich an, dann kommt auch bei ihm der Selbsterhaltungstrieb zum Durchbruch, und er kann zu einem ,,fanatischen" Kämpfer werden.

Dieses extrem aggressive Verhalten zeigt der über den Beutetrieb bei-
ßende Hund jedoch nur im Notfall, während es beim anderen Hundetyp in
jeder Kampfsituation in Erscheinung tritt. Einen aggressiv überzogenen
Hund aber brauchen wir nicht, sondern einen klugen und selbstsicheren
Schutzhund, der hart beißt und doch während und nach der Kampfhandlung *stets fest* in unseren Händen sich befindet, ohne dabei in seinem Drang
nach dem Helfer nachzulassen. Diesen idealen Schutzhund erhalten wir,
wenn wir den Hund über den Beutetrieb und *nicht* über den Wehrtrieb zum
Beißen bringen. Mit anderen Worten: den Kampftrieb des Hundes bauen wir
primär über die Komponente Beutetrieb auf und lassen erst sekundär die
Komponente Wehrtrieb einfließen. Aus diesem Grunde sollte unser Motto
beim Schutzdienstaufbau lauten:

Beutetriebförderung so früh wie möglich,
Wehraktionen erst spät, wenn nötig!

Die Nutzung des Beutetriebes ist aber nur eine positive Seite beim
Schutzdienst. Ein zweiter Vorteil besteht darin, daß der jagende Hund besser
auf unser Kommando hört, d. h. führig ist. Das ist sehr entscheidend, weil

1. ein großer Teil der Schutzdienstleistungen mehr oder weniger „Gehorsamsübungen" sind und keine großen Anforderungen an den Kampftrieb
stellen, so z. B. Stellen und Verbellen, Streifen nach dem Helfer, Auslassen, Transporte usw.,
2. der gute Schutzhund nicht nur Kampftrieb, Mut und Härte besitzen,
sondern auch Führigkeit zeigen sollte, d. h. je ausgeprägter der Kampftrieb eines Hundes ist, desto besser sollte er uns gehorchen.

Diese zwei Vorteile bestehen aber nur so lange, wie der Hund im
Beutetrieb *nicht* überzogen wird, d. h. der Hund *nicht* zu einem fanatischen
Beutebeißer gemacht wird.

Zusammengefaßt bedeuten diese Erkenntnisse folgendes:
*Lehre den Hund zunächst die Grundlagen des Schutzdienstes, baue da-
bei den Kampftrieb und die Führigkeit optimal auf und bilde ihn erst nach
seiner endgültigen Ausreifung im Alter von 2 Jahren zu einem „Spezialisten"
aus.*

c) *„Stellen und Verbellen"*

Sobald der Hund die Einzelübungen der Unterordnungsleistung sicher
beherrscht und der Beutetrieb ausgeprägt vorhanden ist, lehren wir ihn zu-
erst die beiden wichtigsten „Gehorsamsübungen" im Schutzdienst: das
„Stellen und Verbellen" und das „Streifen nach dem Helfer". Diese beiden
Übungen sind für die spätere Schutzdienstleistung des Hundes von großer
Bedeutung, vor allem für seine „Arbeitsmoral" in dieser Abteilung. Denn

auch im Schutzdienst sollte der Hund ein gehorsamer Gehilfe sein und kein unkontrollierbarer Kämpfer. Aus diesem Grunde sollten wir diese zwei Lektionen sehr sorgfältig und konsequent einüben und dem Hund erst dann die anderen Einzelübungen beibringen, wenn diese „Gehorsamsübungen" von ihm sicher und einwandfrei ausgeführt werden. Dabei beginnen wir mit der bekannten Übung „Stellen und Verbellen".

1. Nimm mit deinem angeleinten Hund gegenüber dem sichtbar postierten Helfer Grundstellung ein, warte einen Augenblick, gib das Kommando „Fuß" und gehe auf den Helfer zu.

2. Mache etwa 5 Schritt vor dem Helfer eine Links- oder Rechtsschwenkung, gehe ca. 10 Schritt geradeaus, mache eine Kehrtwendung und gehe vor dem Helfer ca. 20 Schritt geradeaus zurück.

3. Patrouilliere 2- bis 3mal vor dem ruhig stehenden Helfer auf und ab, kehre dann auf deinen Ausgangspunkt zurück, nimm Grundstellung ein, leine den Hund ab, warte einen Augenblick und schicke ihn dann erst zum „Stellen und Verbellen", wie in der Anpassungsphase beschrieben.

4. Achte bei diesem Vorgang darauf, daß der Hund auch in dieser Situation immer korrekt bei „Fuß" geht. Korrigiere sein evtl. Fehlverhalten wie bei der Übung „Leinenführigkeit". Belohne ihn aber stets durch anschließendes Verbellen und Beißen.

5. Bereite den Hund auf diese Gehorsamsleistung vor, indem du vorher öfters Leinenführigkeit übst, während ein anderer Hund Schutzdienst macht.

6. Übe die Leinenführigkeit vor dem ruhig stehenden Helfer so lange, bis der Hund einwandfrei gehorcht. Dann trainiere ohne Leine weiter. Wird der Hund dabei nachlässig, leine ihn wieder an.

7. Folgt dir der abgeleinte Hund vor dem Helfer in allen Gangarten sicher und korrekt, laß den Schutzarm vom Helfer langsam so weit in Sicht des Hundes bringen, daß der Hetzarm beim Verbellen leicht abgewinkelt und möglichst natürlich an den Körper angelehnt, ruhig nach unten zeigt.

8. Beißt der Hund beim ruhig stehenden Helfer in den Hetzarm, so wehre ihn der Helfer zunächt *nicht* ab. Lege den Hund an die Leine und versetze ihm einen *dosierten* Ruck *in Richtung* Schutzarm. Läßt der Hund ab und verbellt, wird er durch Beißenlassen belohnt. Dann wiederhole den Vorgang und achte darauf, daß der Hund *vor* dem Anbiß von dir oder dem Helfer abgewehrt wird.

9. Verbellt der Hund den ruhig stehenden Helfer einwandfrei und läßt er sich auch nicht ablenken, ob du nun 25 Schritt entfernt bist oder neben ihm stehst, dann hole den Hund öfters von der Verbellstation ab, *ohne* daß der Helfer ihn nach dem Verbellen *sofort* beißen läßt.

10. Leine den Hund beim Abholen anfangs an. Später entferne dich mit un-angeleintem Hund, indem du ihn in einem Abstand von 4 bis 5 Schritt mit dem Hörzeichen „Fuß" vom Helfer abrufst. Anschließend belohne ihn durch die Übung „Flucht und Abwehr".

d) „Streifen nach dem Helfer"

Beherrscht der Hund die Übung „Stellen und Verbellen" so weit, daß er auf das einmalige Hörzeichen „Revier" oder „Voran" in die angezeigte Rich-tung läuft, den dort postierten Helfer, ohne ihn zu fassen, sauber und anhal-tend verbellt und sich nicht ablenken läßt oder unsauber wird, wenn wir an ihn herantreten und abholen, dann lehren wir ihn die zweite „Gehorsams-übung": das „Streifen nach dem Helfer". Diese Übung ist die 2. Stufe der Re-vierübung in der Pubertätsphase.

1. Reviert der Hund auch unter Ablenkung einwandfrei, so postiere in das erste Versteck die „Beute" Helfer und schließe die Übung mit „Stellen und Verbellen" ab.
2. Trainiere jetzt das „Streifen nach dem Helfer" in Verbindung mit der Übung „Stellen und Verbellen". Postiere dabei den Helfer immer in einem anderen Versteck, bis der Hund begriffen hat, daß er alle Ver-stecke systematisch absuchen muß. Lasse den Hund bei der Revierarbeit aber nicht zu lange bellen, weil nicht das Verbellen, sondern das Revieren wichtig ist.
3. Beherrscht der Hund auch diesen Lernschritt, dann übe das „Revieren" mit sichtbar postiertem Helfer so lange weiter, bis der Hund endgültig verknüpft hat, daß er zuerst deinem Kommando Folge leisten muß, bevor er zum Helfer darf.
4. Versucht der Hund während der Aufbauarbeit, das „Streifen nach dem Helfer" abzukürzen, indem er z. B. vor dem Versteck schon abdreht, Verstecke beim Revieren ausläßt, direkt zum Helfer läuft oder das Hör-zeichen „Hier" mißachtet, dann lege ihn an die 10-m-Leine und mache ihm durch Pfuirufe, Leinenruck und Wiederholung des fehlerhaften Übungsteiles unmißverständlich klar, daß er zu tun hat, was du willst, und nicht, was er will. Vergiß nie, ihn zu loben, wenn er es richtig macht.
5. Achte bei der gesamten Revierarbeit darauf, daß
   a) du den Hund erst schickst, wenn er das angezeigte Versteck sichtbar angenommen hat;
   b) der Hund den Helfer mehr in den ersten als in den letzten Verstecken findet, damit der sofortige Erfolg seinen „Reviertrieb" fördert;
   c) der Hund stets gut führig bleibt.

e) „Auslassen und Transport mit Überfall"

Führt der Hund die Übung „Streifen nach dem Helfer" einwandfrei aus, d. h. löst sich der Hund auf das Hörzeichen „Revier" oder „Voran" und das Erheben des Armes schnell von uns, streift er in tiefen Seitenschlägen das Gelände ab und kommt er auf das Lautzeichen „Hier" sofort wieder zu uns heran, ohne daß wir die gedachte Mittellinie verlassen, dann lehren wir ihn zwei weitere „Gehorsamsübungen": das „Auslassen" und den „Transport mit Überfall". Dabei beginnen wir mit der schwierigsten Übung, dem Auslassen. Diese Übung ist deshalb so problematisch, weil sie von uns und dem Helfer sehr viel Auffassungsgabe, Einfühlungs- und Reaktionsvermögen voraussetzt. Vor allem haben wir darauf zu achten, daß der erreichte Lernerfolg nicht durch eine Überbeanspruchung des Hundes gefährdet wird. Das bedeutet: die Einwirkungen beim Auslassen sollten auch hier unbedingt dem Wesen des Hundes angepaßt sein. Dies ist sehr wichtig, weil

1. die von dem Hund eingebrachten Wehrelemente durch das Einüben des Auslassens erweitert und vertieft, aber nicht abgebaut oder überzogen werden sollen,
2. nicht der Meutetrieb, sondern der Kampftrieb des Hundes, bestehend aus den Elementen Beutetrieb, Aggressionstrieb und Wehrtrieb, gefördert werden soll,
3. der Hund Führigkeit erlernen, aber nicht unsicher, ängstlich oder zu aggressiv werden darf.

Im einzelnen lehren wir das „Auslassen" stufenförmig wie folgt:

Stufe I:
1. Schicke den unangeleinten Hund aus der Grundstellung zum Stellen, Verbellen und anschließenden Beutebeißen. Hat der Hund fest zugefaßt, gehe sofort hin, leine den kämpfenden Hund mit lobenden Worten an und bleibe neben dem Hund. Danach ziehe sich der Helfer mit dem Hund in die Verbellstation zurück, gebe den Kampf auf und verhalte sich absolut ruhig.
2. Warte einen Augenblick, sage scharf und kurz „Aus" und versetze dem Hund dabei einen dosierten Leinenruck *in Richtung* Schutzarm. Läßt der Hund nicht los, wiederhole das „Aus" mit stärkerem Leinenruck, evtl. unterstützt durch die Handabwehr des Helfers.
3. Läßt der Hund von seiner „Beute" ab, wird er, je nachdem, wie er in der Auslaßphase reagiert, gelobt, bestätigt oder durch weitere Leinenrucks nach oben oder unten korrigiert. Die Lektion wird 1- bis 2mal wiederholt. Zum Schluß wird ihm der Schutzarm überlassen.

4. Achte bei diesem Lernschritt darauf, daß der Hund
   a) sich zuerst etwas abreagiert, bevor du das Lautzeichen „Aus" gibst,
   b) nur durch Leinenruck und evtl. Handabwehr zum Auslassen gebracht wird, niemals aber mit dem Stock oder der Wurfkette,
   c) nach dem Auslassen nicht nachbeißt oder in seinem Drang zum Helfer nachläßt,
   d) stets den Helfer so nahe wie möglich verbellt, aber nicht bedrängt,
   e) der Helfer nach Einstellung der Kampfhandlung möglichst die „Verbellstellung" einnimmt
   f) und daß der Helfer den aufmerksamen Hund öfters durch Beißenlassen bestätigt.

5. Übe das Auslassen in der Verbellstation so lange, bis der unangeleinte Hund auf das einmalige Hörzeichen „Aus" den Schutzarm sofort losläßt und den Helfer anhaltend verbellt.

Stufe II:
6. Beginne mit der Verbellübung, wie unter Punkt 1 beschrieben, jedoch ziehe sich der Helfer nicht mehr mit dem kämpfenden Hund in die Verbellstation zurück, sondern gebe vorher den Kampf auf und bleibe ruhig stehen.
7. Verfahre jetzt wie beim Auslassen in der Verbellstation, Punkt 2 bis 4.

Merke dir:
Grundsätzlich endet jede Verbellübung mit dem Beißen und dem anschließenden Auslassen.

8. Verhält sich der Hund auch in dieser Situation richtig, wie unter Punkt 5 aufgezeigt, dann schließe den „Rückentransport mit Überfall" an.

Stufe III:
9. Trete nach dem Auslassen an deinen verbellenden Hund heran, lege ihn an die Leine, gib das Kommando „Fuß" und nimm in einem Abstand von etwa 5 Schritt vor dem Helfer die Grundstellung ein.
10. Fordere den Helfer auf, voranzugehen, gib das Kommando „Fuß" und folge dem Helfer in einem Abstand von 8 bis 10 Schritt. Laß den Helfer dabei einige Schwenkungen und Wendungen ausführen. Achte aber darauf, daß der Hund stets korrekt bei „Fuß" geht.
11. Nach etwa 40 bis 50 Schritt drehe sich der Helfer auf ein vereinbartes Zeichen hin plötzlich um und reize den Hund zu einem Angriff auf kurze Distanz.

12. Lasse sofort die Leine los und ermuntere gegebenenfalls den Hund zum Beißen. Hat der Hund fest gefaßt und kämpft er mit seiner „Beute", dann gehe sofort zu deinem Hund, nimm die Leine in die Hand und unterstütze ihn durch Loben.

13. Stellt der Helfer den Kampf ein und bleibt er ruhig stehen, so warte einen Augenblick, gib das Kommando „Aus" und verfahre, falls erforderlich, wie unter Punkt 2 bis 4 ausgeführt.

14. Verfeinere mit steigendem Lernerfolg den Rückentransport, indem du systematisch den Abstand bis auf 5 Schritt verkürzst, die Unterstützungen beim Angreifen und Beißen fortläßt, den Hund frei bei „Fuß" führst und der Helfer einen Überfall auf dich unternimmt.

Stufe IV:

15. Arbeitet der Hund beim Rückentransport einwandfrei, so übe mit ihm den Seitentransport, d. h. gehe nach dem Überfall mit angeleintem Hund rechts neben dem Helfer her, so daß sich der Hund zwischen dir und dem Helfer befindet.

16. Achte beim Seitentransport darauf, daß
    a) der Helfer den Schutzarm ruhig und an derselben Seite hält,
    b) der Hund korrekt bei „Fuß" geht und sich setzt, wenn du mit dem Helfer stehenbleibst,
    c) der Hund nicht in den Ärmel beißt,
    d) den Helfer stets beobachtet und er
    e) anschließend durch eine Flucht auf kurze Distanz mit der „Beute" belohnt wird.
    Später begleite den Helfer mit unangeleintem Hund und laß die Flucht entfallen.

17. Beherrscht der Hund den Rückentransport mit Überfall und den Seitentransport sicher, lehren wir ihn den Überfall aus dem Versteck.

Stufe V:

18. Gehe mit deinem angeleinten Hund in Richtung des versteckten Helfers. Später leine den Hund nach der Hälfte der Strecke aus der Bewegung ab und lege den Rest der Strecke zum Versteck mit frei bei „Fuß" folgendem Hund zurück.

19. In einem Abstand von etwa 10 Schritt vom Versteck erscheine plötzlich der Helfer und reize den Hund zu einem Angriff auf kurze Distanz, wenn der Hund *korrekt* bei Fuß geht. Dabei reagierst du wie unter Punkt 12 und 13 beschrieben.

20. Verfahre bei fortschreitendem Lernerfolg, wie unter Punkt 16 ausgeführt. Jetzt erhalte der Hund während des Kampfes erstmals 1 bis 2 dosierte Schläge mit dem Stock auf Keulen, Seitenteile oder den Bereich des Widerristes, jedoch *nicht* obligatorisch regelmäßig.

f) „Flucht und Abwehr"

Sobald der Hund den Überfall sicher und einwandfrei abwehrt, d. h. wenn der frei bei „Fuß" folgende Hund den überfallartig aus dem Versteck hervortretenden Helfer sofort angreift, fest faßt, den Schlägen nicht ausweicht, nach Einstellung der Kampfhandlungen auf das einmalige Hörzeichen „Aus" vom Helfer abläßt und den Helfer verbellt, dann trainieren wir detailliert die Übung „Flucht und Abwehr". Diese Disziplin knüpfen wir am besten an die Stufe II der Lektion „Auslassen und Transport mit Überfall" an. Dabei beginnen wir mit der Flucht:

1. Trete anfangs nach dem Auslassen an deinen verbellenden Hund heran, gib das Kommando „Fuß" und nimm in einem Abstand von etwa 5 Schritt vor dem Helfer Grundstellung ein. Später verringere den Abstand auf 4 Schritte und rufe deinen Hund öfters wieder vom Helfer ab.
2. Lege den Hund mit dem Lautzeichen „Platz" ab und fordere den Helfer auf, seine Arme zu heben. Gehe danach zum Helfer, durchsuche ihn und drehe ihn so, daß er beim Fliehen die Verfolgungsrichtung des Hundes leicht anschert.
3. Begib dich wieder zum Hund und nimm Grundstellung ein. Nach einigen Sekunden fliehe der Helfer, anfangs mit angezogenem Schutzarm, und versuche, in schnellem Lauf zu entkommen.
4. Schicke den Hund sofort hinter dem Helfer her, wobei du zunächst mitläufst. Hat der Hund den Schutzarm fest gefaßt, dann unterbreche der Helfer den Fluchtversuch nach einigen Schritten und bleibe ruhig stehen.
5. Warte einen Augenblick, gib das Hörzeichen „Aus" und bleibe in der Nähe des Hundes stehen. Läßt der Hund nicht aus, so verfahre, wie in Stufe I, Punkt 2 bis 4 der Übung „Auslassen und Transport mit Überfall" beschrieben.
6. Achte bei der Flucht darauf, daß
   a) der Hund bei der Durchsuchung des Helfers absolut ruhig liegenbleibt und nicht aufsteht, sich setzt, dir nachläuft, zum Helfer robbt oder den Helfer angreift,
   b) der Helfer bei steigendem Lernerfolg den Schutzarm beim Weglaufen leicht abgewinkelt natürlich bewegt,
   c) du die anfänglichen Unterstützungen wie das Gehen nach der Durchsuchung wieder zum Hund, das Mitlaufen mit dem Hund, das Auffordern des Hundes zum Nachsetzen usw. allmählich abbaust.
7. Sobald der Hund begriffen hat, daß er den Fluchtversuch des Helferns durch selbständiges Nachsetzen und festes Zufassen verhindern soll, fügen wir die Abwehr an.

8. Kurz nachdem der Hund vom Helfer abgelassen hat und ihn verbellt, unternehme der Helfer einen Angriff auf den Hund, indem er plötzlich den Schutzarm in Hochlage bringt und den Hund zuerst ohne, später mit erhobenem Stock und evtl. Lautäußerungen bedroht.

9. Hat der Hund fest zugefaßt und versucht er, den Angriff abzuwehren, erhält er gelegentlich 1 bis 2 dosierte Stockschläge auf die bekannten Körperteile.

10. Nach Einstellung der Kampfhandlung verfahre, wie unter Punkt 5 erläutert. Zum Schluß erhält der Hund als Belohnung die „Beute" Schutzarm.

g) „Einholen und Mutprobe"

Beherrscht der Hund die Übung „Flucht und Abwehr" so sicher, daß er

1. den Fluchtversuch des Helfers durch selbständiges Nachsetzen und festes Zufassen zu verhindern und diesen an seinen Platz zu bannen sucht und,

2. durch sofortiges festes Zufassen den Angriff des Helfers abzuwehren weiß und vor dessen Schlägen nicht zurückweicht,

dann üben wir die Disziplin „Einholen und Mutprobe" bis zur Vollkommenheit. Am besten geschieht dies im Anschluß an die Stufe III der Lektion „Auslassen und Transport mit Überfall".

1. Halte den Hund nach dem Auslassen am Halsband fest, während der Helfer weitergeht. Nach etwa 15 bis 20 Schritt drohe der Helfer und entferne sich in schneller Gangart.

2. Fordere den Helfer zum Stehenbleiben auf, ermuntere deinen Hund zum Nachsetzen, laß ihn los und laufe mit. Hat der Hund die Hälfte des Weges zurückgelegt, dann führe der Helfer je nach der Intensität des Hundes einen mehr oder weniger deutlichen Kehrangriff auf den Hund aus.

3. Hat der Hund fest zugefaßt, stelle der Helfer die Gegenwehr ein. Warte einen Augenblick, gib das Hörzeichen „Aus" und bleibe in der Nähe des Hundes etwa eine halbe Minute lang still stehen. Läßt der Hund nicht aus, so verfahre, wie in Stufe I, Punkt 2 bis 4 der Übung „Auslassen und Transport mit Überfall", beschrieben. Benutze dabei die 10 m Fährtleine.

4. Gehe danach zu deinem Hund, ruf ihn bei „Fuß", laß den Helfer einige Schritte zurücktreten, gib das Kommando „Platz" und entwaffne den Helfer. Anschließend führe den Seitentransport durch.

5. Steigere bei fortschreitendem Lernerfolg systematisch die Fluchtstrecke bis auf 100 Schritt, deinen Abstand zum kämpfenden Hund bis auf 60 Schritt und die Intensität des Kehrangriffes so weit, daß der Helfer mit einem biegsamen Stock in der erhobenen Hand, unter heftigen, drohenden Bewegungen und Vertreibungslauten angriffsartig auf den Hund zuläuft und ihn einzuschüchtern versucht, *ohne* ihn allerdings zu schlagen.

Mit der Einübung der Mutprobe ist der allgemeine Schutzdienstaufbau abgeschlossen. Jetzt trainieren wir den Hund speziell auf die einzelnen Prüfungsstufen. Dabei sollten wir Fehler oder Unvollständigkeiten, die während der Abrichtung entstanden sind, mit unerschütterlicher Ruhe und Konsequenz beseitigen. Doch hängt der Erfolg dieser „Arbeit" letztlich davon ab, inwieweit wir die wichtigsten Regeln der Schutzdienstausbildung beachten.

Zur Erinnerung seien sie nachfolgend nochmals zusammengestellt:

1. Baue die Schutzdienstleistungen *anfangs* auf den Beutetrieb des Hundes auf und *nicht* auf den Wehrtrieb. Dabei fördere den Beutetrieb des Hundes nur so stark, daß der Hund führig bleibt.

2. Lehre den Schutzhund das „Verbellen" und „Aus" *nicht* erst, wenn er im Beißen sehr stark ist. Bringe ihm schon *vorher* die Führigkeit bei und fördere dann erst seinen Kampftrieb weiter.

3. Laß den Hund *immer* siegen und lobe ihn, wenn er die Beute festhält und schüttelt. Denn das Gefühl des Sieges und des Beutebesitzes ist für den Kampftriebaufbau des Hundes von entscheidender Bedeutung.

4. Hetze den Hund *nie* zusammen mit anderen Hunden in einer Gruppe, weil die Ringhetze den Hund zu stark negativ beeinflußt.

5. Bewege die „Beute" Sack stets etwa *in Augenhöhe am Hund vorbei* und *vom Hund weg.* Niemals aber bedränge den Hund oder schlage ihm den Sack vor den Kopf oder an die Brust. Lasse ihn auch nicht über den Boden schleifen, so daß der Hund beim Zupacken den Kopf senken muß.

6. Schiebe dem Hund den Schutzarm *nicht* in den Fang und halte ihn ebensowenig in Hüfthöhe. Laß den Hund den Schutzarm aus der Hochlage selbst holen, weil dies den Beutedrang, die Griffstärke und die Angriffstechnik fördert.

7. Laß den Hund stets *deutlich* verspüren, daß du aufgibst, d. h. der Übergang zwischen Kampf und „Waffenruhe" muß für den Hund klar erkennbar sein. Verhalte dich in den Nichtkampfphasen absolut ruhig.

8. Gib das Hörzeichen „Aus" *nicht sofort* nach Beendigung der Kampfhandlung, sondern laß den Hund sich erst etwas abreagieren. Wirke beim Nichtauslassen nur mit Leinenruck oder Handabwehr ein, niemals aber mit dem Stock oder der Wurfkette.

9. Achte darauf, daß
   a) jede Verbellübung grundsätzlich mit dem Beißen und dem anschließenden „Aus" endet,
   b) der Helfer das einwandfreie Auslassen oder die Aufmerksamkeit des Hundes des öfteren durch Beißenlassen belohnt,
   c) die Stockschläge nicht obligatorisch regelmäßig erfolgen,

d) du nicht ständig nach der Prüfungsordnung arbeitest, sondern öfters Beutetriebförderung betreibst,

e) der Hund beim Aufbau *nicht* überfordert (zu starke Belastung), unterfordert (Beutespiel) oder frustriert (unklare Triebarbeit) wird, sondern Freude am Kämpfen entwickelt.

10. Denke stets daran, daß

a) für den Schutzhund nicht nur Mut, Härte und Kampftrieb wichtige Qualifikationen sind, sondern auch die Führigkeit,

b) der Schutzhund bis zu seinem 24. Lebensmonat als „Sporthund" ausgebildet und danach erst praxisbezogen aufgebaut wird,

c) die Leistung des Hundes nicht nur von der Erfahrung, der Ausdrucksweise und dem Einfühlungs- und Reaktionsvermögen des Helfers abhängt, sondern auch von deiner Führweise.

11. Die Grundlage des beschriebenen Aufbaus des Hundes im Schutzdienst bildet der Beutetrieb. Dieses Element des Kampftriebes genügt in der Regel, um mit dem Hund als „Sporthund" die allgemeinen Schutzhundprüfungen erfolgreich zu absolvieren. Dabei ist das Zielobjekt des „Sporthundes" die Beute Schutzarm und *nicht* der Helfer als Gegner.

12. Die zweite Grundlage des Aufbaus des Hundes im Schutzdienst bildet die Sozialaggression. Dieses ab der Rudelordnungsphase genutzte zweite Element des Kampftriebes führt nicht nur bei den allgemeinen Schutzhundprüfungen zum Erfolg, sondern formt den Hund gleichzeitig zum „Schutzhund". Dabei ist das Zielobjekt des „Schutzhundes" der Gegner Helfer und der Schutzarm *nur* ein erlernter Anbißpunkt. Die Handhabung dieser Aufbauart erläutert in *allen* Einzelheiten das Buch „Der echte, führige Schutzhund".

Allgemeines

Mit Beendigung des 24. Lebensmonats sollte die grundsätzliche Erziehung und Abrichtung des Schutzhundes abgeschlossen sein. Er sollte als „Sporthund" alle Einzelübungen der vom VDH herausgegebenen Prüfungsordnung (PO) in den Abteilungen A, B und C sicher beherrschen, einwandfrei ausführen und die drei Schutzhundprüfungen mit Erfolg bestanden haben. Dieser Aufbau nach der PO ist sehr wichtig, weil der Hundesport in erster Linie dem Ziel dient, die Leistungen der Hunde und deren Gebrauchswert sowie ihre Schönheit zu steigern. Hat der Hund dann mit erfolgreicher Absolvierung der SchH-III-Prüfung seine Gebrauchsfähigkeit unter Beweis gestellt, können wir problemlos mit ihm praxisbezogen weiterarbeiten.

Sofern ein Schutzhund nicht von Anfang an systematisch aufgebaut werden kann, so sollten wir bei der Ausbildung das schrittweise Einüben der einzelnen Disziplinen im Prinzip dennoch beibehalten. Denn auch bei älteren Hunden führt die Methode der kleinen Schritte zu schnelleren und besseren Ergebnissen als ein „Hauruckverfahren". vor allem besteht bei der schnellen „Dressur", die ohne Starkzwang nicht möglich ist, die akute Gefahr, daß der Hund im Wesen verdorben wird, freudlos über das Meideverhalten arbeitet oder bei den Übungen gänzlich versagt. Dies aber darf *nicht* unser Ausbildungziel sein. Einen Schutzhund „einzubrechen" ist kein Problem, ihn jedoch wesensgerecht, systematisch und erfolgreich aufzubauen ist eine Kunst, die wir als verantwortungsbewußte Hundeführer beherrschen sollten.

Eine erfolgreiche Schutzhundausbildung aber ist nur möglich, wenn zwei weitere wichtige Voraussetzungen erfüllt sind: der Schutzhund muß durchtrainiert und er muß gesund sein. Diese beiden Faktoren werden in der Praxis allzuoft unterbewertet, obwohl sie für die Arbeit des Hundes von *eminenter* Bedeutung sind. Denn die Leistung des Schutzhundes hängt letztlich ab von seiner Kondition und seinem Wohnbefinden.

Aus diesem Grunde sollten wir *unbedingt* darauf achten, daß der Schutzhund *stets* gut durchtrainiert ist, gesund ernährt, optimal gehalten und sorgfältig gepflegt wird. Die dafür notwendigen Kenntnisse sollen uns die nachfolgenden Ausführungen verschaffen.

I. Das Training des Schutzhundes

Der Schutzhund ist vergleichbar mit einem Sportler, dessen Leistungen letztlich von seiner Kondition abhängen. Dabei spielt das regelmäßige Training eine entscheidende Rolle. Ebenso ergeht es dem Schutzhund. Wird er nicht entsprechend seinem Alter zielbewußt trainiert, so ermüdet er bei der Erziehung und Abrichtung sehr rasch, er verliert die Lust und das Interesse an den Übungen, und wir laufen Gefahr, daß wir ihn dabei verderben. Dies aber haben wir unter allen Umständen zu vermeiden. Deshalb sollten wir die Kondition unseres Schutzhundes so früh wie möglich durch systematisches Training fördern.

Dies beginnt im Welpenalter bereits damit, daß wir dem Welpen viel freien Auslauf gewähren. Schon von der 3. Lebenswoche an sollten wir ihn täglich einige Zeit außerhalb seines Zwingers oder Wurfraumes verbringen lassen, entweder in einem größeren Auslauf, im Garten oder auf einer eingezäunten Wiese. Zuerst zusammen mit der Mutterhündin, danach mit zunehmendem Alter, unter unserer Aufsicht. Das ist sehr wichtig, denn wir sollten den Welpen nicht zu selbständig werden lassen, sonst wird er sich nie richtig an uns binden. Außerdem gibt uns der Auslauf, später der Ausgang, die Möglichkeit, nicht nur seine Kondition, sondern auch sein Verhalten bewußt aufzubauen. Vor allem lernt er den Unterschied zwischen heiterem Spiel und ernster Erziehung sehr früh kennen. Denn im Spiel ist der Hund fast gleichberechtigter Partner, während er bei der Erziehung unser Gehilfe ist, der unsere Anweisungen sofort und ohne Zögern zu befolgen hat. Dabei ist jedoch zu beachten, daß der Ausgang oder die Beschäftigung mit ihm sofort abgebrochen wird, wenn der Welpe Ermüdungserscheinungen zeigt.

Bis zu einem Alter von 6 Monaten wird der Welpe bzw. Junghund also mehr oder weniger spielerisch in Bewegung gehalten. Hatte der Hund in dieser Zeit täglich Gelegenheit, seine Kondition zu verbessern, so sollte er mit 6 Monaten einen Stand erreicht haben, bei dem wir mit dem systematischen Training beginnen können. In dieser Zeit werden auch die frei lebenden hundeartigen Jungtiere als vollwertige Jagdpartner in die Rudelorganisation eingeordnet.

Bevor wir jedoch mit dem systematischen Training beginnen, sollten wir unseren Hund untersuchen und auf Hüftgelenksdysplasie (HD) vorröntgen lassen. Denn ein Hund mit mittlerer bis schwerer HD sollte nur, wenn überhaupt, beschränkt belastet werden. Alles in allem sollte er körperlich und „geistig" gesund sein und die Anlage zu einem guten Schutzhund besitzen.

Sind alle Voraussetzungen erfüllt, so kann mit dem Lauf- und Ziehtraining begonnen werden. Dabei sind jedoch einige Grundregeln zu beachten:

1. Beginne mit dem systematischen Training erst dann, wenn der Hund mindestens 6 Monate alt, vorgeröntgt und möglichst frei von Hüftgelenksdysplasie (HD) ist. Trainiere jeden 2. Tag.
2. Mache dem Hund zuerst den Unterschied zwischen Dressurhalsband (Kettengliederhalsband) und Lederhalsband, evtl. in Verbindung mit dem Zuggeschirr, klar. Der Hund muß folgende Bedeutungen erlernen:
   a) Dressurhalsband = dicht bei Fuß gehen. Unter keinen Umständen vorauslaufen und ziehen. Kommando „Fuß"
   b) Lederhalsband und Zuggeschirr = ziehen, vorauslaufen. Kommando „Vorwärts" oder „Zieh".
3. Benutze immer die gleichen Kommandos. „Vorwärts" oder „Zieh" für Ziehen bzw. Vorauslaufen. „Halt", „Stopp" oder „Steh" für Halten und Stehenbleiben. Spreche stets ruhig und leise, aber ernst und konsequent. Benutze eine höhere Stimmlage nur bei besonderen Anlässen.
4. Achte darauf, daß jedes Kommando strikt befolgt wird. Dulde keine Ausnahme. Das erleichtert dem Hund das Lernen.
5. Achte auf Disziplin beim Training. Dadurch steigt dein Ansehen als „Chef" des Rudels. Lasse den Hund
   a) während des Laufens nicht anhalten, um ein dringendes Geschäft zu erledigen,
   b) nicht schnüffeln oder aus Pfützen saufen,
   c) nach eigenem Gutdünken nicht vom Weg abweichen, auch wenn fremde Hunde oder andere interessante Dinge dazu verlocken.
6. Benütze für die Ziehausbildung ein Polyäthylenseil (hohlgeflochten) als Zugseil mit eingebautem Ruckdämpfer. Die Wirbelsäule des Tieres wird damit völlig entlastet, ein evtl. starkes Hineinspringen in das Geschirr weich abgefangen.
7. Beginne langsam, den Hund rechts neben dem Fahrrad laufen zu lassen. Trete anfangs noch kräftig ins Pedal, denn der junge Hund darf noch keine Last übernehmen. Gebrauche das Kommando „Rad".
8. Passe das Tempo dem des jungen Hundes an. Zwinge ihm nie ein Tempo auf, das er nicht durchhält. Denn sonst kann er sehr leicht die Lust am Laufen verlieren, und eben das darf *nie* passieren. Achte darauf, daß der Hund im Trab bleibt.
9. Steigere systematisch die anfängliche Trainingsstrecke je nach Kondition des Hundes von 1 auf 3 bis 8 Kilometer.
10. Trainiere anfangs nur auf natürlich gewachsenem Boden (z. B. Feldwegen). Beziehe erst später befestigte Wege (Asphalt, Beton, Pflaster) in die Trainingsstrecke mit ein.
11. Vermeide, den Hund über Glasscherben oder große, spitze Steine laufen zu lassen.

12. Untersuche nach jedem Training die Pfoten auf Verletzungen.
13. Mit etwa 9 Monaten erhöhe die Trainingsstrecke je nach Kondition des Hundes auf ca. 8 bis 15 Kilometer.
14. Lasse jetzt erstmals den Hund ziehen. Beginne damit, daß du an das Ende des Zugseiles einen nicht zu schweren Gegenstand bindest, z. B. ein kleines, dünnes Bäumchen. Laufe mit Leinenverbindung hinterher und gebe Kommandos. Zieht er auf das Hörzeichen, entferne den Gegenstand und laß dich selbst ziehen, entweder indem du zu Fuß hinterher läufst oder dich auf dem Fahrrad ziehen läßt.
15. Trainiere den Hund vom 12. Lebensmonat an nun konstant über eine Strecke von 15 bis 20 Kilometer. Variiere zwischen den Übungen „Am-Fahrrad-Laufen" und „Mit-Leinenverbindung-hinterher-Laufen" und „-Ziehen-Lassen".
16. Lege vom 9. Monat an nach 8 Kilometer die erste und nach 15 Kilometer eine zweite Ruhepause von 15 Minuten ein. Lasse den Hund frei laufen oder ausruhen. Später erhöhe die Kilometerleistung zwischen den Pausen je nach der Kondition des Hundes.
17. Gebe dem Hund nach Beendigung der Laufübung erst dann Wasser, wenn er sich mindestens 15 Minuten lang im Freien verschnauft hat. Tränke den Hund *nie* zwischendurch.
18. Füttere den Hund während der Trainingszeit erst ca. 2 Stunden nach dem Laufen. Besser sogar später. Füttere ihn aber auf keinen Fall *vor* dem Rennen.
19. Lobe den Hund zwischendurch und besonders ausgiebig am Ende jedes Trainings.
20. Vergesse nie: der richtig trainierte Hund macht keinen Fehler. Die macht nur der Herr. Klappt etwas nicht, schiebe nicht die Schuld auf den Hund.

II. Die Haltung des Schutzhundes

Die Grundlage für die Haltung eines Hundes sind die Richtlinien und Verordnungen des Tierschutzgesetzes vom 24. 7. 1972 und 6. 6. 1974. Diese gesetzlichen Bestimmungen sollte jeder Hundefreund kennen und befolgen.

Als verantwortungsbewußter Besitzer eines Schutzhundes sollten wir bei der Haltung eines Leistungshundes darüber hinaus noch einige wichtige Dinge berücksichtigen. Vor allem sollten wir großen Wert auf eine hervorragende Konstitution und Kondition legen, weil diese Eigenschaften und „Bedingungen" die Arbeit des Hundes sehr stark beeinflussen.

Das regelmäßige Training als eine Komponente der körperlichen Leistungsfähigkeit haben wir bereits behandelt. Die weiteren Komponenten sind eine gesunde und leistungsbezogene Ernährung, eine naturnahe und aufgabengemäße Haltung und eine sorgfältige und regelmäßige Pflege. – Im einzelnen sollten wir folgendes beachten:

A. Ernährung

1. Der Hund ist ein Karnivor. Füttere deshalb täglich ausreichend Fleisch, d. h. die Futtermenge sollte wenigstens aus einem Drittel Fleisch und zwei Drittel aufbereiteten Zeralien oder gutem Fertigfutter in Flockenform bestehen.
2. Achte bei überwiegender Fleischfütterung darauf, daß im Blut des Hundes keine Störung des Säure-Basen-Gleichgewichtes eintritt. Fängt der Hund an, Kot, Aas und Gräser zu fressen, dann verabreiche sofort Alkalibildner wie doppeltkohlensaures Natrium, älteres, stinkendes Fleisch, Milch, geriebene Karotten oder Äpfel usw.
3. Das Futter sollte reich an Eiweiß und Mineralstoffen sein. Doch reiche gelegentlich auch Gaben von Fetten, die ungesättigte Fettsäuren enthalten wie z. B. Becel-Margarine, gekochte oder gebackene Kohlehydrate, Bier- oder Backhefe, rohe oder gekochte Eier usw.
4. Gebe dem Hund nur soviel Futter, daß er schlank bleibt, d. h. die Rippen sollten beim Streicheln des seitlichen Brustkorbes mit der flachen Hand gut zu fühlen bzw. die unwahren Rippen beim Atmen des Hundes aus einer Entfernung von 3 bis 5 Meter durch das Fell noch leicht sichtbar sein.
5. Denke bei der Fütterung daran, daß der leere Magen eines Welpen die Größe eines 5-DM-Stückes hat und der leere Magen des erwachsenen Hundes etwa faustgroß ist. Deshalb: *Qualität geht vor Quantität!*
6. Die Anzahl der Mahlzeiten pro Tag richten sich nach dem Alter des Hundes. Füttere aus diesem Grunde

den Welpen	vom 2. bis 5. Lebensmonat	4mal täglich
den Junghund	vom 5. bis 8. Lebensmonat	3mal täglich
den Hund	vom 8. bis 12. Lebensmonat	2mal täglich
den erwachsenen Hund	vom 12. Lebensmonat an	1mal täglich

7. Füttere so, daß die Kalorienzahl dem Körpergewicht und der Arbeitsleistung des Hundes entspricht. Dies bedeutet zum Beispiel:

Körper-	ca. Kalorienbedarf in Kal. pro Tag bei		
gewicht (kg)	Ruhe	mäßiger – mittl. Arbeit	schwerer Arbeit
10	750	1000–1260	1500
20	1240	1660–2060	2460
30	1670	2250–2760	3360
40	2200	2760–3560	4200
50	2750	3560–4160	5000

8. Reiche dem Hund neben Weichfutter auch sorgfältig dosierte Vitamingaben und nicht splitternde Knochen oder harten Hundekuchen. Für Welpen und Junghunde sind rohe Schweineohren und Kalbsknochen, für ältere Hunde bestimmte Rinds- und Schweineknochen (z. B. Schweinepfötchen) zu empfehlen.

9. Füttere stets zur gleichen Zeit, am gleichen Ort, aus dem gleichen Napf ein möglichst stubenwarmes Futter. Achte aber darauf, daß
   a) zwischen Fütterung und Arbeit mindestens 2 Stunden liegen
   b) der Hund immer frisches Wasser in ausreichender Menge erhält, hier gilt: je trockener die Nahrung, desto größer die Flüssigkeitsmenge
   c) du dem Hund die Flüssigkeit nur *vor* oder *ab* 2 Stunden nach der Mahlzeit reichst
   d) der Hund die letzte Mahlzeit nicht nach 18 Uhr bekommt
   e) der Hund nach dem Fressen ausruhen kann, weil Bewegung die Verdauung hemmt
   f) der erwachsene Hund 1 Tag in der Woche fastet, weil der Fasttag das Wohlbefinden des Hundes fördert.

10. Gib jedem Hund eine eigene, stabile, glatte, nicht zu leichte und möglichst standfeste Futterschüssel. Sie sollte evtl. brusthoch auf einem festen Gestell stehen und muß nach jeder Mahlzeit gereinigt werden.

B. Haltung

1. Der Schutzhund sollte wetterfest, widerstandsfähig, gesund und durchtrainiert sein. Deshalb absolviere zu den 3–4 Entleerungsgängen täglich und bei *jedem* Wetter einen wenigstens eineinhalbstündigen Trainingslauf jeden 2. Tag.

2. Trainiere den Hund abwechselnd am Fahrrad und zu Fuß. Dabei sollte der gemeinsame Lauf mindestens 1 Stunde dauern.

3. Verbleibe während dieser Stunde stets in seelischem Kontakt zu deinem Hund. Stelle ihm öfters einzelne Aufgaben wie „Steh", „Platz", „Such", „Voraus", damit er sich geistig betätigt und seine Sinne schärft.

4. Halte einen Leistungshund weder ständig in der Wohnung noch ausschließlich im Zwinger. Kombiniere Zwinger- und Heimhaltung. Das bedeutet: lasse einen „Zwingerhund" am Tag mind. 3 Stunden am Familienleben im Heim teilnehmen und einen „Wohnungshund" wenigstens 3 Stunden im Garten oder Zwinger verbringen.

5. Achte darauf, daß alle Gegenstände, mit denen der Hund in Berührung kommt, einschließlich Lager und Zwinger, ständig sauber sind und von

Zeit zu Zeit desinfiziert werden. Denn Reinheit ist die Grundbedingung für die gesunde und erfolgreiche Haltung eines Schutzhundes.

C. Pflege

1. Beobachte und untersuche den Hund täglich auf Parasitenbefall, Verletzungen, Ekzeme usw. Ist das Ergebnis positiv, behandle ihn sofort.
2. Bürste, striegle und kämme das Haarkleid des Hundes täglich ausgiebig. Bade jedoch den Hund nur, wenn die Umstände es erfordern, d. h. zu Desinfektionszwecken, aus Behandlungsgründen oder zur gründlichen Reinigung.
3. Reinige in gewissen Abständen die äußeren Ohrmuscheln mit Hilfe eines Schwammes. Entferne jedoch täglich das in den Augenwinkeln festgesetzte Sekret mit Zellstoff.
4. Reiche dem Hund abends zur Gebißreinigung einen Knochen oder harten Hundekuchen.
5. Laß den Hund viel auf hartem Untergrund laufen, damit sich seine Krallen abnutzen und er harte, widerstandsfähige und robuste Pfoten bekommt.
6. Untersuche regelmäßig den Kot des Hundes auf Schmarotzerbefall. Lasse in gewissen Zeitabständen auch eine mikroskopische Kotuntersuchung vornehmen.
7. Unterlasse vertraute Liebesbeweise, das Abküssen, Abdrücken und Ins-Bett-Nehmen des Hundes.
8. Wasche nach jedem Kontakt mit dem Hund oder dessen Gegenständen deine Hände, weil Hygiene, auch wenn sich der Hund bei bester Gesundheit befindet, eines der wichtigsten Grundgesetze der Hundehaltung ist.

D. Verordnung über das Halten von Hunden im Freien
Vom 6. Juni 1974

Auf Grund des § 13 Abs. 1 des Tierschutzgesetzes vom 24. Juli 1972 (Bundesgesetzbl. I S. 1277) wird mit Zustimmung des Bundesrates verordnet:

1. Sachlicher Geltungsbereich
§ 1

(1) Diese Verordnung gilt für Haushunde, die im Freien gehalten werden.
(2) Haltung im Freien im Sinne dieser Verordnung ist

1. Anbindehaltung,
2. Zwingerhaltung,
3. Haltung auf Freianlagen,
4. Haltung in Schuppen, Scheunen, nicht benutzten Stallungen, Lagerhallen oder ähnlichen Einrichtungen.

(3) Die Verordnung findet keine Anwendung auf
1. Hütehunde während der Begleitung von Herden,
2. Hunde während einer tierärztlichen Behandlung, soweit diese nach dem Urteil des Tierarztes im Einzelfall anderes erfordert,
3. Hunde in wissenschaftlich geleiteten Versuchstierhaltungen und Hunde in Tierversuchen, soweit der verfolgte Zweck bei wissenschaftlich geleiteten Versuchstierhaltungen nach dem Urteil des Leiters der Versuchstierhaltung, bei Tierversuchen nach dem Urteil des Leiters des Versuchsvorhabens anderes erfordert.

(4) Veterinärpolizeiliche und sonstige ordnungsbehördliche Anordnungen bleiben unberührt.

2. Anbindehaltung
§ 2

(1) Hunde dürfen nur dann angebunden gehalten werden, wenn ihnen im Aufenthaltsbereich ein Schutzraum, zum Beispiel eine Hundehütte, zur Verfügung steht.

(2) Der Schutzraum muß allseitig aus wärmedämmenden, gesundheitsunschädlichem Material hergestellt sein. Das Material muß so verarbeitet sein, daß der Hund sich daran nicht verletzen kann. Der Schutzraum muß gegen nachteilige Witterungseinflüsse Schutz bieten, insbesondere darf Feuchtigkeit nicht eindringen.

(3) Der Schutzraum muß so bemessen sein, daß der Hund sich darin verhaltensgerecht bewegen und den Raum durch seine Körperwärme warmhalten

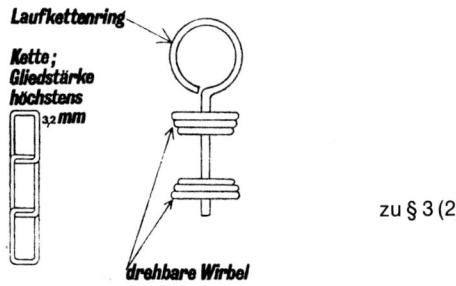

Laufkettenring

Kette; Gliedstärke höchstens 3,2 mm

zu § 3 (2)

drehbare Wirbel

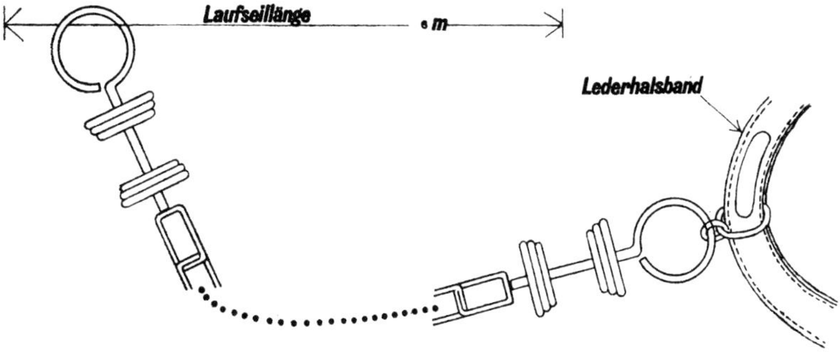

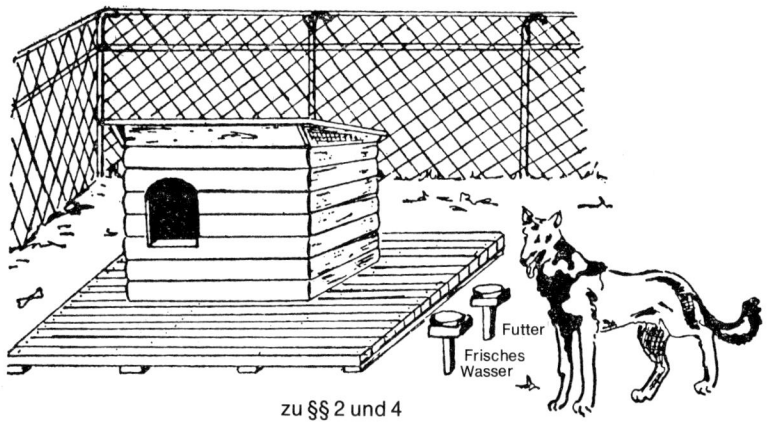

Laufseillänge ← 6 m →

Lederhalsband

Länge des Laufseils mind. 6 m

Laufkettenring
drehbarer Wirbel

Lederhalsband
drehbarer Wirbel

zu §§ 2 und 3

Futter

Frisches
Wasser

zu §§ 2 und 4

kann. Das Innere des Schutzraumes muß sauber, trocken und ungezieferfrei gehalten werden.

(4) Die Öffnung des Schutzraumes muß der Größe des Hundes entsprechen; sie darf nur so groß sein, daß der Hund ungehindert hindurchgelangen kann. Die Öffnung muß der Wetterseite abgewandt und gegen Wind und Niederschlag abgeschirmt sein.

(5) Der Aufenthaltsbereich in der engeren Umgebung des Schutzraumes muß saubergehalten werden. Der Boden muß so beschaffen oder so angelegt sein, daß Flüssigkeit versickern oder abfließen kann.

(6) Bei starker Sonneneinstrahlung und hohen Außentemperaturen muß dem Hund außerhalb des Schutzraumes ein schattiger Platz zur Verfügung stehen.

§ 3

(1) Hunde dürfen nur mit einem breiten, nicht einschneidenden Halsband oder einem entsprechenden Brustgeschirr angebunden werden.

(2) Die Anbindung (Kette, Seil oder ähnliches) muß mit zwei drehbaren Wirbeln versehen sein, die eine Verkürzung der Anbindevorrichtung durch Aufdrehen verhindern. Das Anbindematerial muß von geringem Eigengewicht und so beschaffen sein, daß der Hund sich nicht verletzen kann. Bei Ketten darf die Drahtstärke der Glieder 3,2 mm nicht überschreiten.

(3) Die Anbindung darf nur an einer mindestens 6 m langen Laufvorrichtung (Laufseil, Laufdraht, Laufstange) angebracht werden. Die Anbindung muß an der Laufvorrichtung frei gleiten können und so bemessen sein, daß sie dem Tier einen zusätzlichen beidseitigen Bewegungsspielraum von mindestens 2,5 m bietet.

zu § 3 (3)

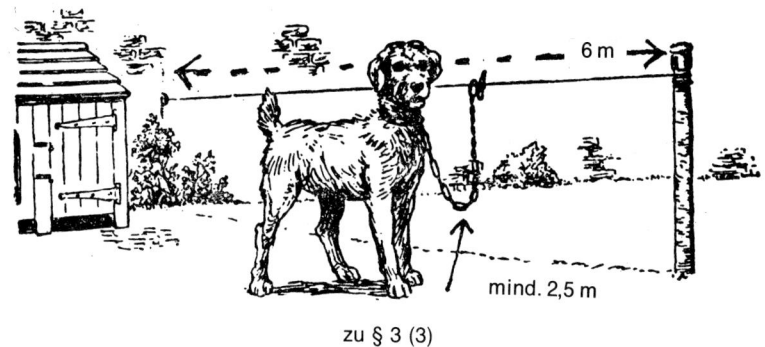

6 m

mind. 2,5 m

zu § 3 (3)

(4) Laufvorrichtung und Anbindung müssen so angebracht sein, daß der Hund seinen Schutzraum ungehindert aufsuchen kann. Im Laufbereich dürfen keine Gegenstände vorhanden sein, die die Bewegung des Hundes behindern oder zu Verletzungen führen können. Kot ist regelmäßig zu entfernen.

3. Zwingerhaltung
§ 4

(1) Hunde dürfen nur dann in offenen oder teilweise offenen Zwingern gehalten werden, wenn ihnen innerhalb ihres Zwingers oder unmittelbar mit dem Zwinger verbunden ein Schutzraum zur Verfügung steht. Der Schutzraum muß den Anforderungen des § 2 genügen.
(2) Die Grundfläche des Zwingers muß der Zahl und Art der auf ihr gehaltenen Hunde angepaßt sein. Die Mindestbreite des Zwingers muß der Körperlänge des Hundes entsprechen. Für einen mittelgroßen, über 20 kg schweren Hund ist eine Grundfläche ohne Schutzraum von mindestens 6 qm erforderlich; für jeden weiteren in demselben Zwinger gehaltenen Hund, ausgenommen Welpen beim Muttertier, sind der Grundfläche 3 qm hinzuzurechnen.
(3) Boden, Einfriedung und die übrige Einrichtung des Zwingers müssen aus gesundheitsunschädlichem Material hergestellt und so verarbeitet sein, daß die Hunde sich nicht verletzen können. Die Einfriedung muß zusätzlich so beschaffen sein, daß sie von den Hunden nicht überwunden werden kann. Mindestens eine Seite des Zwingers muß den Hunden Sicht nach außen ermöglichen. Besteht der Boden des Zwingers nicht aus wärmedämmendem Material, muß außerhalb des Schutzraumes eine wärmedämmende Liegefläche vorhanden sein. Der Boden muß so beschaffen oder so angelegt sein, daß

Flüssigkeit versickern oder abfließen kann. Das Innere des Zwingers muß sauber, trocken und ungezieferfrei gehalten werden.

(4) Bei starker Sonneneinstrahlung und hohen Außentemperaturen muß den Hunden außerhalb des Schutzraumes ein schattiger Platz zur Verfügung stehen.

(5) Hunde dürfen in einem Zwinger nicht angebunden gehalten werden.

(6) Gleichgeschlechtliche geschlechtsreife Hunde, die noch keinen Kontakt miteinander hatten, dürfen in demselben Zwinger nur unter Kontrolle zusammengebracht werden.

(7) Werden Hunde in einem Zwinger in Einzelboxen gehalten, so muß die Trennvorrichtung der Boxen so beschaffen sein, daß die Hunde sie nicht überwinden und sich nicht beißen können. Für die Größe der Einzelboxen gelten die Anforderungen des Absatzes 2.

§ 5

Die Vorschriften des § 4 Abs. 2, 3, 5 und 6 gelten sinngemäß für in Festbauweise errichtete Zwinger (Hundehaus). Diese Zwinger müssen darüber hinaus ausreichend vom Tageslicht beleuchtet sein. Die Fläche der Öffnungen für das Tageslicht muß mindestens ein Achtel der Bodenfläche betragen. Die Zwinger müssen ausreichend be- und entlüftet werden.

4. Sonstige Haltung
§ 6

Werden Hunde auf Freianlagen oder in Schuppen, Scheunen, nicht benutzten Stallungen, Lagerhallen oder ähnlichen Räumen gehalten, so muß ihnen ein Schutzraum zur Verfügung stehen, der den Anforderungen des § 2 genügen muß. In der warmen Jahreszeit kann an Stelle eines Schutzraumes in den genannten Räumen an einem trockenen, zugfreien, gegen Boden- und Wandkälte abgeschirmten Platz eine Lagerstatt aus wärmedämmendem Material eingerichtet werden. Werden die Hunde angebunden gehalten, so gelten im übrigen die §§ 2 und 3.

5. Wartung und Pflege
§ 7

(1) Der Besitzer oder der mit der Wartung und Pflege des Hundes Beauftragte hat sich mindestens einmal täglich von dem Befinden des Hundes, der Beschaffenheit der Unterkunft und bei Anbindung von dem Zustand der Anbindevorrichtung zu überzeugen und Mängel unverzüglich abzustellen.

(2) Futter- und Tränkebehälter sind sauberzuhalten, sie müssen aus gesundheitsunschädlichem Material bestehen und so beschaffen sein, daß der Hund sich nicht verletzen kann. Frischer Trank muß dem Hund jederzeit in ausreichender Menge zur Verfügung stehen.

(3) Hunden, die angebunden oder in Räumlichkeiten nach § 6 gehalten werden, muß täglich mindestens 60 Minuten freier Auslauf gewährt werden.

6. Verbotsvorschriften
§ 8

Es ist verboten,

1. a) Hunde mittels Würge- oder Stachelhalsband,
   b) tragende Hündinnen vom letzten Drittel der Trächtigkeit ab,
   c) säugende Hündinnen oder
   d) kranke Hunde
   angebunden zu halten,

2. Hunde bei anhaltend nasser Witterung angebunden oder in offenen, nicht überdachten Zwingern zu halten.

7. Ordnungswidrigkeiten
§ 9

Ordnungswidrig im Sinne des § 18 Abs. 2 Nr. 16 des Tierschutzgesetzes handelt, wer vorsätzlich oder fahrlässig

1. entgegen § 2 Abs. 1 oder § 4 Abs. 1 Satz 1 einen Hund ohne Schutzraum hält,

2. einer Vorschrift des § 3 Abs. 1 oder 3 Satz 1 über die Anbindung von Hunden zuwiderhandelt,

3. einer Vorschrift des § 4 Abs. 2 Satz 2 oder 3, auch in Verbindung mit Abs. 7 Satz 2, über die Mindestgröße der Zwinger zuwiderhandelt oder

4. einem Verbot des Anbindens von Hunden nach § 4 Abs. 5 oder § 8 Nr. 1 zuwiderhandelt.

8. Schlußvorschriften
§ 10

Diese Verordnung gilt nach § 14 des Dritten Überleitungsgesetzes vom 4. Januar 1952 (Bundesgesetzblatt I S. 1) in Verbindung mit § 22 des Tierschutzgesetzes auch im Land Berlin.

§ 11

(1) diese Verordnung tritt am 1. Januar 1975 in Kraft.

(2) Gleichzeitig treten außer Kraft

Baden-Württemberg
die Verordnung des Innenministeriums über das Halten von Hunden im Freien vom 7. Juli 1969 (Gesetzblatt für Baden-Württemberg, S. 149),

Bayern
die Landesverordnung über das Halten von Kettenhunden im Freien vom 12. Mai 1970 (Bayerisches Gesetz- und Verordnungsblatt, S. 249),

Hessen
der Erlaß „Tierschutz; hier: Haltung und Unterbringung von Hunden im Freien" vom 7. November 1969 (Staats-Anzeiger für das Land Hessen, S. 2015),

Niedersachsen
der Runderlaß „Tierschutz; hier: Haltung von Hunden" vom 17. April 1972 (Niedersächsisches Ministerialblatt, S. 755),

Nordrhein-Westfalen
die Verordnung über das Halten von Hunden im Freien vom 5. November 1968 (Gesetz- und Verordnungsblatt für das Land Nordrhein-Westfalen, S. 342),

Rheinland-Pfalz
die Landesverordnung zur Durchführung des Tierschutzgesetzes vom 5. Oktober 1970 (Gesetz- und Verordnungsblatt für das Land Rheinland-Pfalz, S. 392),

Schleswig-Holstein
die Landesverordnung über das Halten von Hunden vom 29. Dezember 1969 (Gesetz- und Verordnungsblatt für Schleswig-Holstein 1970, S. 8).
Bonn, den 6. Juni 1974

Der Bundesminister
für Ernährung, Landwirtschaft und Forsten
J. Ertl
Veröffentlicht im BGBl. Nr. 60/1974 Seite 1265/67 am 12. Juni 1974.

Allgemeine Begriffsbestimmung von A–Z

A

Abhärtung: Möglichst natürliche Haltung und Aufzucht (bei jeder Witterung im Freien), denn Abhärtung ist Krankheitsschutz.

Ablegen: Erziehung zum Platznehmen und Platzhalten im Haus und an jeder beliebigen Stelle im Freien. Der Hund darf seinen Platz nur auf ausdrücklichen Befehl verlassen.

Ahnentafel ist der schriftliche Nachweis über Rassenreinheit, Name und Abstammung des Hundes; gehört zum Hund und ist beim Verkauf dem neuen Eigentümer unbedingt unterschrieben auszuhändigen. Die Ahnentafel gilt als Urkunde im juristischen Sinne und wird von dem zuständigen Zuchtbuchamt der Rasse amtlich ausgestellt und schriftlich anerkannt.

Anpassung: Verhältnis des Hundes zum Herrn und Heim. Eine gute Harmonisierung ist abhängig vom Rassetyp, Menschentyp, Verhalten, Temperament, Umwelt usw.

Anspringen ist das unerwünschte Hochspringen des Hundes und sollte ihm schon sehr früh abgewöhnt werden.

Apotheke sollte stets komplett und deutlich als Hundeapotheke gekennzeichnet sein. Inhalt: Fieberthermometer, Schere, Pinzette, Watte, Leukoplast, reiner Alkohol, Ohrenöl, Augenwasser, Jodtinktur, Vaseline, Tabletten gegen Durchfall, Ungezieferpuder, Hundeseife oder Shampoo, Desinfektionsmittel usw.

Appell: Unbedingte Folgsamkeit als Grundlage für die gesamte Erziehung und Abrichtung. Wird durch ständiges Üben zielbewußt gefestigt.

Apportieren ist das Bringen eines ausgelegten oder weggeworfenen Gegenstandes.

Ausbildung: Richtet sich primär nach der Rasse und den Wünschen des Besitzers. Sie sollte geduldig und konsequent durchgeführt werden und hat zum Ziel, dem Besitzer einen wohlerzogenen Kameraden und zuverlässigen Gefährten zu formen.

Ausbildungskennzeichen ist ein auf Prüfungen eines Rassezuchtvereines erworbenes Kennzeichen, z. B. Schutzhundprüfung Stufe I–III. Bei einem Schutzhund sollte stets das höchste Ausbildungskennzeichen angestrebt werden. Hunde, die dieses Ziel nicht oder nur mit mäßigem Erfolg erreichen, sind für die Zucht von Leistungstieren wenig geeignet.

Ausdruck: Die äußeren Merkmale der seelischen und geistigen Verfassung des Hundes, der sich entsprechend der verschiedenen Situationen verändern kann. Er spiegelt sich durch Stimme, Gesichtsausdruck, Haltung der Ohren, der Rute, den Ausdruck der Augen und der Gebärden wider.

Auslassen sollte der Hund auf Befehl alles, was er im Fang hält.

Austreten: Dem Hund sollte drei- bis viermal am Tag Gelegenheit gegeben werden, seine Geschäfte zu erledigen.

Autokrankheit: Reisekrankheit, die durch Bewegungen ausgelöst wird, an die der Körper nicht gewöhnt ist. Hunde schrittweise an das Autofahren gewöhnen. Darauf achten, daß dem Hund im Auto nichts Unangenehmes widerfährt.

B

Beißen sollte der Hund nur im Notfall oder auf Befehl seines Herrn. Der Hundebesitzer hat für entstehenden Schaden gesetzlich zu haften.

Beißereien: Kampf unter Hunden. – Ankündigung: Knurren, Hochstellen der Rückenhaare und der Rute, Zähne-Zeigen, stelzender Gang, Aufrichten der Ohren. – Schlichtung: Beide Besitzer heben ihren Hund an den Hinterbeinen hoch. – Schuld bei entstandenem Schaden hat der Besitzer, der seiner Sorgfaltspflicht nicht genügte (z. B. ein Hund war nicht angeleint).

Bellen ist die vielgestaltige Lautäußerung des Hundes, welche bis zur Lärmbelästigung führen kann. Deshalb sollte jeder Hund dazu erzogen werden, seine Lautäußerungen der Umwelt anzupassen.

Betteln ist bereits dem Welpen abzugewöhnen. Niemals Leckerbissen vom Eßtisch geben.

Bewegung gehört in ausreichendem Maße zum täglichen Leben und zur Gesunderhaltung des Hundes. Wer seinem Schutzhund nicht täglich mindestens zwei Stunden Auslauf gewähren kann, sollte die Hundehaltung aufgeben.

Bissigkeit trifft dann bei Hunden zu, wenn sie ohne besonderen Grund Lebewesen angreifen oder auf jede nur scheinbare Bedrohung mit einem blindwütigen Angriff reagieren. Sie wird den Hunden oft durch falsche Erziehung beigebracht (aneifern, anhetzen). Angstbeißen ist Wesensschwäche.

Blutlinie: Ahnenreihe einer bestimmten Familie, die durch bestimmte Ahnen und deren Sprosse innerhalb der Ahnentafel repräsentiert wird.

C

Charakter ist die Eigentümlichkeit und die Eigenart des Hundes. Er äußert sich z. B. durch Temperament, Kampfesmut, Anhänglichkeit, Lernfreudigkeit, Arbeitswillen, Ausdauer, Treue. Jede Hunderasse hat ihre eigenen Charaktermerkmale. Deshalb beim Kauf auf den Charakter achten! Nicht jeder Hund paßt zu jedem Menschen.

D

Durst sollte der Hund nie leiden. Ab zwei Stunden nach der Fütterung sollte dem Hund mehrmals täglich frisches Wasser gereicht werden (bis ca. 17 Uhr). Hierbei gilt: je trockener die Nahrung, desto größer die Flüssigkeitsmenge, die der Körper für die chemische Reaktion benötigt. Krankhaftes Durstgefühl tritt bei Nierenerkrankungen, Diabetes und hohem Fieber auf.

E

Eigenangriff ist der Angriff oder Biß des Hundes auf seinen Besitzer. Hier hilft nur: den Hund wie noch nie zu verdreschen. Dann die Situation mit angeleintem Hund wiederholen. Beißt er erneut, sofort an der Leine hochhalten und wieder verdreschen. Beißt er nicht, wird der Hund tüchtig gelobt. Beißt der Hund aus Schmerz, dann ist das lediglich eine Abreaktion.

Erziehung heißt, einem jungen Hund bis zum Alter von etwa 1 Jahr mit Liebe, Ausdauer, Konsequenz, Ruhe und Geduld Dinge beizubringen, die er machen oder unterlassen soll. Sie vollzieht sich nach den Regeln von Lob und Tadel. Der Besitzer sollte sich viel mit dem Hund beschäftigen. Erziehung ist nicht Abrichtung.

Exkremente müssen aus dem Zwinger oder dem sonstigen Aufenthaltsraum täglich entfernt werden. Der Boden ist regelmäßig zu säubern und zu desinfizieren.

F

Fährten ist das intensive Suchen mit tiefer Nase dicht am Boden. Bei schwacher Witterung langsam und tastend, bei guter Witterung etwas flotter.

Folgsamkeit ist die Grundlage für die gesamte Aufbauarbeit.

Fremdangriff ist der Angriff eines fremden Hundes auf die eigene Person. Hier hilft nur: stillstehen, nicht bewegen und nicht weglaufen.

Führigkeit ist die angeborene oder anerzogene Lenksamkeit in den einzelnen Arbeitssparten, sowohl in angeleintem als auch in abgeleintem Zustand.

Futter sollte reich an Eiweiß- und Mineralstoffen sein. Viel Fleisch mit Milch, Karotten oder Gemüse bzw. entsprechende Portionen Fertigfutter.

Futtermenge: Der Hund erhält soviel Futter, daß er schlank bleibt, d. h. die Rippen sollten beim Streicheln des seitlichen Brustkorbes mit der flachen Hand gut zu fühlen sein.

Futternapf: Sollte stabil, glatt, standfest und nicht zu leicht sein. Er muß nach jeder Mahlzeit gereinigt werden. Aufstellung evtl. brusthoch in festem Gestell.

Futterverweigerung ist die Befolgung des systematisch anerzogenen Gebots, die Annahme von Futter und Belohnungshappen aus fremder Hand zu verweigern.

G

Gebärden sind z. B. Demutsgeste, Imponiergehabe, Drohstellung, Freude, Trauer, Schmerz, Unsicherheit und Angst (s. auch Ausdruck).

Gebiß bedarf sorgfältiger Pflege z. B. durch Fütterung von Knochen oder Hundekuchen. Das bleibende Gebiß (ab 5. bis 9. Monat) hat 42 Zähne. Davon sind 12 Schneidezähne, 4 Fangzähne, 16 Prämolaren und 10 Molaren.

Gehör ist dem des Menschen überlegen. Das menschliche Ohr erfaßt pro Sekunde 16 000 bis 20 000 Schwingungen (Hz), der Hund kann dagegen jede Schallfrequenz von 30 000 bis 80 000 Hz wahrnehmen. Es rangiert beim Hund jedoch nach dem Geruchssinn.

Geruchssinn ist sehr ausgeprägt. Der Mensch besitzt eine Riechschleimhaut von ca. 5 qcm mit nur 5 bis 7 Millionen Geruchrezeptoren, der Hund dagegen eine solche von ca. 160 qcm mit bis zu 220 Millionen Geruchrezeptoren. Die Dicke der Schleimhaut beträgt beim Menschen nur 0,006 cm, beim Hund mittlerer Größe 0,1 cm.

Geselligkeit ist ein Urtrieb des Hundes, der ihn befähigt, sich dem Menschen anzuschließen.

Gesichtssinn vermittelt aufgrund der Augenlage nicht die plastische Schärfe wie beim Menschen, sondern ist mehr auf das Bewegungssehen eingestellt. Scharfsehen nur bei einer Entfernung von 5 bis 8 Meter, Ferneinstellung (Bewegungssehen) von 5 bis 350 Meter im Mittel.

Gesundheit ist nur bei sorgfältiger Pflege, richtiger Ernährung, ausreichender Bewegung und Abhärtung des Hundes gewährleistet. Gebiß-, Haut- und Haarpflege sollten regelmäßig erfolgen.

H

Haftpflichtversicherung sollte für den Hund unbedingt abgeschlossen werden, da der Hundehalter für alle Schäden haftet. Diese Schäden deckt jedoch nur eine Hundehaftpflichtversicherung, nicht aber die übliche Haftpflichtversicherung.

Hart ist ein wenig einfühlsamer, unempfindlicher Hundecharakter, der wohl hart im Nehmen und Ertragen, wesensmäßig aber schwer zu leiten und abzuführen ist.

Hetzen ist das Verfolgen einer Beute auf Sicht oder mit der Nase.

Hochheben sollte man die Jungtiere mit beiden Händen, wobei die eine Hand den Hund im Nacken faßt und die andere ihn unter der Brust abstützt.

Hundebesitzer ist der rechtmäßige Besitzer des Hundes. Zu den Pflichten gehört u. a.: Hundesteuer zahlen, für Schäden, die der Hund anrichtet, haften; beim Spazierengehen mit dem Hund die Straßenverkehrsordnung beachten; Tollwutverdacht sofort melden und den Hund gem. des Tierschutzgesetzes vom 24.7.1972 halten und unterbringen. Wichtig: der Hundebesitzer behält auch dann die Haftung, wenn er die Sorge für die Unterkunft eines Tieres anderen Personen überträgt.

Hundebiß sorgfältig behandeln und beobachten. Unbedingt gegen Tetanus spritzen lassen. Bei Tollwutverdacht Schutzimpfung!

Hundesport dient dem Ziel, die Leistungen der Hunde und deren Gebrauchswert und Schönheit zu steigern.

Hundesteuer ist eine Gemeindesteuer, die aufgrund örtlicher Steuerverordnung bemessen ist. Die Hebesätze sind unterschiedlich. Vergünstigungen für Gebrauchs- und Schutzhunde werden gewährt. Bei der Gemeinde erfragen.

I

Impfung sollte beim Hund regelmäßig durchgeführt werden. Vor allem gegen Staupe, Hepatitis, Leptospirose und Tollwut. Näheres beim Tierarzt erfragen.

Intelligenz ist zum Teil rassebedingt und umfaßt Klugheit, Anpassungsfähigkeit und Gelehrigkeit. Sie kann durch ein gutes Verhältnis zum Herrn und intensive Beschäftigung mit dem Hund gefördert werden.

J

Junghund ist ein Hund zwischen dem 3. und 11. Lebensmonat. Im Alter von einem dreiviertel Jahr wählt er seinen Herrn.

K

Karnivoren sind Fleischfresser wie Hund und Katze. Merkmal: spitze Zähne zum Festhalten und Zerteilen, verhältnismäßig dünner und kurzer Darm, weil konzentrierte Nahrung. Sie können Zellulose nicht auflösen, weil die notwendigen Bakterien fehlen.

Kauen: Der Hund kaut nicht. Er verschlingt sein Fressen nach Wolfsart in großen Happen.

Kauf: Jeder Hundekauf sollte schriftlich fixiert werden. Die Rassenzuchtvereine haben Musterverträge zur Hand.

Knochen sollten dem Hund regelmäßig gegeben werden. Ungefährlich sind: Knochenmehl, Kalbs-, Rinds- und Schweineknochen. Gefährlich sind: Geflügel-, Hasen-, Kaninchen- und Kotelettknochen.

Kohlehydrate sind nur voll verwertbar, wenn die kohlehydratreichen Nährmittel leicht angebacken oder gekocht sind. Dadurch wird die unverdauliche Zelluloseschale um den verwertbaren Kohlehydratkern gesprengt.

Kondition bezeichnet die körperliche Verfassung bzw. den Fütterungs-, Pflege- und Leistungszustand zu einem bestimmten Zeitpunkt.

Konstitution ist mehr grundlegender und allgemeiner Art. Sie umfaßt die Körperbeschaffenheit in bezug auf Widerstandskraft gegen äußere Einflüsse, die auf die Leistungsfähigkeit hinweisen.

Körung ist die Auswahl von besonders für die Zucht geeigneten Hunden im Hinblick auf Leistung und Schönheit.

Kotfressen: Rückartig ererbte Gewohnheit oder aus Vitamin- oder Mineralmangel auftretender Aashunger. Keine Untugend! Futter umstellen!

L

Lecken des Menschen sollte durch „Pfui" unterbunden werden.

Legen sollte sich der Hund in der Wohnung nur an dem ihm zugewiesenen Platz.

Leinenführigkeit ist dann gegeben, wenn sich der Hund führig an der Leine zeigt. Diese Übung sollte den Hund schon im 5. Lebensmonat gelehrt werden. Dabei hat er stets links zu gehen und mit der Schulter unverrückbar in Höhe des linken Knies seines Herrn zu bleiben.

Leistungszeichen ist der erworbene Nachweis einer bestandenen Leistungsprüfung, z. B. SchH I – III. Die Bewertungen werden in die Ahnentafel übernommen.

Lob ist das wertvollste Erziehungsmittel. Mit „So ist's brav" und Streicheln können die Leistung und Arbeitsfreude des Hundes gesteigert werden.

M

Maulkorb: Für bissige Hunde und für Hunde in Situationen, in denen ein Maulkorb erforderlich ist oder verlangt wird. Er muß gut sitzen, darf nicht reiben oder drücken und muß beißsicher sein.

Mineralsalze zusätzlich bei wachsenden Hunden füttern. Viel Kalzium, weniger Phosphor.

Modifikationen: Umweltbedingte, nicht erblich erworbene Eigenschaften.

N

Naschen: Untugend des Hundes, die beobachtet und sofort bestraft werden sollte.

Nerven hat der Hund bei harter Konstitution und gesunder Nervenverfassung.

Nervenschwäche liegt dann vor, wenn der Hund eine übermäßige Nervenreizbarkeit zeigt. Sie ist eine Wesensschwäche, die sich negativ auf Leistung und Zucht auswirkt.

O

Ohrenzwang ist die Entzündung der äußeren Gehörgänge. Sie kann lange anhalten, wenn sie nicht beachtet wird. Merkmal: Hund hält den Kopf schief, schüttelt den Kopf und versucht, mit der Pfote in der Ohrmuschel zu kratzen.

Ortssinn ist das Vermögen des Hundes, über weite Entfernungen wieder heim zu finden.

P

Parasiten sind tierische Schmarotzer in den verschiedensten Formen, z. B. Flöhe, Läuse, Zecken, Milben, Würmer, Trichinen.

Pflege sollte der Hund täglich erhalten. Sie beginnt mit der Beobachtung des Parasitenbefalls und deren Bekämpfung und erstreckt sich über das gründliche Bürsten, Striegeln, Kämmen und Schneiden des Haares bis hin zum Untersuchen und Reinigen der Ohren, Augen, Zähne, Pfoten und Krallen.

Pfützenwasser sollte der Hund nicht aufnehmen.

Prüfung ist eine von hundesportlichen Organisationen eingerichtete, vorher ausgeschriebene und nach einer Prüfungsordnung ausgerichtete Veranstaltung, bei der bestimmte Leistungen des Hundes geprüft und bewertet werden.

Prüfungsordnung ist die Zusammenfassung der Zulassungs- und Durchführungsbestimmungen für die Prüfung. Sie wird in gewissen Abständen überprüft und nach den gewonnenen Erfahrungen abgeändert oder ergänzt. Jede Prüfung ist in einzelne

Fächer eingeteilt. Für die Leistungen werden Zensuren vergeben. Das Richterurteil ist grundsätzlich unanfechtbar.

Psychologie des Hundes ist ein wissenschaftlicher Zweig der Verhaltensforschung.

R

Rasse ist eine Gruppe von Einzeltieren innerhalb einer Art mit gemeinsamen vererblichen Eigenschaften.

Rasseausdruck ist der körperliche und wesensmäßige, für eine Rasse typische Ausdruck: Rassetyp.

Rassehund ist der zuchtmäßig gezüchtete und in einem anerkannten Stammbuch eingetragene edle Hund.

Rauflust des Hundes kann neurotischer Natur oder durch Überschärfe bedingt bzw. durch falsche Aneiferung des Herrn gesteigert worden sein. Energische Umerziehung des Raufboldes kann helfen.

Revieren: Beim Revieren muß der Hund das vor ihm liegende Gelände nach Anweisung des Führers abstöbern.

Rüde: Der männliche Hund.

Rute: Der Schwanz des Hundes.

S

Sauberkeit ist Grundbedingung für eine erfolgreiche Haltung. Nicht nur der Hund selbst, sondern auch alle Gegenstände, mit denen der Hund in Berührung kommt, einschließlich Lager und Zwinger, sind ständig sauber zu halten.

Schärfe ist eine triebhaft verankerte Wesensanlage bzw. die durch Erziehung verstärkte Bereitwilligkeit des Hundes, auf unvermutete Reize und offensichtliche Angriffe feindlich zu reagieren. Schärfe hat nichts mit Mut zu tun.

Scheu ist ein nerven- und wesensschwacher Hund. Scheu kann aber auch umweltbedingt sein, z. B. Handscheu, Leinenscheu. Diese tritt dann auf, wenn der Hund öfters sehr unangenehme Erfahrungen mit der Hand des Menschen oder der Führleine machte und deshalb vor jeder Hand- oder Leinenbewegung zurückweicht.

Schläge sollte der Hund nur in unmittelbarem Zusammenhang mit einer ihm bewußten Missetat bekommen. Unkontrollierte Schläge können das Vertrauensverhältnis leicht untergraben.

Schleppe ist eine von Hand künstlich gelegte Übungsfährte, z. B. Fleischschleppe. Sie wird mit Hilfe eines an einer Schnur gezogenen Stücks Fleisch hergestellt.

Schlittenfahren: Hunde mit starkem Wurmbefall, Entzündungen oder starker Füllung der Analdrüsen rutschen oft mit vorgezogenen Hinterläufen auf der Analgegend.

Schnupfen ist eine gelegentlich auftretende Erkältungserscheinung, der sich meist nach einigen Tagen von selbst gibt.

Schußfest sollte jeder gesunde und nervenfeste Hund sein. Schon der Welpe sollte an laute Geräusche gewöhnt werden.

Schutzhund ist im weiteren Sinne ein Hund, der durch sein Verhalten und Vorgehen seinen Herrn beschützen kann.

Schutztrieb ist die vererbbare Veranlagung, auf jeden Angriff, ob gegen sich oder gegen seinen Herrn, mit einem Gegenangriff zu reagieren. Der Schutztrieb steht in engem Zusammenhang mit der Bindung an seinen Herrn.

Seelenleben: Jede Vermenschlichung oder die Beurteilung nach menschlichen Maßstäben ist falsch.

Sensibilität ist die Empfindlichkeit und die gesteigerte Empfindungsfähigkeit.

Sichtzeichen sind wichtige Mittel bei der Erziehung des Hundes.

Spieltrieb ist dem Hund bis ins hohe Alter eigen. Der Besitzer sollte ihn so viel wie möglich pflegen.

Stammbaum ist das Verzeichnis aller von einem Zuchttier oder Elternpaar abstammenden Nachkommen. Er ist je nach den Generationsfolgen mehr oder weniger verzweigt und umfangreich.

Standard: Stellt die von den verantwortlichen Klubs aufgestellte und von der FCI genehmigte Beschreibung des Idealtypus der Rasse dar.

Strafe ist wie das Lob ein Mittel der Hundeerziehung. Sie darf nur in unmittelbarem Zusammenhang mit der Missetat erfolgen.

Straßenverkehr: Jeder Hund sollte verkehrssicher erzogen sein, denn für Schäden haftet der Hundehalter.

Stubenreinheit sollte dem Welpen so früh wie möglich beigebracht werden. Bei unruhigem Verhalten und nach jeder Mahlzeit ist der Welpe unverzüglich hinauszuführen, möglichst immer an dieselbe Stelle. Sobald er sein Geschäft erledigt hat, ist er tüchtig zu loben.

T

Temperatur: Zwischen 37,5 bis 39 Grad ist beim Hund als normal zu bezeichnen. Fieber beginnt erst bei 39,2 Grad.

Tierschutzgesetz: Im Tierschutzgesetz wird auch der Hund vor Mißbrauch und Quälerei geschützt und seine Haltung geregelt.

Trocken ist ein Hund mit eng anliegender Haut, ohne Fett- oder überflüssige Fleischablagerungen. Unter ihr sollen Muskeln, Bänder und Knochen plastisch hervortreten.

V

Verdauung geht bei körperlicher Ruhe schneller vor sich. Bewegung hemmt sie. Flüssigkeit vor oder ab 2 Stunden nach der Mahlzeit in ausreichender Menge geben.

Abführend wirken z. B. Pferdefleisch, Milz, Lebertran und Milch. Stopfend wirken u. a. Knochenmehl, Knochen, Karottensaft, geriebene rohe Äpfel, Weckmehl und Haferflocken.

Vitamine: Zu wenig an entsprechenden Vitaminen führt zu Vitaminmangelkrankheiten und eine ständige Überdosierung zu Vitaminschäden, z. B. Vitamin A und D.

W

Wunden immer sofort mit Jodtinktur desinfizieren. Nie mit Wasser auswaschen, da Infektionsgefahr. Größere Wunden verbinden und vom Tierarzt behandeln lassen.

Wurfkette ist ein Erziehungsmittel für ungehorsame Hunde.

Literaturnachweise

Dieses Buch ist ein allgemeiner Leitfaden für jeden verantwortungsbewußten Hundeführer. Deshalb habe ich nicht an den entsprechenden
Stellen die einschlägigen Arbeiten anderer Kapazitäten, auf die ich mich
beziehe, genau zitiert. Die folgende Liste führt die Literatur auf, die ich
bei meiner Arbeit mit Gewinn benutzt habe:

Bodingbauer, J., Prof. Dr.: Wesensanalyse für Junghunde, Selbstverlag, Wien 1973

Brunner, F., Dr. med. vet.: Der unverstandene Hund, Verlag J. Neumann-Neudamm,
Melsungen 1975

Colmar, Walter: Der Schutzhund, Albert Philler Verlag, Minden

Fatio, Arnold: Praktisches Hundebuch der Erziehung und Ausbildung des Hundes,
Verlag Paul Haupt, Bern-Stuttgart 1974

Fox, M. W., Dr.: Versteh Deinen Hund, Albert Müller Verlag AG, Rüschlikon-
Zürich 1974

Guilliot, L. von, Dr.: Hunde, die wichtigsten Hunderassen, Delphin Verlag 1970

Horking, Charles: Hund + Recht, Deutscher Tierschutz e.V., Baden-Baden 1974

Lorenz, Konrad: So kam der Mensch auf den Hund, Deutscher Taschenbuch Verlag
1975

Mathis, Christian: Dein Hund und Du, Albert Müller Verlag AG, Rüschlikon-Zürich
1948

Niemand, H. G., Dr.: Hundehaltung – aber wie, Verlagshaus Reutlingen,
Oertel + Spörer

Orgel, A. + Gallei, K.: Schlittenhunde, Albert Philler Verlag, Minden

Paduschka, W. + Christl: So entwickelt sich dein Welpe, Hallwag Verlag, Bern-
Stuttgart 1977

Reiter, Frederick: So erzieht man seinen Hund zum Hausgenossen, Albert Müller
Verlag, Zürich-Stuttgart 1974

Rhamm, W. R. von: Die Erziehung unseres Hundes, Albert Philler Verlag, Minden

Schneider-Leyer, E.: Der Deutsche Schäferhund, Eugen Ulmer Verlag, Stuttgart
1966/74

Schönherr, J.: Erziehung und Ausbildung von Gebrauchs- und Diensthunden, Verein
für Deutsche Schäferhunde 1967

Schweizerische Kynologische Gesellschaft: Schweizer Hundesport, Paul Haupt, Bern,
Jahrgang 1977

Seiferle, E., Prof. Dr. Dr. h. c.: Wesensgrundlagen und Wesensprüfungen des Hundes,
Buchdruckerei Stäfa AG 1972

Stephanitz, H. von: Der Deutsche Schäferhund, Albert Philler Verlag, Minden

Trumler, Eberhard: Mit dem Hund auf du, R. Piper + Co. Verlag, München 1971

Trumler, Eberhard: Hunde ernstgenommen, R. Piper + Co. Verlag, München 1974

Verein für Deutsche Schäferhunde (SV) e. V.: SV-Zeitungen bis 1977

Verband für das deutsche Hundewesen (VDH): Prüfungsordnung

Woodhouse, Barbara: Hunde-Erziehung – leicht gemacht, Albert Müller Verlag, Zürich-Stuttgart 1975

Bildnachweis

Abb. 8, 9, 10, 18, 19: Deutscher Schäferhund „Athos vom Wesereck", Junghund, 10 Monate. Fotos: Manfred Müller.

Abb. 11, 12, 15, 16, 17: Deutscher Schäferhund „Witz von der Netheperle", SchH III, 4 Jahre, Leistungsrüde, Körklasse II/a. Fotos: Manfred Müller.

Abb. 13, 14: Deutscher Schäferhund „Basko vom Wildbachtal", SchH III, 2 $1/2$ Jahre, v-Leistungsrüde, Körklasse II/a. Züchter: Manfred Müller, Ginsterweg 14, 3400 Göttingen. Fotos: Manfred Müller.

Abb. 5: Foto: Rudolph A. Rothe, Hergiswil/Schweiz.